Enseleit

SELFPHP

FRANZIS
PROFESSIONAL SERIES

Damir Enseleit

SELFPHP

Das PHP Kochbuch

Studienausgabe

Mit 27 Abbildungen

Bibliografische Information der Deutschen Bibliothek

Die Deutsche Bibliothek verzeichnet diese Publikation in der Deutschen Nationalbibliografie; detaillierte Daten sind im Internet über **http://dnb.ddb.de** abrufbar.

Wichtiger Hinweis

Alle Angaben in diesem Buch wurden vom Autor mit größter Sorgfalt erarbeitet bzw. zusammengestellt und unter Einschaltung wirksamer Kontrollmaßnahmen reproduziert. Trotzdem sind Fehler nicht ganz auszuschließen. Der Verlag und der Autor sehen sich deshalb gezwungen, darauf hinzuweisen, dass sie weder eine Garantie noch die juristische Verantwortung oder irgendeine Haftung für Folgen, die auf fehlerhafte Angaben zurückgehen, übernehmen können. Für die Mitteilung etwaiger Fehler sind Verlag und Autor jederzeit dankbar.
Internetadressen oder Versionsnummern stellen den bei Redaktionsschluss verfügbaren Informationsstand dar. Verlag und Autor übernehmen keinerlei Verantwortung oder Haftung für Veränderungen, die sich aus nicht von ihnen zu vertretenden Umständen ergeben.
Evtl. beigefügte oder zum Download angebotene Dateien und Informationen dienen ausschließlich der nicht gewerblichen Nutzung. Eine gewerbliche Nutzung ist nur mit Zustimmung des Lizenzinhabers möglich.

Satz: EDV-Service Elke Niedermair
art & design: www.ideehoch2.de
Druck: Legoprint S.p.A., Lavis (Italia)
Printed in Italy

ISBN 3-7723-**7107-8**

Vorwort

Die Programmiersprache PHP ist aus der dynamischen Webseiten-Gestaltung nicht mehr wegzudenken. Dieses Buch richtet sich an Programmierer, die im alltäglichen Gebrauch mit PHP immer wieder mit Problemstellungen konfrontiert werden, die es zu lösen gilt. Dabei sind die Problemstellungen recht unterschiedlich und an die Kundenwünsche und Servervoraussetzungen gebunden. Sie finden in diesem Buch Praxislösungen, die Ihren Problembedürfnissen entsprechen.

Sie müssen kein Profi sein, um den Inhalt des Buches zu verstehen, alles ist einfach und zielorientiert beschrieben. Alle Beispiele sind sofort einsetzbar und liegen bereits als Dateien mit auf der beiliegenden CD-ROM - Sie müssen nichts abschreiben, sondern können also komfortabel die Dateien anpassen und ausprobieren.

In diesem SELFPHP-Kochbuch wurde bewusst darauf verzichtet, auf bestehende Klassen und Bibliotheken von PHP (wie z. B. PEAR) zurückzugreifen. Auch werden Sie in diesem Buch kein einziges Beispiel finden, das auf bestehende Systeme wie z. B. Smarty aufsetzt.

Bei Smarty handelt es sich um eine Template-Engine, die eine Trennung von PHP-Code und der Ausgabe bei der Entwicklung von Webapplikationen ermöglicht.

Sie fragen sich jetzt sicherlich, warum? Ihr Einwand ist berechtigt! Natürlich haben bestehende Systeme, Klassen oder Bibliotheken Vorteile, aber Sie wollen hier doch „kochen" lernen und nicht einfach eine fertige Mischung in den Topf schmeißen, ohne zu wissen, was der eigentliche Inhalt und vor allem, wie er aufgebaut ist.

Sie werden hier Schritt für Schritt bei jedem Beispiel zur Lösung gebracht, und das Schöne daran ist, dass Sie jedes Beispiel wirklich einfach nachvollziehen können. Der Sinn dieses Buches ist es, dass Sie selbst die Beispiele modifizieren (z. B. mit Klassen), anpassen, erweitern und verbessern. Sie werden sehen, wie einfach eine Lösung sein kann, wenn man erst einmal auf die richtige Fährte gebracht wird.

Immer dann, wenn Sie ein konkretes Problem bei der Programmierung haben, sollte Ihnen dieses Kochbuch zur Seite liegen. Sie werden jeweils zu einem Problem eine voll funktionsfähige Lösung finden, die Ihnen den Weg zu der von Ihnen benötigten Lösung entweder vollständig oder ansatzweise aufzeigen wird.

Sämtliche Beispiele im Buch wurden sorgfältig geprüft und getestet – sollte dennoch ein Beispiel mal nicht funktionieren, so melden Sie diesen Fehler dem Autor. Bitte vergessen Sie aber nicht, Ihre Serverkonfiguration (z. B. SUSE Linux 9.0, Apache 2.0, PHP 4.3.0, MySQL 3.22.32) mit anzugeben, da einige Beispiele z. B. unter Windows nichts bewirken. Folgende Adressen stehen Ihnen zur Verfügung:

- URL: `http://www.selfphp.de/`
- Mail: `bugfix@selfphp.de`

Für Kritik und Anregungen per E-Mail unter der Adresse

`kochbuch@selfphp.de`

bin ich sehr dankbar.

Köln, 25. Mai 2006
Damir Enseleit

Inhaltsverzeichnis

1 Zum Buch

Inhalt

1.1 Zielgruppe

Sie sind interessiert daran, Ihre bisherigen Kenntnisse in PHP zu vertiefen? Sie stoßen öfter auf Problemsituationen in der Umsetzung bei der PHP-Programmierung? Sie würden gerne schlanke und effiziente Lösungen für gewisse Aufgaben programmieren, aber der Ansatz dazu fehlt Ihnen? Sie sind Anfänger bis Profi in PHP?

Wenn Sie auch nur eine der Fragen mit einem »Ja« beantworten konnten, so sind Sie für dieses Buch der ideale Adressat.

Im Buch selbst werden eine Vielzahl von PHP-Problemstellungen erklärt und mit Beispielen sowie den passenden Ausgaben unterlegt. Damit Sie alle Beispiele bequem ausprobieren können, finden Sie auf der beiliegenden CD-ROM alle PHP-Dateien, Bilder, Textdateien sowie Datenbanken zu den Beispielen. Probieren Sie ruhig alle Beispiele aus, und modifizieren Sie den Quellcode nach Ihren Bedürfnissen.

Sicherlich hätte man die Beispiele auch wesentlich kompakter programmieren können. Manche Beispiele bieten sich regelrecht an, aus Ihnen Klassen zu machen. Der Autor will aber nicht zeigen, wie toll man programmieren könnte, sondern gerade unerfahrenen Programmierern den Weg zum Ziel weisen. Sie selbst können und sollten die Beispiele modifizieren und anpassen – nur so werden Sie ein Gefühl für die Programmierung und die Lösungswege bekommen.

Dieses Buch wartet nicht mit ein paar hundert Beispielen in ebenso vielen Kapiteln auf, sondern zeigt gezielt Lösungen für immer wiederkehrende Fragen. Wir haben bewusst darauf verzichtet, Ihnen hier Beispiele zu zeigen, die bereits mit einer Zeile Programmcode erledigt werden könnten.

Falls Sie dennoch eine Lösung suchen, finden Sie auf der beiliegenden CD-ROM die Befehlsreferenz und das Praxisbuch von SELFPHP. Beides zusammen umfasst ca. 1150 Buchseiten und sollte eigentlich jedes Problem lösen können.

1.2 Wie dieses Buch zu lesen ist

Es gibt keine allgemein gültige Art und Weise, wie dieses Buch zu lesen ist. Ihnen wird ein PHP-Kochbuch an die Hand gegeben, das Sie auf verschiedene Arten benutzen können. Sie haben die Wahl zwischen dem Inhaltsverzeichnis, dem Stichwortverzeichnis, dem Dateilisting- sowie dem Systemvoraussetzungsverzeichnis. Selbstverständlich können Sie auch einfach nur in dem Buch blättern und bei interessanten Passagen den Inhalt lesen.

Im Folgenden werden die einzelnen Varianten genauer erklärt, sodass Sie effizienter mit Ihnen umgehen können.

Inhaltsverzeichnis

Das Inhaltsverzeichnis ist geordnet nach Kategorien (z. B. Datenbanken), gefolgt von den Beispielen der jeweiligen Kategorien (z. B. MySQL-Backup über die Shell). Anhand dieser Kurzbeschreibung sollten Sie in der Lage sein, den Gebrauch des Beispiels im Vorfeld zu verstehen.

Stichwortverzeichnis

Im Stichwortverzeichnis finden Sie die wichtigsten Stichwörter aus den einzelnen Beispielen. Wenn Sie konkret nach etwas suchen wollen (z. B. MD5, Schaltjahr oder TARGZ), dann sollte hier Ihr erster Anlaufpunkt sein. Erst wenn Sie hier nichts gefunden haben, sollten Sie zu dem Inhaltsverzeichnis wechseln und schauen, ob Ihr Stichwort zu einer Kategorie oder einem Beispiel passen würde.

Systemvoraussetzungsverzeichnis

Vielleicht möchten Sie sich ja nur die Beispiele anschauen, die auch auf Ihrem System funktionieren werden. Je nachdem, wie die Beispiele aufgebaut sind, herrschen andere Systemvoraussetzungen, die es zu erfüllen gilt. Anhand des Systemvoraussetzungsverzeichnisses sind Sie in der Lage, sich gezielt die Beispiele herauszusuchen. Anhand eines Beispiels sehen Sie den Aufbau dieses Systemvoraussetzungsverzeichnisses:

- Linux
- PHP 4 >= 4.3.0
- PHP 5
- MySQL
- Sed (Stream-Editor)
- wahlweise ZIP
- BZIP2
- TARGZ

Eingeleitet wird jedes Beispiel mit einem Aufzählungskasten, gefolgt von dem Beispieltext (z. B. MySQL-Backup über die Shell). Danach folgt eingerückt in jeder Reihe die Mindest-Systemvoraussetzung. Sollte bei einer Auflistung das Wort „wahlweise" vorkommen, so muss zumindest eines der aufgelisteten Parameter auf Ihrem Server vorhanden sein.

Sollte Ihr System die Voraussetzungen nicht erfüllen, so lohnt sich dennoch ein Blick in das Beispiel. Oftmals finden Sie dort nützliche Tipps, die Sie später wieder einmal nutzen können. Je nach Ihren Programmierkenntnissen können

Sie die Beispiele anpassen oder modifizieren, sodass Sie auch auf Ihrem System einwandfrei laufen werden.

Dateilisting-Verzeichnis

Das Dateilisting-Verzeichnis soll Ihnen helfen, anhand der Beispieldateien auf der beiliegenden CD-Rom die jeweiligen Beispiele schneller im Buch zu finden. Sie werden sicherlich durch die CD-ROM stöbern, das ein oder andere Beispiel direkt ausprobieren und dann vielleicht erst im Buch die Erklärung nachschlagen. Mit diesem Dateilisting-Verzeichnis stellt diese Vorgehensweise kein Problem dar, und Sie kommen schnell zum Ziel.

Funktions-Verzeichnis

Anhand des Funktions-Verzeichnisses können Sie gezielt nach Funktionen suchen, die wir hier im Buch genutzt haben. Wenn Sie sich also für eine bestimmte Funktion interessieren, haben Sie hier die Möglichkeit, sich die Wirkungsweise bzw. die Nutzung dieser Funktion gezielt anzusehen.

1.3 Schreibweise/Parametererklärung bei Funktionsaufrufen

Sie werden im Buch immer wieder auf Funktionen stoßen, die als Parameter gewisse Werte erwarten und als Rückgabewert gewisse Typen (bool, string, array etc.) liefern. Damit Sie wissen, was Sie der Funktion übergeben müssen und was Sie zurückerhalten, werden über den Funktionen immer die Parameter beschrieben.

Somit sind Sie in der Lage, anhand dieser Beschreibung den Aufbau der Funktion zu erkennen – Sie müssen also nicht erraten, was an Werten benötigt wird. Es kann bei manchen Funktionen dazu kommen, dass im Buch umgebrochen wird, sich also der Funktionsinhalt auf zwei Zeilen befindet. Anhand der Zahlen in der linken Spalte sehen Sie aber, dass es sich um eine Zeile handelt, die zusammengeschrieben werden muss.

Beispiel einer Funktion

```
1 function scan_dir($dir, $type=array(), $allFiles=FALSE, $recursive=TRUE, ↵
  $nextrow, $onlyDir="")
2 {
3    // Hier steht irgendein Programmcode
4    // Hier steht irgendein Programmcode
```

```
  // Hier steht irgendein Programmcode
  // Hier steht irgendein Programmcode
  // Hier steht irgendein Programmcode
}
scan_dir("Bilder/",$fileTyp,TRUE,FALSE,TRUE);
```

Wenn Sie sich die Funktion genauer betrachten, dann wird sie Ihnen erst einmal nicht viel sagen. Sie werden allenfalls aus den Parametern gewisse Hinweise beziehen können. Jetzt müssten Sie sich den Quellcode in der Funktion anschauen, um sehen zu können, was für Typen jeweils benötigt werden. Das mag zwar bei kleineren Funktionen relativ schnell gehen, aber denken Sie einmal weiter und stellen Sie sich große Funktionsblöcke vor.

Die Typen dann herauszufinden, kann schnell sehr zeitraubend sein. Gewöhnen Sie sich am besten immer an, jeweils einen Kommentarblock über die Funktion zu schreiben und die Parameterwerte sowie den Rückgabewert zu deklarieren.

Auch eine kurze Beschreibung zu der Funktion selbst ist immer recht hilfreich und erspart Ihnen in Zukunft eine Menge Einarbeitungszeit, denn wenn Sie z. B. nach einem Jahr mal wieder an den Quellcode heran müssen, haben Sie in der Regel vieles vergessen. Dann hilft Ihnen diese Gedankenstütze bei den Funktionsblöcken.

Nachfolgend sehen Sie ein Beispiel für einen solchen Kommentarblock. Die einzelnen Werte sowie Parameter schauen wir uns nach dem Beispiel etwas genauer an.

```
/**
 * Durchläuft bei Bedarf rekursiv das zu durchsuchende Verzeichnis
 *
 * @param      string     $dir          Pfad zum Verzeichnis
 * @param      array      $type         aufzulistende Bildtypen
 * @param      bool       $allFiles     Listet alle Dateien in den
 *                                      Verzeichnissen auf ohne Rücksicht
 *                                      auf $type
 *                                      Default:FALSE
 * @param      bool       $recursive    Durchläuft rekursiv alle
 *                                      Verzeichnisse und
 *                                      Unterverzeichnisse
 *                                      Default:TRUE
 * @param      string     $nextrow      Enthält den Verzeichnisnamen für die
 *                                      Überschrift über den Bildernamen
 * @param      string     $onlyDir=""   Enthält als Verweis(Referenz) den
 *                                      Inhalt der Verzeichnisstruktur
 *
 * @return     mixed                    false im Fehlerfall, ansonsten ein
 *                                      Array mit allen Dateinamen
 */
```

Am Anfang des Kommentarblocks steht ein Einzeiler, der beschreibt, was die Funktion macht. In diesem Fall ist dies völlig ausreichend, da der Satz so mehr als aussagekräftig ist. Sie sollten immer so viel schreiben, wie nötig ist, um die Funktion zu verstehen.

Interessant wird es jetzt bei den folgenden Aufzählungen. Wie Sie sehen, besteht jede Zeile aus vier Bereichen, außer wenn eine Zeile umbricht, wie z. B. bei „Listet alle Dateien in den Verzeichnissen auf".

- **@param:** Im ersten Bereich steht hier in unserem Fall `@param` – dies sagt uns, dass es sich um einen Parameter handelt, der innerhalb der Funktion benötigt wird.
- **Typen (string, array, int, bool etc.):** Im zweiten Bereich steht jeweils der Typ des Parameters. Folgende Werte könnten z. B. dort auftauchen:
  1. **array** – es wird ein Array als Parameter benötigt.
  2. **double** – als Parameter wird eine Fließkommazahl gefordert.
  3. **float** – als Parameter wird eine Fließkommazahl gefordert.
  4. **int** – als Parameter wird eine Ganzzahl gefordert.
  5. **string** – als Parameter wird eine Zeichenkette gefordert.
  6. **bool** – als Parameterwert wird »`true`« oder »`false`« erwartet.
  7. **resource** – als Parameter wird eine Referenz auf eine externe Ressource gefordert.
  8. **object** – als Parameter wird ein Objekt benötigt.
- **Parameternamen**: Hier steht lediglich der zu beschreibende Parametername.
- **Text**: Der letzte Block erklärt kurz, wofür der Parameter benutzt wird und ob er eventuell schon mit Werten vorbelegt ist.

Sie sehen in der letzten Zeile einen Ausdruck, der noch nicht erklärt wurde. Dabei handelt es sich um den Rückgabewert der Funktion.

- **@return**: Dabei handelt es sich um den Rückgabewert der Funktion. Folgende Typen werden z. B. zurückgegeben:
  1. **array** – es wird ein Array zurückgegeben.
  2. **double** – eine Fließkommazahl wird zurückgegeben.
  3. **float** – eine Fließkommazahl wird zurückgegeben.
  4. **int** – eine Ganzzahl wird zurückgegeben.
  5. **string** – eine Zeichenkette wird zurückgegeben.
  6. **bool** – als Wert wird »`true`« oder »`false`« zurückgegeben.
  7. **object** – ein Objekt wird zurückgegeben.
  8. **void** – die Funktion gibt nichts zurück.
  9. **mixed** – je nach Funktionsabarbeitung kann es dazu kommen, dass verschiedene Typen zurückgegeben werden können. Falls z. B. ein Fehler auftreten sollte, kann hier »false« zurückgeliefert werden. Im Erfolgsfall wird die Funktion aber ein Array liefern oder vielleicht einen String. Je nachdem, was Sie bezwecken wollen, kann hier der Typ variabel sein.

1.4 Programmcodedarstellung

Sie werden hier im Buch eine Vielzahl an Programmcode-Beispielen und die dazu gehörenden Erklärungen sehen. Um Ihnen das Lesen so einfach wie möglich zu machen, haben wir den Programmcode und die Kommentartexte voneinander getrennt. Stattdessen werden die Kommentartexte als Erklärungstexte formuliert und beschreiben somit den Programmcode im Text.

Damit Sie immer einen Bezug zum Programmcode haben, finden Sie vor jeder Zeile eine Zeilennummer, auf die gegebenenfalls im Text verwiesen wird. Diese Zeilennummern gehören selbstverständlich nicht zum Programmcode, dürfen also auch nicht mit aufgenommen werden. Sollte auf eine solche Zeile verwiesen werden, so ist die Zahl im Text immer in Klammern und fett geschrieben.

Beispiel:

Die Variable `$var` **(5)** speichert nur einen Text, der nicht weiter benötigt wird.

Leider kommt es oft vor, dass eine Zeile umbricht, also ihr Inhalt in die nächste Zeile rutscht. Würden Sie dann den Programmcode so abschreiben und auf Ihrem Server testen, käme es zu einer PHP-Fehlermeldung. Jede Zeile, die umgebrochen wird, hat keine eigene Zeilenummer, sondern gehört zur vorherigen Zeile. Am Ende der Zeile finden Sie dann das Symbol „ ⤸ “.

1.5 Kurzreferenz zum Buch

In diesem Buch finden Sie eine Vielzahl an Programmbeispielen, die Sie uneingeschränkt für Ihre eigene Webseite benutzen können. Viele Beispiele stellen allerdings eine Mindestanforderung an Ihre installierte Serversoftware. An dem nachfolgenden Beispiel sehen Sie eine solche Voraussetzung, die bei allen Beispielen angegeben wird.

Systemvoraussetzung

- Linux
- Windows
- PHP 4 >= 4.3.0
- PHP 5
- MySQL
- libmcrypt 2.4.x oder 2.5.x

So haben Sie jederzeit die Möglichkeit zu sehen, ob dieses Beispiel auf Ihrem Server laufen wird oder welche Software eventuell nachinstalliert werden müsste.

Oftmals ist es problemlos möglich, diese Servervoraussetzungen mit ein wenig Programmcode nach unten hin zu revidieren. Dafür müssen Sie dem Programmcode lediglich ein paar PHP-Funktionen entnehmen und anstelle dieser entweder eine manuelle Programmlogik oder eine andere PHP-Funktion einbauen.

An dieser Stelle kommt die Kurzreferenz ins Spiel. Wir möchten nicht, dass Sie noch ein anderes Buch aufschlagen müssen, um nach Befehlen zu suchen, die Sie eventuell in das Beispiel einbauen können. Die Kurzreferenz ist folgendermaßen aufgebaut:

checkdate

bool checkdate (int Monat, int Tag, int Jahr)

(PHP 3, PHP 4, PHP 5)

Mit checkdate() kann man ein Datum auf Gültigkeit überprüfen.

Sie sehen also immer den Aufbau der Funktion, danach die PHP-Versionen, auf denen diese Funktion läuft, und zum Schluss eine kurze Beschreibung, was diese Funktion bewirkt. Wir hoffen, Ihnen mit dieser Kurzreferenz eine kleine Hilfe an die Hand zu geben, um eventuell bestehende Beispiele zu ändern oder zu erweitern.

1.6 Versionskontrolle

Sämtliche Skripte (Listings) in diesem Buch wurden sorgfältig ausgearbeitet und getestet. Dabei wurden als Systeme ein Linux- und Windows-XP-Rechner genutzt, welche innerhalb eines Netzwerks miteinander verbunden waren. Alle Skripte wurden über den Windows-Rechner per Browser gestartet. Die Skripte wurden auf dem Webserver ausgeführt und unterschieden sich nur durch die Dateiendung (*.php oder *.php5). Somit wurde entweder PHP4 oder PHP5 ausgeführt. Auf der CD-ROM finden Sie in den jeweiligen Verzeichnissen allerdings nur PHP-Skripte mit der Endung *.php.

System:

- Linux/x86
- Apache Webserver 1.3.33
- PHP 4.4.2 – Server-API: Apache
- PHP 5.1.2 – Server-API: CGI
- MySQL 4.0.25

Sollten Sie dennoch Beispielskripte finden, die nicht einwandfrei funktionieren oder verbesserungsfähig sind, würde es mich sehr freuen, wenn Sie mich per E-Mail darüber informieren. Bitte schreiben Sie das Verhalten der Skripte, Ihre Serverausstattung und die darauf laufende Software mit dazu.

Beispiel:

Beispiel: MySQL-Backup über die Shell

Datei: backupDB.php

Fehlermeldung: Fatal error: Call to undefined function: glob () in **/www/users/test_php/getimagesize.php** on line **2**

System: Linux SuSE 10.1

Server: Apache Webserver 1.3.20

PHP: PHP 4.3.0 als Modul einkompiliert

Datenbank: MySQL 3.22.32

Eventuelle Verbesserungen:

Für die Korrespondenz steht Ihnen folgende E-Mail-Adresse zur Verfügung:

`kochbuch@selfphp.de`

1.7 Host Europe GmbH – Webhosting zu diesem Buch

Bei der Erstellung von SELFPHP – DAS PHP-KOCHBUCH haben wir stets darauf geachtet, dass alle Beispiele funktionstüchtig und auf vielen Serverkonfigurationen ausführbar sind. Daher haben wir im Vorfeld recherchiert, um einen geeigneten Webhosting-Anbieter zu finden, der die Servervoraussetzung bietet, um mit PHP und diesem Buch einwandfrei arbeiten zu können.

Neben den Mindestanforderungen haben wir zusätzlich darauf geachtet, dass der monatliche Preis des buchbaren Pakets die 5-Euro-Schwelle nicht überschreitet. Nach Abschluss unserer Recherche haben wir uns sehr darüber gefreut, einen Anbieter gefunden zu haben, der unsere Mindestanforderungen bei weitem übertroffen hat und mit einem monatlichen Preis von 2,99 Euro weit unter der geforderten 5-Euro-Schwelle geblieben ist.

Sie erreichen das durch SELFPHP recherchierte Angebot der Host Europe GmbH im Internet unter folgender Adresse: `http://www.hosteurope.de/`

Sämtliche Beispiele aus diesem Buch wurden erfolgreich unter folgendem Webhostingpaket ausgeführt und ausgiebig getestet.

WebPack M der Host Europe GmbH:

- Webserver Apache 2.0
- PHP 4.4.2 – Server API: Apache
- PHP 5.1.2 – Server API: Apache
- Datenbank MySQL4.1.15
- ZEND Optimizer v2.6.0
- CGI / Ruby / Python
- 50 GB Traffic

Auf der beiliegenden CD-ROM finden Sie im Verzeichnis *hosteurope* folgende Dateien:

- Hosteurope_PHP_Version_4.4.2.htm
- Hosteurope_PHP_Version_5.1.2.htm

Da wir hier im Buch nicht alle installierten Module und Konfigurationsparameter auflisten können, haben Sie dennoch im Vorfeld die Möglichkeit, sich mit diesen beiden Dateien einen umfassenden Überblick zu verschaffen.

Fazit: Das Preis-Leistungs-Verhältnis der Host Europe GmbH ist unschlagbar. Nicht nur die Serverausstattung hat uns beeindruckt, sondern auch der kostenlose Support. Im Ernstfall werden Sie es zu schätzen wissen, kompetente und freundliche Support-Mitarbeiter am Telefon zu haben, die bemüht sind, Ihnen bestens zu helfen.

2 Datumsberechnungen

Inhalt

2.1 Schaltjahre bestimmen

Systemvoraussetzung

- Linux
- Windows
- PHP 3
- PHP 4
- PHP 5

Datei(en)

schaltjahr.php

Problem

Sie möchten für weitere Datumsberechnungen das Schaltjahr für ein gewisses Jahr berechnen.

Lösung

Die Berechnung eines Schaltjahres erfolgt anhand feststehender Kriterien. Es handelt sich um ein Schaltjahr, wenn die Jahreszahl durch 4, aber nicht durch 100 teilbar ist. Sollte die Jahreszahl durch 400 teilbar sein, handelt es sich dennoch um ein Schaltjahr.

Zur Berechnung ziehen wir den Modulos-Operator heran und ermitteln somit den Restwert der Berechnung (**25**). Ist der Rest 0 (Null), so handelt es sich um ein Schaltjahr. Ist der Rest 1, so ist es kein Schaltjahr. Im nachfolgenden Beispiel wurde die verkürzte Form (%) des Modulos-Operators genutzt. Sie können selbstverständlich auch die Funktion bcmod() zur Berechnung heranziehen.

```
24 function schaltjahr($jahr) {
25    if (($jahr % 400) == 0 || (($jahr % 4) == 0 && ($jahr % 100) != 0))
26       return TRUE;
27    else
28       return FALSE;
29 }
30
31 $wort[0] = 'kein';
32 $wort[1] = 'ein';
33
34 //Jahr 1900 - durch 4 aber auch durch 100 teilbar
35 $jahr = 1900;
36 $checkJahr = schaltjahr($jahr);
```

```
echo $jahr . ’ ist ’ . $wort[$checkJahr] . ’ Schaltjahr.<br>’;

// Jahr 2000 - durch 4 und 100 aber auch durch 400 teilbar
echo ’2000 ist ’ . $wort[schaltjahr(2000)] . ’ Schaltjahr.<br>’;

if (schaltjahr(date("Y")))
   echo date("Y") . ’ ist ein Schaltjahr.’;
else
   echo date("Y") . ’ ist kein Schaltjahr.’;
?>
```

Beispiel 2.1: schaltjahr.php

Ausgabe

1900 ist kein Schaltjahr. 2000 ist ein Schaltjahr. 2006 ist kein Schaltjahr.

2.2 Tage zwischen zwei Datumsangaben ermitteln

Systemvoraussetzung

- Linux
- Windows
- PHP 3
- PHP 4
- PHP 5

Datei(en)

`GregorianToJD.php`

Problem

Sie haben zwei Datumsangaben und möchten die Anzahl der Tage ermitteln, die zwischen diesen Datumsangaben liegen. Mögliche Fragen, die diese Problemstellung umschreiben, wären zum Beispiel:

- Wie alt sind Sie in Tagen?
- Vor wie viel Tagen ist Mozart gestorben?
- In wie vielen Tagen ist die nächste totale Sonnenfinsternis in Deutschland?
- In wie vielen Tagen läuft ein Auktions-Angebot aus?

Mit den Ergebnissen dieser Frage könnten Sie weitere Berechnungen durchführen, die Anzahl der Tage als Counter für dieses Ereignis auf Ihrer Website präsentieren oder einfach nur als Information für Ihre Besucher bereithalten.

Lösung

Die Lösung für dieses Problem ist relativ simpel. PHP bietet bereits eine vorgefertigte Lösung in Form einer Funktion an. Mit der Funktion `GregorianToJD()` können wir unsere Datumsangaben vom Gregorianischen Kalender zum Julianischen Datum hin konvertieren und erhalten als Ergebnis die Anzahl der Tage, die seit dem 01.01.4713 v. Chr. verstrichen sind.

Um die Tage zwischen den beiden Ereignissen zu erhalten, subtrahiert (-) man nur noch das jüngste Datum vom ältesten Datum. Bitte achten Sie aber darauf, nur Datumsangaben zwischen 4714 v. Chr. bis 9999 n. Chr. zu benutzen.

function seDay($begin,$end,$format,$sep)

@param	string	$begin
@param	string	$end
@param	string	$format
@param	string	$sep
@return	integer	

Als Parameter erwartet die Funktion zwei Datumsangaben (`$begin, $end`) (**39**), einmal das jüngste und einmal das älteste Datum. Dabei ist es irrelevant, in welcher Reihenfolge Sie diese übergeben, da die Funktion diese automatisch erkennt und zur Berechnung jeweils richtig nutzt. Der Parameter `$format` muss die korrekte Datumsformatierung enthalten, also wie Ihr Datum aufgebaut ist. Mögliche Werte hierfür sind:

d	Tag
m	Monat
Y	Jahr

Der letzte Parameter `$sep` steht für die Trennzeichen Ihrer Datumsangabe. Je nachdem, ob Sie z. B. ein deutsches oder amerikanisches Datumsformat haben, kann es mit diesem Parameter eingestellt werden.

Zuerst wird anhand Ihrer Formatierungsangabe (z. B. d.m.Y) herausgefunden (**41-43**), an welcher Stelle (1, 2 oder 3) die einzelnen Buchstaben stehen. Diese Information benötigen wir später (**48, 49**), um die korrekten Werte für `GregorianToJD()` setzen zu können. Die beiden Datumsangaben werden dann durch die Trennzeichen ($sep) in einem Array zerlegt (**45, 46**). Somit haben wir alle Informationen, um das Datum zu berechnen (**48, 49**).

Ist das erste Datum größer (**51**) als das zweite Datum, so ziehen wir das zweite Datum vom ersten Datum ab (**52**). War das erste Datum kleiner (**53**), ziehen wir das zweite Datum vom ersten Datum ab. Als Rückgabewert wird jeweils die Menge der Tage geliefert.

```
39 function seDay($begin, $end, $format, $sep) {
40
41    $pos1 = strpos($format, 'd');
42    $pos2 = strpos($format, 'm');
43    $pos3 = strpos($format, 'Y');
44
45    $begin = explode($sep, $begin);
46    $end = explode($sep, $end);
47
48    $first = GregorianToJD($end[$pos2], $end[$pos1], $end[$pos3]);
49    $second = GregorianToJD($begin[$pos2], $begin[$pos1], $begin[$pos3]);
50
51    if ($first > $second)
52       return $first - $second;
```

```
  else
    return $second - $first;

}
```

Beispiel 2.2: GregorianToJD.php

Dieses Beispiel soll zeigen, wie die Funktion mit deutschen Datumsangaben aufgerufen wird. Das deutsche Datum wird bekanntlich im Format Tag, Monat, Jahr aufgebaut und enthält als Trennzeichen den Punkt. $timeA enthält hier das Geburtsdatum von Wolfgang Amadeus Mozart, hingegen `$timeB` die aktuelle Zeit.

```
$timeA = '27.01.1756';
$timeB = date("d.m.Y");

$mozart = seDay($timeA, $timeB, "dmY", ".");
echo 'Wolfgang Amadeus Mozart wäre heute ' . $mozart . ' Tage alt';
```

Beispiel 2.3: GregorianToJD.php

Das folgende Beispiel soll zeigen, wie die Funktion mit amerikanischen Datumsangaben aufgerufen wird. Das amerikanische Datum wird im Format Monat, Tag, Jahr dargestellt. Als Trennzeichen enthält es einen Bindestrich oder den Schrägstrich. `$timeA` enthält hier das das Datum der nächsten totalen Sonnenfinsternis in Deutschland, `$timeB` dagegen die aktuelle Zeit.

```
$timeA = '09-03-2081';
$timeB = date("m-d-Y");

$sonne = seDay($timeA, $timeB, "mdY", "-");

echo 'Die nächste totale Sonnenfinsternis in Deutschland ist in ' . $sonne ⤸
. ' Tagen';
```

Beispiel 2.4: GregorianToJD.php

Ausgabe im Browser

Wolfgang Amadeus Mozart wäre heute 91354 Tage alt
Die nächste totale Sonnenfinsternis in Deutschland ist in 27570 Tagen

2.3 Verstrichene Zeit in Tagen, Stunden, Minuten und Sekunden anzeigen

Systemvoraussetzung

- Linux
- Windows
- PHP 3
- PHP 4
- PHP 5

Datei(en)

`verstrichene_zeit.php`

Problem

Sie haben zwei Datumsangaben im Timestamp-Format (Sekunden) und möchten die Anzahl der Tage, Stunden, Minuten und Sekunden ermitteln, die zwischen diesen Datumsangaben liegen. Mögliche Fragen, die diese Problemstellung umschreiben, wären beispielsweise:

- Wann beginnt das Eröffnungsspiel der WM 2006?
- Wann war ein Besucher das letzte Mal online?
- In wie vielen Tagen läuft ein Auktions-Angebot aus?

Lösung

Bei dieser Lösung handelt es sich um eine rein mathematische Aufgabe. Bevor Sie sich die Lösung anschauen, versuchen Sie sich doch einmal selbst und berechnen Sie die Minuten und Sekunden für folgendes Beispiel:

67 Sekunden sind: ? Minuten, ? Sekunden

Sie werden sicherlich sagen: „Logisch, das sind eine Minute und 7 Sekunden!". Damit haben Sie natürlich Recht – aber haben Sie das Ergebnis berechnet oder nur abgelesen? Haben Sie eine mathematische Gleichung aufgestellt?

Wenn ja, dann sollten Sie die folgende Aufgabe mit Ihrer Gleichung lösen können:

198375 Sekunden sind: ? Tage, ? Stunden, ? Minuten, ? Sekunden

Wie Sie sehen, ist diese Aufgabe nicht einfach zu lösen, sondern muss mathematisch berechnet werden. Ich möchte Ihnen an dieser Stelle aber auch das Ergebnis zeigen, sodass Sie Ihr Ergebnis vergleichen können.

198375 Sekunden sind: 2 Tage, 7 Stunden, 6 Minuten, 15 Sekunden

Bevor wir uns das Programm und somit die Lösung anschauen, zeige ich Ihnen den Ansatz für die Berechnungen auf. Zunächst stellt sich die Frage, was wir benötigen, um die Aufgabe zu lösen? Die Antwort ist einfach:

- Subtraktion (-) Minus
- Division (/) Dividieren
- Modulo (%) Restwert einer Division
- Abrunden

Wir gehen nun Schritt für Schritt die Berechnungen durch. Sie werden feststellen, dass es viel einfacher ist, als Sie denken.

function makeDifferenz($first, $second)

@param	integer	$first
@param	integer	$second
@return	array	

Die Funktion `makeDifferenz()` benötigt zum einen den TimeStamp der Vergangenheit oder der Gegenwart. Als zweiten Parameter benötigen wir den Timestamp (Sekunden) der Zukunft oder der Gegenwart. Je nachdem, was Sie berechnen möchten, kann hier der Wert ein anderer sein.

Sie müssen sich nicht darum kümmern, welcher Wert wo hingehört. Innerhalb der Funktion wird dies überprüft (**37**). Wir errechnen also bei der Abfrage gleich die Differenz (**38, 40**) zwischen den Werten.

Bei allen Berechnungen ist es sehr wichtig, dass wir nur mit Ganzzahlen rechnen, also nicht mit Fließkommazahlen. Aus diesem Grund ziehen wir nach jeder Berechnung die zuvor ermittelten Sekunden, Minuten und Stunden jeweils ab und rechnen nur noch mit dem Restwert. Erst zum Schluss, also bei den Tagen, werden wir einmal abrunden.

Im ersten Schritt errechnen wir aus der Differenz die Sekunden. Da eine Minute 60 Sekunden hat, müssen wir aus dem Differenzwert den Modulos-Wert ermitteln. Beim Modulos-Wert handelt es sich um den Restwert einer

Division. Nehmen wir einmal an, dass der Differenzwert 67 (Sekunden) ist. Somit ergibt sich folgende Berechnung (**42**):

```
67 / 60 = 1 Restwert 7
```

Wie Sie sehen, war die Berechnung der Sekunden ein Kinderspiel. Wir wollen für die weiteren Berechnungen aber einen Differenzwert nehmen, mit dem man alle Werte berechnen kann, also Tage, Stunden, Minuten und Sekunden. Für die weiteren Berechnungen nehmen wir daher den Differenzwert 94358.

Alle Berechnungen beruhen fast immer auf dem gleichen Schema. Wir werden daher die Berechnung nochmals für den zuvor erwähnten Differenzwert durchführen.

Berechnung der Sekunden (42)

```
94358 / 60 = 1572 Restwert 38
1572 * 60 = 94320
```

Wir haben jetzt also 1572 Minuten und 38 Sekunden. Nun müssen die ermittelten geraden Minuten in Stunden umgerechnet werden, auch hier wieder mit dem Modulos-Operator. Zuvor ziehen wir die bereits ermittelten Sekunden von unserem Differenzbetrag ab. Bei dieser Modulos-Berechnung müssen wir berücksichtigen, dass eine Stunde 60 Minuten hat. Als Ergebnis erhalten wir den Restwert, also die Minuten.

Berechnung der Minuten (44)

```
94358 - 38 = 94320 / 60 = 1572 / 60 = 26 Restwert 12
26 * 60 = 1560
```

Somit haben wir als Zwischenergebnis 26 Stunden, 12 Minuten und 38 Sekunden. Im nächsten Schritt errechnen wir die Stunden. Ein Tag hat 24 Stunden, und mit dem Modulos-Operator sollte auch hier die Berechnung ohne Probleme durchführbar sein. Wir müssen aber auch hier erst die bereits ermittelten Sekunden und Minuten abziehen. Nach der Berechnung mit dem Modulos-Operator erhalten wir den Restwert der Stunden.

Berechnung der Stunden (46)

94358 - 38 = 94320 / 60 = 1572 - 12 = 1560 / 60 = 26 / 24 = 1 Restwert 2
1 * 24 = 24

Nach dieser Berechnung haben wir nun 2 Stunden, 12 Minuten und 38 Sekunden. Im letzten Schritt müssen wir lediglich die Tage berechnen. Auch hier gilt es wieder, erst alle ermittelten Werte von dem Differenzbetrag abzuziehen und zum Schluss durch 24 zu teilen. In diesem Fall werden wir allerdings meistens eine Fließkommazahl erhalten, die wir nur noch abrunden müssen.

Berechnung der Tage (48)

94358 - 38 = 94320 / 60 = 1572 - 12 = 1560 / 60 = 26 / 24 = 1.083333333
~ 1

Nun haben wir alle Werte zusammen. Das Ergebnis lautet 1 Tag, 2 Stunden, 12 Minuten und 38 Sekunden.

Im letzten Schritt müssen wir nur noch die passenden Namen mit in das Array schreiben, sodass nicht 1 Stunden, sondern 1 Stunde ausgegeben wird. Wir geben also das komplette Array an die Funktion `makeString()` (**50**).

Sie sehen nach den Erklärungen der Funktionen den kompletten Arrayinhalt für unsere Beispiele. Mit ihrer Hilfe können Sie wunderbar den Aufbau des Arrays sehen.

```
35 function makeDifferenz($first, $second) {
36 
37    if ($first > $second)
38       $td['dif'][0] = $first - $second;
39    else
40       $td['dif'][0] = $second - $first;
41 
42    $td['sec'][0] = $td['dif'][0] % 60; // 67 = 7
43 
44    $td['min'][0] = (($td['dif'][0] - $td['sec'][0]) / 60) % 60;
45 
46    $td['std'][0] = ((($td['dif'][0] - $td['sec'][0]) / 60) - $td['min'][0]) / 60) % 24;
47 
48    $td['day'][0] = floor((((($td['dif'][0] - $td['sec'][0]) / 60) - $td['min'][0]) / 60) / 24));
49 
50    $td = makeString($td);
51 
52    return $td;
```

```

}
```

Beispiel 2.5: verstrichene_zeit.php

function makeString($td)

@param	array	$td
@return	array	

Die Funktion `makeString()` erwartet als Parameter das komplette Array mit den gefüllten Werten der Zeitberechnung. Wir prüfen lediglich jeweils den Inhalt der Arrays, also ob ein Tag, eine Stunde, eine Minute oder eine Sekunde den Wert 1 hat. Diese Funktion dient lediglich für die spätere Ausgabe der Werte, damit nicht z. B. 1 Stunden, sondern 1 Stunde ausgegeben wird.

```
function makeString($td) {

   if ($td['sec'][0] == 1)
      $td['sec'][1] = 'Sekunde';
   else
      $td['sec'][1] = 'Sekunden';

   if ($td['min'][0] == 1)
      $td['min'][1] = 'Minute';
   else
      $td['min'][1] = 'Minuten';

   if ($td['std'][0] == 1)
      $td['std'][1] = 'Stunde';
   else
      $td['std'][1] = 'Stunden';

   if ($td['day'][0] == 1)
      $td['day'][1] = 'Tag';
   else
      $td['day'][1] = 'Tage';

   return $td;

}
```

Beispiel 2.6: verstrichene_zeit.php

Sie haben jetzt bereits die beiden Funktionen für die Darstellung und die Zeitberechnung gesehen. Der restliche Quellcode dient hier lediglich für unser Beispiel. Wichtig ist, dass Sie immer die Zeit im Timestamp-Format übergeben, also die Sekunden. Wie Sie Ihre Werte dabei in ein Timestamp bekommen, ist Ihnen überlassen. Wir haben hierfür die Funktion `mktime()` genutzt.

`mktime()` besitzt hier folgende Werte:

`mktime(Stunde, Minute, Sekunde, Monat, Tag, Jahr)`

```
$secLast = time();
$secNow = mktime(18, 0, 0, 6, 10, 2006);

$td = makeDifferenz($secLast, $secNow);

echo 'Die Eröffnungsspiel der WM 2006 ist in<br>';
echo $td['day'][0] . ' ' . $td['day'][1] . ', ' . $td['std'][0] . ' ' . $td['std'][1] . ', ' . $td['min'][0] . ' ' . $td['min'][1] . ', ' . $td['sec'][0] . ' ' . $td['sec'][1];
echo '<br><br>';

$secLast = time();
$secNow = mktime(18, 35, 0, 04, 19, 2006);

$td = makeDifferenz($secLast, $secNow);

echo 'Das Angebot endet in<br>';
echo $td['day'][0] . ' ' . $td['day'][1] . ', ' . $td['std'][0] . ' ' . $td['std'][1] . ', ' . $td['min'][0] . ' ' . $td['min'][1] . ', ' . $td['sec'][0] . ' ' . $td['sec'][1];
echo '<br><br>';

$secLast = mktime(13, 12, 35, 3, 29, 2006);
$secNow = time();

$td = makeDifferenz($secLast, $secNow);

echo 'Ihr letzter Besuch war vor:<br>';
echo $td['day'][0] . ' ' . $td['day'][1] . ', ' . $td['std'][0] . ' ' . $td['std'][1] . ', ' . $td['min'][0] . ' ' . $td['min'][1] . ', ' . $td['sec'][0] . ' ' . $td['sec'][1];
?>
```

Beispiel 2.7: verstrichene_zeit.php

Inhalt des Arrays

Sie sehen hier noch einmal das komplette Array aus einer Berechnung. Somit haben Sie die Möglichkeit, die einzelnen Werte selbst zu formatieren und auszugeben. Der Differenzbetrag beider von Ihnen übergebenen Werte wird ebenfalls mit in das Array aufgenommen und kann bei Bedarf ausgegeben werden.

```
Array
(
    [dif] => Array
        (
            [0] => 4851342
        )

    [sec] => Array
        (
            [0] => 42
```

```
            [1] => Sekunden
        )

    [min] => Array
        (
            [0] => 35
            [1] => Minuten
        )

    [std] => Array
        (
            [0] => 3
            [1] => Stunden
        )

    [day] => Array
        (
            [0] => 56
            [1] => Tagen
        )
)

Array
(
    [dif] => Array
        (
            [0] => 360642
        )

    [sec] => Array
        (
            [0] => 42
            [1] => Sekunden
        )

    [min] => Array
        (
            [0] => 10
            [1] => Minuten
        )

    [std] => Array
        (
            [0] => 4
            [1] => Stunden
        )

    [day] => Array
        (
            [0] => 4
            [1] => Tagen
        )
)
Array
(
    [dif] => Array
        (
```

```
            [0] => 1473103
        )

    [sec] => Array
        (
            [0] => 43
            [1] => Sekunden
        )

    [min] => Array
        (
            [0] => 11
            [1] => Minuten
        )

    [std] => Array
        (
            [0] => 1
            [1] => Stunde
        )

    [day] => Array
        (
            [0] => 17
            [1] => Tagen
        )
)
```

Ausgabe im Browser

Das Eröffnungsspiel der WM 2006 ist in
56 Tagen, 3 Stunden, 35 Minuten, 42 Sekunden
Das Angebot endet in
4 Tagen, 4 Stunden, 10 Minuten, 42 Sekunden
Ihr letzter Besuch war vor:
17 Tagen, 1 Stunde, 11 Minuten, 43 Sekunden

2.4 Tage eines Monats ermitteln

Systemvoraussetzung

- Linux
- Windows
- PHP 3
- PHP 4
- PHP 5

Datei(en)

dayofmonth.php

Problem

Sie müssen für eine Datumsberechnung die Gesamtmenge der Tage eines Monats ermitteln. Diese kann sehr variieren, da bei Schaltjahren der Februar nur 29 Tage hat und Sie hier den richtigen Wert benötigen.

Lösung

Auch hier gibt uns PHP wieder eine sehr große Hilfestellung. Die Funktion `date()` liefert mit dem Parameter „t“ die Anzahl der Tage eines Monats. Hierbei wird auch ein Schaltjahr berücksichtigt. Als Rückgabewert erhalten wir hier je nach Monat und Schaltjahr eine Zahl zwischen 28 und 31.

```
<?php
echo date("t");
?>
```

Um sich z. B. für ein ganzes Jahr diesen Wert liefern zu lassen, können Sie nachfolgendes Beispiel verwenden. Bitte beachten Sie aber, dass die Funktion `mktime()` (**32, 33**) nur Datumswerte zwischen 1970 und 2038 verarbeiten kann.

Da wir die Monatsnamen in deutscher Schreibweise erhalten wollen, müssen wir zuerst überprüfen, auf welchem Betriebssystem unser Beispiel ausgeführt wird. Je nachdem, ob es sich um Windows oder Linux handelt, haben wir einen anderen Ländercode anzugeben. Wir überprüfen also erst das Betriebssystem (**24**), um dann mittels `setlocale()` (**27**) den Ländercode zu setzen.

Die FOR-Schleife (**31**) durchläuft für jeden Monat die Schleife und speichert dabei den Monatsnamen (**32**) in deutscher Ausgabe und die Anzahl der Tage des Monats (**33**), um Sie dann zeilenweise auszugeben (**34**).

```
if (strtoupper(substr(PHP_OS, 0, 3)) === 'WIN')
   $localeCode = 'ge';
else
   $localeCode = 'de_DE';

setlocale(LC_TIME, $localeCode);

for ($x = 1; $x <= 12; $x++) {
   $monat = strftime("%B", mktime(0, 0, 0, $x, 1, date("Y")));
   $tage = date("t", mktime(0, 0, 0, $x, 1, date("Y")));
   echo "Der " . $monat . " " . date("Y") . " hat " . $tage . " Tage.<br>\n";
}
?>
```

Beispiel 2.8: dayofmonth.php

Ausgabe im Browser

Der Januar 2006 hat 31 Tage.
Der Februar 2006 hat 28 Tage.
Der März 2006 hat 31 Tage.
Der April 2006 hat 30 Tage.
Der Mai 2006 hat 31 Tage.
Der Juni 2006 hat 30 Tage.
Der Juli 2006 hat 31 Tage.
Der August 2006 hat 31 Tage.
Der September 2006 hat 30 Tage.
Der Oktober 2006 hat 31 Tage.
Der November 2006 hat 30 Tage.
Der Dezember 2006 hat 31 Tage.

2.5 Berechnungen von Monaten

Systemvoraussetzung

- Linux
- Windows
- PHP 3
- PHP 4
- PHP 5

Datei(en)

`dateMonth.php`, `dateMonth_1.php`

Problem

Gerade bei den Berechnungen von Monaten zeigen sich immer wieder Probleme, die mittels PHP-eigenen Funktionen sehr schnell gelöst werden können. Oftmals werden aber die Berechnungen in mühevollen Programmieraufgaben gelöst und sind somit nicht effizient. Warum also das Rad neu erfinden, wenn PHP für die meisten Aufgaben bereits etwas zur Verfügung stellt?

Lösung

Sie sehen hier einige Aufgaben, die immer wieder vorkommen. Die folgenden Beispiele wurden am 06.04.2006 erstellt und dienen bei diesem Beispiel als Grundlage.

Zeile 25: Das aktuelle Datum und die Uhrzeit

Zeile 26: Gibt den UNIX-Timestamp für den 06.04.2006 aus

Zeile 27: Gibt den Monat als Zahl aus

Zeile 28: Das Datum des letzten Monats

Zeile 29: Das Datum des nächsten Monats

Zeile 30: Das Datum vor 5 Monaten

Zeile 31: Das Datum in 3 Monaten

```
$LF = "\n<br>";
echo date('d.n.Y H:m:s') . $LF;
echo strtotime('last Month') . $LF;
echo date('n', strtotime('last month')) . $LF;
echo date('d.n.Y', strtotime('last month')) . $LF;
echo date('d.n.Y', strtotime('next month')) . $LF;
echo date('d.n.Y', strtotime('-5 month')) . $LF;
echo date('d.n.Y', strtotime('+3 month')) . $LF;
```

Beispiel 2.9: dateMonth.php

Ausgabe

```
06.4.2006 14:04:50
1141652690
3
06.3.2006
06.5.2006
06.11.2005
06.7.2006
```

Das nächste Beispiel zeigt eine etwas aufwändigere Berechnung, bei der die Ausgabe der Monate in deutscher Sprache erfolgen wird. Die nachfolgenden Beispiele wurden am 06.04.2006 erstellt und dienen bei diesem Beispiel als Grundlage.

Zeile 25: Das aktuelle Datum und die Uhrzeit

Zeile 26: Gibt das Datum für den 10.09.2000 aus

Zeile 27: Gibt das Datum für den nächsten Tag aus

Zeile 28: Gibt das Datum eine Woche später aus

Zeile 29: Das Datum in einer Woche, 2 Tagen, 4 Stunden und 2 Sekunden

Zeile 30: Das Datum am nächsten Donnerstag

Zeile 31: Das Datum vor einem Monat

```
24 $LF = "\n<br>";
25 echo date('d.m.Y', strtotime("now")) . $LF;
26 echo date('d.m.Y', strtotime("10 September 2000")) . $LF;
27 echo date('d.m.Y', strtotime("+1 day")) . $LF;
28 echo date('d.m.Y', strtotime("+1 week")) . $LF;
29 echo date('d.m.Y', strtotime("+1 week 2 days 4 hours 2 seconds")) . $LF;
30 echo date('d.m.Y', strtotime("next Thursday")) . $LF;
31 echo date('d.m.Y', strtotime("last Monday")) . $LF;
```

Beispiel 2.10: dateMonth_1.php

Ausgabe:

```
06.04.2006
10.09.2000
07.04.2006
13.04.2006
15.04.2006
06.04.2006
03.04.2006
```

Wie Sie sehen, waren die Berechnungen von Monaten und gewissen Datumsangaben relativ einfach. In Zukunft werden Sie sich freuen, wenn Sie auf diese bereits bestehenden Möglichkeiten zurückgreifen können.

2.6 Datum/Uhrzeit von MySQL-Format ins deutsche Format und zurück

Systemvoraussetzung

- Linux
- Windows
- PHP 3
- PHP 4
- PHP 5

Datei(en)

`mysqlDate.php`

Problem

Sie haben ein deutsches Datumsformat in der Form **22.03.2006** und müssen es für die Speicherung in einer MySQL-Datenbank in das entsprechende Format konvertieren (**2006-03-22**). Umgekehrt stellt sich die Frage, wie man ein Datum vom MySQL-Format, z. B. einen MySQL-Timestamp (**20060322181602**) oder ein DateTime-Format (**2006-03-22 23:59:12**), in ein deutsches Format bekommt.

Eine andere Problemstellung wäre etwa, dass Sie ein MySQL-Datum aus einer Textdatei zu einem deutschen Format weiterverarbeiten müssen und nicht auf MySQL direkt zugreifen können. Sie sehen erneut, dass man nicht unbedingt immer nur eine Lösung parat haben kann, sondern je nach Problem agieren muss.

Lösung

Die Konvertierung des vorhandenen Datums stellt sich als sehr simpel heraus, da lediglich einzelne Bereiche innerhalb des Datums vertauscht werden müssen. Deutsche Datumsangaben liegen immer in der Form **dd.mm.YYYY** (z. B. 22.03.2006) vor, MySQL-Datumsangaben dagegen im ISO-8601-Format (**YYYY.mm.dd**).

Sie werden später im Buch sehen, wie direkt mit der MySQL-Funktion `date_format()` dieses Datumsproblem umgangen werden kann. Sollten Sie Zugriff auf eine MySQL-Datenbank haben, bietet sich die elegantere Variante mit `date_format()` an.

function date_mysql2german($date)

Diese Funktion erwartet als einzigen Parameter (**32**) das Datum im MySQL-Format (2006-03-22). Das übergebene Datum wird im nächsten Schritt anhand des Bindestrichs in seine Bestandteile zerlegt (**33**) und dabei in ein Array überführt. Jetzt haben wir im Array-Index 0 das Jahr, im Array-Index 1 den Monat und im Array-Index 2 den Tag.

Zum Schluss müssen wir lediglich unser Array mit den einzelnen Datumsbestandteilen wieder in ein korrektes deutsches Datum konvertieren. Hierfür bedienen wir uns `sprintf()` und geben den formatierten String in der Form dd.mm.YYYY an die aufrufende Stelle (**98**) zurück.

Haben Sie ein Datums-Zeitformat (2006-03-22 23:59:12), so müssen Sie das Datum vor der Übergabe mit `explode()` zerlegen (**91**) und nur den Wert im Array-Index 0 an die Funktion übergeben. Die Uhrzeit im Array-Index 1 kann so bestehen bleiben, muss also nicht formatiert werden.

```
32 function date_mysql2german($date) {
33    $d = explode("-", $date);
34
35    return sprintf("%02d.%02d.%04d", $d[2], $d[1], $d[0]);
36 }
```

Beispiel 2.11: mysqlDate.php

```
87 echo "Beispiel: 2006-03-22 <br>\n";
88 echo "wird zu : " . date_mysql2german("2006-03-22") . " <br>\n";
89
90 echo "Beispiel: 2006-03-22 23:59:12 <br>\n";
91 $expDate = explode(" ", "2006-03-22 23:59:12");
92 echo "wird zu : " . date_mysql2german($expDate[0]) . " $expDate[1] <br>\n";
```

Beispiel 2.12: mysqlDate.php

Ausgabe

```
Beispiel: 2006-03-22 wird zu : 22.03.2006
Beispiel: 2006-03-22 23:59:12 wird zu : 22.03.2006 23:59:12
```

function date_german2mysql ($date)

Bei der Konvertierung vom deutschen Datumsformat in das MySQL-Format ist der vorherige Schritt nur umzudrehen. Wir trennen wieder unser Datum in seine Bestandteile (**47**) und formatieren es mit `sprintf()` (**49**), bevor wir es an die aufgerufene Stelle (**88**) zurückgeben.

```
46 function date_german2mysql($date) {
47    $d = explode(".", $date);
48
```

```
    return sprintf("%04d-%02d-%02d", $d[2], $d[1], $d[0]);
}
```

Beispiel 2.13: mysqlDate.php

```
echo "Beispiel: 2006-03-22 <br>\n";
echo "wird zu : " . date_mysql2german("2006-03-22") . " <br>\n";
```

Beispiel 2.14: mysqlDate.php

Ausgabe

> Beispiel: 22.03.2006 wird zu : 2006-03-22

function timestamp_mysql2german($date)

@param integer $date
@return string

Die Konvertierung von einem MySQL-Timestamp-Format (20060322181602) in ein deutsches Format erfordert ein wenig mehr Aufwand, ist aber auch mit wenigen Programmzeilen erledigt. Die Funktion erwartet als Parameter (**60**) das Datum im MySQL-Timestamp-Format und stellt dieses der Funktion `sprintf()` (**62**) zur Formatierung zur Verfügung. Wir müssen jetzt lediglich zum einen das Datum trennen (**62**) und zum anderen die Uhrzeit (**64**).

Die Werte in den Klammern von `substr($date, 6, 2)` bedeuten hier lediglich, dass von der sechsten Stelle an insgesamt 2 Zeichen ausgegeben werden sollen. Bitte bedenken Sie, dass bei der Funktion `substr()` von Null (0) aus angefangen wird zu zählen! Den Tag (**62**), den Monat und das Jahr formatieren wir wieder im Format dd.mm.YYYY (%02d.%02d.%04d) und speichern diese wieder in das Array `$stamp['date']`.

Die Stunden (**64**), die Minuten und die Sekunden formatieren wir mit `sprintf()` in das Format HH:ii:ss (%02d:%02d:%02d) und speichern den Wert in unser Array `$stamp['time']`. Zum Schluss müssen wir lediglich das Array (**66**) an die aufrufende Stelle (**99**) zurückgeben.

```
60 function timestamp_mysql2german($date) {
61
62     $stamp['date'] = sprintf("%02d.%02d.%04d", substr($date, 6, 2), substr(
       $date, 4, 2), substr($date, 0, 4));
63
64     $stamp['time'] = sprintf("%02d:%02d:%02d", substr($date, 8, 2), substr(
       $date, 10, 2), substr($date, 12, 2));
65
```

```
    return $stamp;
}
```

Beispiel 2.15: mysqlDate.php

```
echo "Beispiel: 20060322181602 <br>\n";
$dateTime = timestamp_mysql2german("20060322181602");
echo "wird zu : " . $dateTime['date'] . " " . $dateTime['time'] . " <br>\n";
```

Beispiel 2.16: mysqlDate.php

Ausgabe

> Beispiel: 20060322181602 wird zu : 22.03.2006 18:16:02

function timestamp_german2mysql($date)

@param	string	$date
@return	integer	

Die Umrechnung von einem deutschen Datumsformat mit Zeitangabe (22.03. 2006 18:16:02) in ein MySQL-Timestamp-Format beginnt wieder mit der Übergabe des Datums an die Funktion (**77**).

Da das Datum mit einem Leerzeichen von der Uhrzeit getrennt ist, trennen wir den kompletten String (**79**) anhand des Leerzeichens und erhalten ein Array `$split`, bestehend aus Datum und Uhrzeit.

Die Werte in den Klammern von `substr($split[0], 6, 4)` bedeuten hier lediglich, dass das Datum aus unserem Array mit dem Index Null (0) von der sechsten Stelle aus, insgesamt 4 Zeichen, ausgegeben werden soll. Achtung: Auch bei der Funktion `substr()` wird von Null (0) ausgehend gezählt!

Jetzt müssen wir lediglich das Jahr (**80**), den Monat sowie den Tag mit der Funktion `sprintf()` (**80**) in das Format YYYY.mm.dd konvertieren und den Wert in unsere Variable `$timestamp` speichern.

Bei der Uhrzeit gehen wir ähnlich vor, jedoch mit dem Unterschied, dass wir die formatierte Uhrzeit (HH:ii:ss) an die Variable `$timestamp` anhängen.

```
77 function timestamp_german2mysql($date) {
78
79     $split = explode(" ", $date);
80     $timestamp = sprintf("%04d%02d%02d", substr($split[0], 6, 4), substr($split[0], 3, 2), substr($split[0], 0, 2));
81
```

```
    $timestamp .= sprintf("%02d%02d%02d", substr($split[1], 0, 2), substr($split[1], 3, 2), substr($split[1], 6, 2));

    return $timestamp;
}
```

Beispiel 2.17: mysqlDate.php

```
echo "Beispiel: 22.03.2006 18:16:02 <br>\n";
echo "wird zu : " . timestamp_german2mysql("22.03.2006 18:16:02") . " <br>\n";
```

Beispiel 2.18: mysqlDate.php

Ausgabe

```
Beispiel: 22.03.2006 18:16:02 wird zu : 20060322181602
```

2.7 Datumsangaben in Deutsch anzeigen

Systemvoraussetzung

- Linux
- Windows
- PHP 3
- PHP 4
- PHP 5

Datei(en)

`germanDate.php`, `date.php`, `localInstall.php`

Problem

Sie möchten gerne einen Kalender mit den Monatsnamen auf Ihrer Website präsentieren, allerdings sollen deutsche Namen für die Monate genommen werden.

Lösung

Sie könnten jetzt ein Array mit zwölf Index-Einträgen bilden und den jeweiligen Monatsnamen in jedes Arrayelement speichern. Kompliziert wird die Sache aber, wenn Sie z. B. zwölf verschiedene Sprachen auf Ihrer Seite anbieten – das wird zwar selten vorkommen, im Fall des Falles würde aber eine Menge Schreibarbeit auf Sie zukommen.

Einfacher geht es, wenn Sie einfach den Ländercode umstellen und sich den Monatsnamen in deutscher Ausgabe vom System liefern lassen. Dann könnten Sie hundert Sprachen anbieten, der administrative Aufwand wäre dennoch gering.

Zuerst müssen wir herausfinden, auf welchem Betriebssystem (**24**) das Beispielskript läuft. Da wir nicht jede Windowsversion abfragen wollen, nehmen wir lediglich den gekürzten Teil (WIN) zur Überprüfung. Der Ländercode ist ausnahmsweise zwischen Linux- und Windowsrechnern verschieden.

Haben wir das Betriebssystem erkannt, können wir den Ländercode mit `setlocale()` (**29**) neu setzen und erhalten als Rückgabewert den eingestellten Ländercode. Erschrecken Sie nicht, denn er kann von unseren Voreinstellungen (siehe Beispielausgabe) abweichen.

Jetzt benötigen wir lediglich `strftime()` (**34**), das mit dem Paramter %B, den Monatsnamen ausgehend von der zuvor gesetzten Ländereinstellung liefern kann.

```
24 if (strtoupper(substr(PHP_OS, 0, 3)) === 'WIN')
25     $localeCode = 'ge';
26 else
27     $localeCode = 'de_DE';
28
29 $typ = setlocale(LC_TIME, $localeCode);
30
31 echo 'Aktueller Ländercode: ' . $typ . "<br>\n";
32
33 for ($x = 1; $x <= 12; $x++) {
34     echo strftime("%B", mktime(0, 0, 0, $x, 1, date("Y"))) . "<br>\n";
35 }
```

Beispiel 2.19: germanDate.php

Ausgabe im Browser

Aktueller Ländercode: German_Germany.1252
Januar
Februar
März
April
Mai
Juni
Juli
August
September
Oktober
November
Dezember

Wie Sie sehen, ist das keine Hexerei und der Aufwand minimal. Oft ist auf Webseiten auch das aktuelle Datum in der Form „Sonntag, 26. März 2006" zu sehen. Das sieht schön aus und ziert die Webseite - ob es sinnvoll ist oder nicht, sei hier einfach mal dahingestellt. Eine solche Ausgabe zu erzeugen, sollte für Sie nun eigentlich kein Problem mehr sein - oder doch? Sie können zwar den Monatsnamen in deutscher Schrift ausgeben, aber woher bekommen Sie den Tag?

Es sind die Parameter, die uns helfen. Der Parameter %B bei `strftime()` hat uns bereits den Monatsnamen geliefert. Da so ein Parameter für die Monate existiert, sollte es auch einen für Tage geben. Dem ist tatsächlich so! Der Parameter %A liefert uns den Tag. Wenn wir jetzt noch ein wenig die Ausgabe formatieren, erhalten wir als Ergebnis das gewünschte Datum.

```
if (strtoupper(substr(PHP_OS, 0, 3)) === 'WIN')
    $localeCode = 'ge';
else
    $localeCode = 'de_DE';

setlocale(LC_TIME, $localeCode);

echo strftime("%A, %d. %B %Y");
```

Beispiel 2.20: date.php

Ausgabe im Browser

Sonntag, 26. März 2006

Im folgenden Beispiel sehen Sie eine kleine Auswahl für andere Länder, denn vielleicht möchten Sie den Besuchern Ihrer Webseite einen besonderen Service bieten und ihnen das jeweilige Datum in ihrer Landessprache anzeigen. Bitte bedenken Sie aber, dass die verschiedenen Sprachen je nach Betriebssystem anders deklariert werden müssen (siehe Türkei oder Polen).

```
if (strtoupper(substr(PHP_OS, 0, 3)) === 'WIN')
    $os = 'win';
else
    $os = 'linux';

$countries = array('de','fr','fi','it','tr','hu','pl');
$lc['win']['de'] = array('ge','Deutschland');
$lc['win']['fr'] = array('fr','Frankreich');
$lc['win']['fi'] = array('fi','Finnland');
$lc['win']['it'] = array('it','Italien');
$lc['win']['tr'] = array('turkish','Türkei');
$lc['win']['hu'] = array('hu','Ungarn');
$lc['win']['pl'] = array('polish','Polen');

$lc['linux']['de'] = array('de_DE','Deutschland');
$lc['linux']['fr'] = array('fr_CA','Frankreich');
$lc['linux']['fi'] = array('fi_FI','Finnland');
$lc['linux']['it'] = array('it_IT','Italien');
$lc['linux']['tr'] = array('tr_TR','Türkei');
$lc['linux']['hu'] = array('hu_HU','Ungarn');
$lc['linux']['pl'] = array('pl_PL','Polen');

for($x=0;$x<count($countries);$x++)
```

```
{
    setlocale(LC_TIME, $lc[$os][$countries[$x]][0]);
    echo strftime('%A, %e %B %Y, in ') . $lc[$os][$countries[$x]][1];
    echo '<br>';
}
```

Ausgabe im Browser

Sonntag, 26 März 2006, in Deutschland
dimanche, 26 mars 2006, in Frankreich
sunnuntai, 26 maaliskuu 2006, in Finnland
domenica, 26 marzo 2006, in Italien
Pazar, 26 Mart 2006, in Türkei
vasárnap, 26 március 2006, in Ungarn
niedziela, 26 marzec 2006, in Polen

Unter Linux haben Sie die Möglichkeit, sich alle unterstützten Ländercodes anzeigen zu lassen. Das folgende kleine Skript listet Ihnen alle Ländercodes auf. Dabei wird die Ausgabe nicht direkt erzeugt, sondern mit `ob_start()` (**24**) gepuffert.

Der Shell-Befehl (**25**) fragt hier die Ländercodes ab, und der Inhalt der Ausgabe wird dann mit `ob_get_contents()` (**26**) in die Variable gespeichert. Zum Schluss müssen wir lediglich den Inhalt (ein Array!) ausgeben (**29**).

Die Ausgabe wurde hier in einer Tabelle dargestellt, entspricht also nicht der Ausgabe im Browser (dort sollten Sie den Quelltext öffnen, um die Ausgabe besser sehen zu können).

```
24 ob_start();
25 system('locale -a');
26 $lc = ob_get_contents();
27 ob_end_clean();
28
29 print_r($lc);
```

Beispiel 2.21: localInstall.php

Ausgabe formatiert

af_ZA
ar_AE
ar_BH
ar_DZ
ar_EG
ar_IN
ar_IQ
ar_JO
ar_KW
ar_LB
ar_LY
ar_MA
ar_OM
ar_QA
ar_SA
ar_SD
ar_SY
ar_TN
ar_YE
be_BY
bg_BG
bokmal
bokmål
br_FR
bs_BA
ca_ES
ca_ES@euro
catalan
croatian
cs_CZ
cy_GB
czech
da_DK
danish
dansk
de_AT
de_AT@euro
de_BE
de_BE@euro
de_CH
de_DE
de_DE.utf8
de_DE@euro
de_LU
de_LU@euro
deutsch
dutch
eesti
el_GR
el_GR.utf8
en_AU
en_BW
en_CA
en_DK
en_GB.utf8
en_HK
en_IE
en_IE@euro
en_IN
en_NZ
en_PH
en_SG
en_US
en_US.utf8
en_ZA
en_ZW
es_AR
es_BO
es_CL
es_CO
es_CR
es_DO
es_EC
es_ES
es_ES@euro
es_GT
es_HN
es_MX
es_NI
es_PA
es_PE
es_PR
es_PY
es_SV
es_US
en_GB
es_UY
es_VE
estonian
et_EE
eu_ES
eu_ES@euro
fa_IR.utf8
fi_FI
fi_FI@euro
finnish
fo_FO
fr_BE
fr_BE@euro
fr_CA
fr_CH
fr_FR
fr_FR.utf8
fr_FR@euro
fr_LU
fr_LU@euro
français
french
galego
galician
german
gl_ES
gl_ES@euro
greek
gv_GB
he_IL
hebrew
hi_IN.utf8
hr_HR
hrvatski
hu_HU
hungarian
icelandic
id_ID
is_IS
it_CH
it_IT
it_IT@euro
italian
iw_IL
ja_JP
ja_JP.eucjp
ja_JP.ujis
ja_JP.utf8
japanese
japanese.euc
japanese.sjis
ka_GE
kl_GL
ga_IE

ga_IE@euro
ko_KR
ko_KR.euckr
ko_KR.utf8
korean
korean.euc
kw_GB
lithuanian
lt_LT
lv_LV
mi_NZ
mk_MK
mr_IN.utf8
ms_MY
mt_MT
nb_NO
nb_NO.ISO-8859-1
nl_BE
nl_BE@euro
nl_NL
nl_NL@euro
nn_NO
oc_FR
pl_PL
polish
portuguese
pt_BR
pt_PT
pt_PT@euro
ro_RO
romanian
ru_RU
ru_RU.koi8r
ru_RU.utf8
ru_UA
russian
sk_SK
sl_SI
slovak
slovene
slovenian
spanish
sq_AL
sr_YU
sr_YU@cyrillic
sv_FI
sv_FI@euro
sv_SE
swedish
ta_IN
te_IN
tg_TJ
th_TH
no_NO
norwegian
nynorsk
thai
tl_PH
tr_TR
turkish
uk_UA
ur_PK
uz_UZ
vi_VN.utf8
wa_BE
wa_BE@euro
yi_US
zh_CN
zh_CN.gb18030
zh_CN.gbk
zh_CN.utf8
zh_HK
zh_HK.utf8
zh_TW
zh_TW.euctw
zh_TW.utf8

2.8 Datum auf Gültigkeit überprüfen

Systemvoraussetzung

- Linux
- Windows
- PHP 3
- PHP 4
- PHP 5

Datei(en)

`checkdate.php`

Problem

Sie kennen sicherlich das Problem, das entstehen kann, wenn ein Besucher Ihrer Seite z. B. sein Geburtsdatum in einem Formularfeld angeben kann. Die Fehlerquote hierbei ist extrem hoch, und die Daten bei einer Falscheingabe sind für Sie nutzlos. Sie müssen also das eingegebene Datum auf seine Gültigkeit hin überprüfen.

Lösung

Die PHP-Funktion `checkdate()` erledigt diese Aufgabe zuverlässig, auch unter Berücksichtigung von Schaltjahren. Der Funktion müssen wir lediglich den Tag, den Monat und das Jahr übergeben. Folgende Kriterien muss ein korrektes Datum erfüllen:

1. Das Jahr muss zwischen 1 und 32767 liegen.
2. Der Monat muss zwischen 1 und 12 liegen.
3. Der Tag muss zwischen 1 und 31 liegen (Schaltjahre werden berücksichtigt).

Als ersten Parameter erwartet die Funktion `checkdate()` den Monat, dann den Tag und zum Schluss das Jahr. Handelt es sich bei dem Datum um ein korrektes Datum, so gibt `checkdate()` den booleschen Wert „`TRUE`" zurück, ansonsten „`FALSE`".

Das nachfolgende Beispiel erledigt genau diese Aufgabe. Es kann dabei mit unterschiedlichen Formaten umgehen. Sie müssen lediglich die einzelnen Parameter setzen und erhalten als Rückgabewert entweder „`TRUE`" für ein korrektes Datum oder „`FALSE`".

Folgende Parameter werden für die Funktion check_date() benötigt:

- @param string $date
  Das zu prüfende Datum
- @param string $format
  Der Aufbau des Datums (z. B. Tag/Monat/Jahr) mögliche Werte sind **d,m,Y**
  d => Tag, m => Monat, Y => Jahr
- @param string $sep
  Das Trennzeichen des Datums
- @return bool
  true, wenn es sich um ein korrektes Datum handelt, ansonsten false

Die Funktion `checkdate()` wird mit dem zu prüfenden Datum, dem Aufbau des Datums sowie des Trennzeichens aufgerufen (**56, 65**). Mit `strpos()` (**42-44**) suchen wir nach den Parametern für den Aufbau des Datums, also ob es 27.03.1971, 03.27.1971 oder alternativ vielleicht 1971.03.27 ist.

Anhand des übergebenen Separators und des Aufbaus können wir jetzt das Datum in seine Bestandteile zerlegen (**46**) und es der Funktion `checkdate()` (**48**) zur Überprüfung geben. Das Ergebnis der Überprüfung (`true` oder `false`) geben wir der aufrufenden Stelle zurück.

```
39 function check_date($date,$format,$sep)
40 {
41
42  $pos1 = strpos($format, 'd');
43  $pos2 = strpos($format, 'm');
44  $pos3 = strpos($format, 'Y');
45
46  $check = explode($sep,$date);
47
48  return checkdate($check[$pos2],$check[$pos1],$check[$pos3]);
49
50 }
51
52 $dateA = '27.03.1971';
53
54 echo $dateA . '<br>';
55
56 if(check_date($dateA,"dmY","."))
57  echo 'Das Datum ist korrekt.<br>';
58 else
59  echo 'Bitte überprüfen Sie Ihr Datum!<br>';
60
61 $dateB = '02-29-2006';
62
63 echo $dateB . '<br>';
64
65 if(check_date($dateB,"mdY","-"))
66  echo 'Das Datum ist korrekt.<br>';
67 else
```

```
echo 'Bitte überprüfen Sie Ihr Datum!<br>';
```

Beispiel 2.22: checkdate.php

Bei dem ersten Beispiel wurde als Datum der 27.03.1971 genommen, ein korrektes Datum. Bei dem zweiten Datum kam es zu einem Fehler. Da das Jahr 2006 kein Schaltjahr ist, kann es unmöglich einen 29. Februar geben.

Ausgabe im Browser

```
27.03.1971 Das Datum ist korrekt.
02-29-2006 Bitte überprüfen Sie Ihr Datum!
```

2.9 Performance (Zeit) von Befehlen testen

Systemvoraussetzung

- Linux
- Windows
- PHP 3
- PHP 4
- PHP 5
- wahlweise MySQL

Datei(en)

timer.php, timerSQL.php, timerSQL.sql

Problem

Sie kennen sicher das Problem, dass man für eine zu lösende Aufgabe mehrere Varianten (PHP-Befehle, MySQL-Abfragen, allgemeine Routinen) zur Verfügung hat. Da stellt sich die Frage, wie schnell die einzelnen Lösungen sind. Ziel sollte es immer sein, Rücksicht auf die Performance zu nehmen und somit eine schnelle und vor allem reibungslose Darstellung zu gewährleisten.

Lösung

Das folgende Beispiel berechnet die Zeit für die Ausführung einer bestimmten Aufgabe und gibt den Wert in Sekunden zurück. In unserem Beispiel wurde dabei eine FOR-Schleife 10 Millionen Mal durchlaufen. Bei den einzelnen Durchläufen passierte nichts Besonderes, es sollte lediglich eine Arbeit verrichtet werden.

Wenn Sie das Skript auf Ihrem Server ausführen, tasten Sie sich langsam an die Menge der Durchläufe heran - nehmen Sie nicht unbedingt 10 Millionen, sondern fangen erst mit z. B. 1 Million Durchläufen an.

```
function startTime() {

   $timeExplode = explode(" ", microtime());
   $time = $timeExplode[1] + $timeExplode[0];

   return $time;

}

```

```
function endTime($timer) {

   $timeExplode = explode(" ", microtime());
   $time = $timeExplode[1] + $timeExplode[0];
   $finish = $time - $timer;
   $endTime = sprintf("%4.3f", $finish);

   return $endTime;

}

// Startet den Timer
$timer = startTime();

for ($x = 0; $x < 10000000; $x++) {
   // Hier passiert nichts!
}

// Beendet den Timer
$endTime = endTime($timer);

echo $endTime . ' Sekunden';
```

Beispiel 2.23: timer.php

Ausgabe

```
16.971 Sekunden
```

Im nachfolgenden Beispiel wird anhand einer MySQL-Abfrage der Unterschied der Laufzeiten der PHP-Befehle `mysql_fetch_row()` und `mysql_fetch_array()` ermittelt.

Dabei soll die Frage geklärt werden, wie lange beide Befehle für die Darstellung von 8420 Datensätzen benötigen. Um einen genaueren Wert zu erhalten, haben wir das Skript insgesamt 6-mal durchlaufen lassen.

Sie finden für dieses Beispiel die passende Datenbank zum Testen im Verzeichnis Datenbanken unter dem Namen timerSQL.sql. Sie können diese Datei direkt mit phpMyAdmin einlesen.

```
function startTime() {

   $timeExplode = explode(" ", microtime());
   $time = $timeExplode[1] + $timeExplode[0];

   return $time;

}

function endTime($timer) {
```

```
    $timeExplode = explode(" ", microtime());
    $time = $timeExplode[1] + $timeExplode[0];
    $finish = $time - $timer;
    $endTime = sprintf("%4.3f", $finish);

    return $endTime;

}

// Definiert die Parameter für den Datenbank Connect
define("DB_HOST", "localhost"); // MySQL hostname
define("DB_NAME", "datenbankname"); //MySQL db-name
define("DB_USER", "benutzer"); //MySQL User
define("DB_PASS", "passwort"); // MySQL Passwort

// Datenbank Connect herstellen
$db = @ MYSQL_CONNECT(DB_HOST, DB_USER, DB_PASS) or die("Datenbank momentan nicht erreichbar");
$db_check = @ MYSQL_SELECT_DB(DB_NAME) or die("Datenbank momentan nicht erreichbar");

// Holt alle Datensätze  - insgesamt 100
$result = @ mysql_query("SELECT * FROM statistik_pageviews");
$result1 = @ mysql_query("SELECT * FROM statistik_pageviews");

// Startet den Timer
$timer = startTime();

while ($row = @ mysql_fetch_row($result)) {
    // Hier findet die Ausgabe des Seiteninhalts statt
    $contentWeb .= $row[0] . ' -- ' . $row[1] . '<br>';
}

// Beendet den Timer
$endTime = endTime($timer);

echo $endTime . ' Sekunden für mysql_fetch_row <br>';

// Startet den Timer
$timer = startTime();

while ($row = mysql_fetch_array($result1)) {
    $contentWeb .= $row['id'] . ' -- ' . $row['seite'] . '<br>';
}

// Beendet den Timer
$endTime = endTime($timer);

echo $endTime . ' Sekunden für mysql_fetch_array <br>';
```

Beispiel 2.24: timerSQL.php

Ausgabe

```
0.081 Sekunden für mysql_fetch_row
0.111 Sekunden für mysql_fetch_array
0.133 Sekunden für mysql_fetch_row
0.181 Sekunden für mysql_fetch_array
0.138 Sekunden für mysql_fetch_row
0.169 Sekunden für mysql_fetch_array
0.085 Sekunden für mysql_fetch_row
0.118 Sekunden für mysql_fetch_array
0.132 Sekunden für mysql_fetch_row
0.209 Sekunden für mysql_fetch_array
0.097 Sekunden für mysql_fetch_row
0.114 Sekunden für mysql_fetch_array
```

Sie können mit diesen beiden Beispielen jeweils die Laufzeit in Sekunden berechnen. Falls Sie also einmal nicht sicher sein sollten, welcher Befehl der schnellere ist, binden Sie einfach die beiden Funktionen ein und testen Ihr Skript.

3 Formulare

Inhalt

3.1 Pflichtfelder in Formularen bei Fehlern farbig hervorheben

Systemvoraussetzung

- Linux
- Windows
- PHP 3
- PHP 4
- PHP 5

Datei(en)

`form.php`, `formStyle.css`

Problem

Sie besitzen auf Ihrer Website ein Formular, mit dem Sie Benutzerdaten wie Vorname, Nachname, Straße, PLZ, Ort etc. abfragen. Diese Daten könnten z. B. bei einem Gewinnspiel, das Sie ausloben, anfallen.

Sicherlich werden Sie in diesem Fall Pflichtfelder nutzen wollen, also Felder (z. B. Vorname, Nachname oder E-Mail), die zwingend ausgefüllt werden müssen. Es kommt aber häufig vor, dass ein Benutzer ein Feld nicht ausfüllt und dennoch das Formular abschickt. Jetzt liegt es an Ihnen, den Benutzer auf seinen Fehler hinzuweisen.

Lösung

Es gibt verschiedene Lösungswege, die man einschlagen kann. Sie könnten neben jedem Feld einen Texthinweis listen, dass dieses Feld ausgefüllt werden muss. Der Nachteil ist aber, dass Sie im Vorfeld diesen Platz freihalten müssen, um keine Verschiebung Ihres Formulars zu erhalten. Eine andere Möglichkeit besteht darin, dass beim Neuladen der Seite ein Hinweistext angezeigt wird. In diesem Text könnte z. B. Folgendes stehen:

„Bei der Übermittlung Ihrer Daten ist es zu einem Fehler gekommen. Bitte füllen Sie alle Pflichtfelder aus, und senden Sie das Formular erneut ab."

Diese Variante scheint jedoch ebenfalls nicht genügend aussagekräftig zu sein. Der Benutzer weiß zwar., dass er etwas vergessen hat, worum genau es sich dabei handelt, ist ihm in diesem Moment allerdings noch nicht klar. Sie könnten in dem Text zwar genau sagen, was fehlt, beispielsweise der

Vorname, damit erhöhen Sie aber den programmiertechnischen Aufwand und die Fehlerdarstellung an sich – also die Größe des Fehlertextes. Und es gibt nichts Schlimmeres, als ellenlange Fehlermeldungen anzuzeigen.

Die wohl beste Methode ist die visuelle Darstellung der Fehlermeldung. Sie sollten es Ihren Besuchern so leicht wie möglich machen, den Fehler zu finden. Aber was versteht man eigentlich unter visueller Darstellung?

Die Lösung hierfür besteht jetzt aus zwei Bereichen. Zum einen müssen wir beim Neuladen der Seite einen Hinweistext zeigen. Dieser sollte im oberen Bereich der Seite platziert werden, sodass er sofort gesehen wird. Am besten ist es, wenn man diesen Text in einer Tabelle platziert und farbig hervorhebt.

Der Tabellenrahmen könnte mit einer 1 Pixel großen roten Outline (Linie) und der Tabellenhintergrund mit einer gelben Farbe dargestellt werden. Der Text darin sollte kurz und prägnant sein. Er könnte etwa folgendermaßen lauten:

> Achtung! Es ist zu einem Fehler gekommen. Bitte füllen Sie alle farbig markierten Pflichtfelder aus.

So eine Fehlermeldung ist nicht so leicht zu übersehen, zumal wir in dem gleichen Farbton auch die fehlenden Felder markieren. Der Benutzer sieht dann sofort, wo er noch etwas eintragen muss.

Diese Lösung ist zwar bereits sehr gut, sie kann aber noch erweitert und verbessert werden. So könnte es beispielsweise passieren, dass einer der Webseiten-Besucher farbenblind ist und unsere Fehlermeldung nur sehr schwer interpretieren bzw. nicht farbig unterscheiden kann.

Besser wäre es deshalb, zusätzlich noch ein grafisches Symbol aufzulisten, das wir im Fehlerfall in unserer zuvor gezeigten Tabelle sowie vor jedem nicht ausgefüllten Pflichtfeld setzen.

>  Achtung! Es ist zu einem Fehler gekommen. Bitte füllen Sie alle farbig markierten Pflichtfelder aus.

Diese Darstellung ist schon wesentlich besser und fällt sicherlich schnell auf. Auf der folgenden Seite sehen Sie beide Formularmöglichkeiten, einmal im unausgefüllten Zustand und einmal nach Eintreten eines Fehlers. Sie können jetzt sehr gut sehen, wie Ihr Formular aufgebaut sein kann und vor allem, wie es mit Fehlern umgeht. Sie zeigen Ihren Besuchern mit einem solchen Formular bzw. derartigen Fehlermeldungen, wie wichtig sie Ihnen sind – und das sollten sie auch sein!

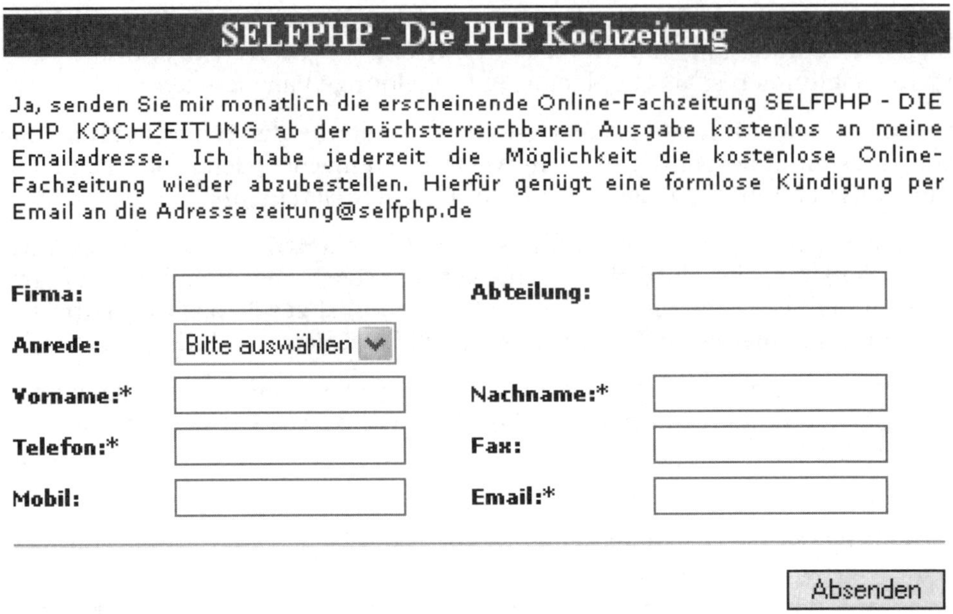

Abbildung 3.1: Formular im Ursprung

Nachdem Sie gesehen haben, wie das Formular im Fehlerfall reagiert, können wir uns jetzt den Programmcode kümmern. Im Anschluss an diesen Programmcode werden Sie den Quellcode der HTML-Seite sowie die CSS-Definitionen sehen, damit Sie die Wirkungsweise besser verstehen.

Zuerst definieren wir die komplette URL (**3**) von unserem Skript, da wir diese Variable zum einen in unserem Formular benötigen und zum anderen, um die Datei nach erfolgreichem Absenden neu zu laden. Beim Neuladen der Seite übergeben wir mit GET den Wert „TRUE“, um dem Besucher anzuzeigen (**38-44**), dass alles gespeichert wurde.

Zuvor müssen wir uns aber der Fehleranalyse widmen. Wir definieren in einem Array (**5**) die Felder, die auch als Pflichtfelder anzusehen sind. Wichtig ist allerdings, dass diese Felder im Formular bekannt sind. Damit Sie nicht zum HTML-Quellcode wechseln müssen, sehen Sie für das Pflichtfeld „lastname“ den Input-Tag im Formular.

```
<INPUT class="<?PHP echo $errorClass['lastname']; ?>" name="lastname" value
="<?PHP echo $_POST['lastname']; ?>">
```

Zwei entscheidende Bereiche, die für unsere Fehleranalyse sehr wichtig sind, sehen Sie hier direkt: zum einen die CSS-Klasse
(class="<?PHP echo $errorClass['lastname']; ?>")

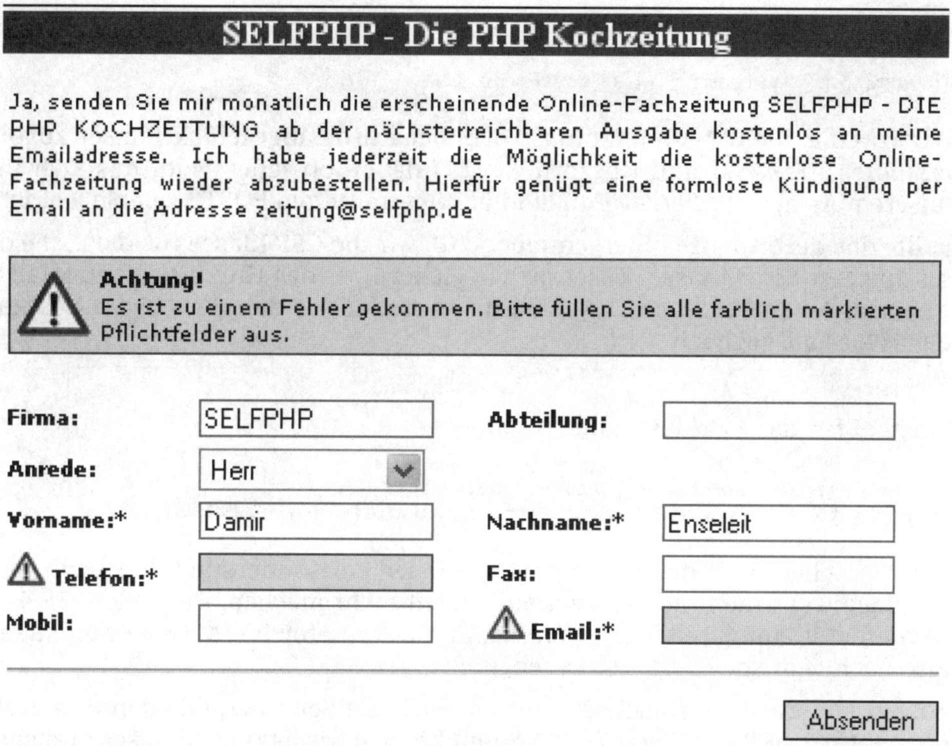

Abbildung 3.2: Formular mit Fehlermeldung

und zum anderen den Value-Wert
(`value="<?PHP echo $_POST['lastname']; ?>"`).

Wenn es zu einem Fehler kommt, soll unser Besucher nicht die bereits ausgefüllten Felder noch einmal ausfüllen müssen. Daher wird der Wert wieder in das Feld geschrieben, und unser Besucher muss nur noch die fehlenden Felder ergänzen.

Die CSS-Klasse belegen wir im Grundzustand mit unserer normalen CSS-Definition (**15-17**), da das Formular gerade erst geladen wurde und noch keine Fehler enthalten kann. Erst wenn das Formular abgeschickt wird, können sich die Klassen verändern. Zwar werden erst einmal alle Felder mit der Grundklasse belegt, im Fehlerfall aber mit der Fehler-Klasse überschrieben.

Beispiel für das Feld lastname

```
$errorClass['lastname'] = ' inputField ';
```

Wir durchlaufen (**24-34**) jetzt (das Formular wurde abgeschickt) unser zuvor erstelltes Array (**5**) und überprüfen (**27**) dabei, ob jedes Feld, das sich in unserem Array befindet, eventuell in der übermittelten POST-Variable leer ist.

Sollte das der Fall sein, überschreiben (**30**) wir die CSS-Klasse für dieses Feld mit unserer Error-Klasse. Zusätzlich speichern wir das Hinweisbild ebenfalls in einem Array – dieses Array wird im Formular vor dem jeweiligen Namen des Feldes ausgegeben.

Beispiel für das Feld lastname

```
$errorClass['lastname'] = 'errorField';
$errorPicture['lastname] = '<img src="achtung_klein.gif"> ';
```

Wie Sie sehen, war die Fehleranalyse bisher ein Kinderspiel. Ich kann Sie beruhigen, viel mehr müssen wir auch nicht mehr machen. Die Zeilen (**38-44**) werden erst einmal nicht ausgeführt, da dieser Bereich erst beim Neuladen, also nach dem Speichern der Daten, greift.

Sobald alle Daten gespeichert wurden, wird die Seite neu geladen (**62**) und übergibt per GET den Wert „TRUE“. Somit können wir jetzt auch unsere Tabelle mit dem Hinweistext anzeigen, dass alles gespeichert wurde. Diese Variante des Neuladens hat einen zusätzlichen Vorteil. Bei einem Reload der Seite würden nicht noch einmal die gleichen Seiten per POST gesendet.

Sollte es aber zu einem Fehler gekommen sein, und unser Array mit den Pflichtfeldern wurde gefüllt, so greift hier die zusätzliche Ausgabe (**48-54**), die dann eine Tabelle mit einem Hinweisbild und einem Fehlertext anzeigt.

Unsere Fehleranalyse ist somit abgeschlossen, alle Variablen gefüllt und zur Ausgabe bereit. Weiter unten in der HTML-Seite werden diese Variablen bzw. unser Fehler-Array ausgegeben.

```
3 $script = 'http://' . $_SERVER["SERVER_NAME"] . $_SERVER["SCRIPT_NAME"];
4
5 $errorFields = array('firstname',
6                      'telefone',
7                      'lastname',
8                      'email',
9                      'street',
10                     'plz',
11                     'city',
12                     'gender'
13 );
14
15 for($x=0;$x<count($errorFields);$x++)
16 {
```

```
    $errorClass[$errorFields[$x]] = 'inputField';
}

if(isset($_POST['submit']))
{

    $error = FALSE;
    foreach($errorFields as $key => $value)
    {

       if(empty($_POST[$errorFields[$key]]))
       {
          $error = TRUE;
          $errorClass[$value] = 'errorField';
          $errorPicture[$value] = '<img src="achtung_klein.gif"> ';
       }

    }

}

if($_GET['check'] == "TRUE")
{
    $errorMessage = '<table width="100%" class="errorTable"><tr><td><b>
           Ihre Bestellung war erfolgreich!</b><br><br>
           Vielen Dank für Ihre Bestellung des Jahresabos.
           Ihre Daten wurden weitergeleitet.</td></tr></table><br>';
}

if(isset($_POST['submit'])){

    if($error == TRUE)
    {
       $errorMessage = '<table width="100%" class="errorTable"><tr><td>
              <img src="achtung_gross.gif"></td><td><b>Achtung!</b><br>
              Es ist zu einem Fehler gekommen. Bitte füllen Sie alle
              farblich markierten Pflichtfelder aus.</td></tr></table><br>';
    }
    else
    {

       // Alles ist in Ordnung
       // Daten können gespeichert werden

       // Seite neu laden und Hinweis anzeigen
     header("Location: $script?check=TRUE");
```

Beispiel 3.1: form.php

Die nachfolgenden CSS-Definitionen sollten selbsterklärend sein und können nach Ihrem Belieben angepasst und erweitert werden. Die drei wichtigsten Bereiche in dieser Datei sind:

inputField Die Definition der Formularelemente im Grundzustand

errorField Die Definition der Formularelemente im Fehlerfall

errorTable Zur Anzeige des Hinweistextes – einmal im Fehlerfall und das andere Mal bei erfolgreichem Speichern der Daten

Inhalt der Datei formStyle.css

```
body{
   font-family:            Verdana,Arial,sans-serif;
   FONT-SIZE: 9px;
   background-color:          #ffffff;
}

.table {
   font-family:            Verdana,Arial,sans-serif;
   FONT-SIZE: 9px;
   background-color:          #ffffff;
}

.inputField
{
   BORDER-RIGHT: #7f7f7f 1px solid;
   BORDER-TOP: #7f7f7f 1px solid;
   BORDER-LEFT: #7f7f7f 1px solid;
   BORDER-BOTTOM: #7f7f7f 1px solid;
   FONT-SIZE: 9px;
   WIDTH: 100px;
}

.errorField
{
   BORDER-RIGHT: #9F0004 1px solid;
   BORDER-TOP: #9F0004 1px solid;
   BORDER-LEFT: #9F0004 1px solid;
   BORDER-BOTTOM: #9F0004 1px solid;
   FONT-SIZE: 9px;
   WIDTH: 100px;
   background-color: #FFFFCC;
}
.errorTable
{
   BORDER-RIGHT: #9F0004 1px solid;
   BORDER-TOP: #9F0004 1px solid;
   BORDER-LEFT: #9F0004 1px solid;
   BORDER-BOTTOM: #9F0004 1px solid;
   FONT-SIZE: 9px;
   background-color: #E2E1E1;
}
.headlineweiss
{
   background-color: #9F0004;
   color: #FFFFFF;
}
.Jahresabo
{
   FONT-SIZE: 14px;
   font-weight:bold;
}
```

```

.button
{
   FONT-SIZE: 10px;
   BORDER-RIGHT: #000000 1px solid;
   BORDER-TOP: #000000 1px solid;
   BORDER-LEFT: #000000 1px solid;
   BORDER-BOTTOM: #000000 1px solid
}
```

Beispiel 3.2: formStyle.css

Das nachfolgende Formular sollte ebenfalls selbsterklärend sein. Es gibt hier nichts Besonderes zu beachten. Sie können das Formular wiederum nach Ihren Wünschen anpassen und erweitern.

Die Tabelle (**93**) für den Hinweistext steht bereits in einer Variablen bereit und kann dann an dieser Stelle (**93**) ausgegeben werden. Weiterhin wird bei jedem Formularelement der entsprechende Wert gesetzt: zum einen die CSS-Definition und zum anderen das eventuelle Hinweisbild.

```
76 </head>
77
78 <body>
79 <FORM action="<?PHP echo $script; ?>" method=post>
80
81 <TABLE width="420" border=0 align="center" cellPadding=0 cellSpacing=0>
82    <TR>
83    <TD bgcolor="#000000" ><IMG height=1 src="transparent.gif" width=1></TD>
84    </TR>
85    <TR>
86       <TD height=2></TD>
87    </TR>
88    <TR>
89       <TD height=18 class=headlineweiss>
90          <div align="center"><strong>SELFPHP - Die PHP Kochzeitung</strong></div>
91       </TD>
92    </TR>
93 </table>
94
95 <!-- Formular Anfang -->
96 <TABLE width="420" align="center" border="0"  class="table">
97    <TR>
98       <TD colSpan=4>
99          <div align="justify"><br>
100            Ja, senden Sie mir monatlich die erscheinende Online-Fachzeitung
101            SELFPHP - DIE PHP KOCHZEITUNG ab der n&auml;chsterreichbaren Ausgabe
102            kostenlos an meine Emailadresse. Ich habe jederzeit die M&ouml;glichkeit
103            die kostenlose Online-Fachzeitung wieder abzubestellen. Hierfür gen&uuml;gt
104            eine formlose K&uuml;ndigung per Email an die Adresse zeitung@selfphp.de<br><br></div>
```

```
            </TD>
        </TR>
        <TR>
            <TD colSpan=4><?PHP echo $errorMessage; ?></TD>
        </TR>
        <TR>
            <TD align=center colSpan=4></TD>
        </TR>
        <TR>
            <TH align=left>Firma:</TH>
                <TD><INPUT class="inputField" size="60" name="company" value="<?PHP echo $_POST['company']; ?>"></TD>
            <TH align=left>Abteilung:</TH>
                <TD><INPUT class="inputField" size="60" name="company2" value="<?PHP echo $_POST['company2']; ?>"></TD>
        </TR>
        <TR>
            <TH align=left><?PHP echo $errorPicture['gender']; ?>Anrede:</TH>
                <TD colSpan=3>
                    <SELECT size="1" name="gender" class="<?PHP echo $errorClass['gender']; ?>">
                    <OPTION value="" <?PHP if(empty($_POST['gender'])) echo ' selected'; ?>>Bitte ausw&auml;hlen</OPTION>
                    <OPTION value="3" <?PHP if($_POST['gender'] == "3") echo ' selected'; ?>>Firma</OPTION>
                    <OPTION value="2" <?PHP if($_POST['gender'] == "2") echo ' selected'; ?>>Frau</OPTION>
                    <OPTION value="1" <?PHP if($_POST['gender'] == "1") echo ' selected'; ?>>Herr</OPTION>
                  </SELECT>
                </TD>
        </TR>
        <TR>
            <TH align=left><?PHP echo $errorPicture['firstname']; ?>Vorname:*</TH>
                <TD><INPUT class="<?PHP echo $errorClass['firstname']; ?>" name="firstname" value="<?PHP echo $_POST['firstname']; ?>"></TD>
            <TH align=left><?PHP echo $errorPicture['lastname']; ?>Nachname:*</TH>
                <TD><INPUT class="<?PHP echo $errorClass['lastname']; ?>" name="lastname" value="<?PHP echo $_POST['lastname']; ?>"></TD>
        </TR>
        <TR>
            <TH align=left><?PHP echo $errorPicture['telefone']; ?>Telefon:*</TH>
                <TD><INPUT class="<?PHP echo $errorClass['telefone']; ?>" name="telefone" value="<?PHP echo $_POST['telefone']; ?>"></TD>
            <TH align=left>Fax:</TH>
                <TD><INPUT class="inputField" name="faximile" value="<?PHP echo $_POST['faximile']; ?>"></TD>
        </TR>
        <TR>
            <TH align=left>Mobil:</TH>
                <TD><INPUT class="inputField" name="mobilephone" value="<?PHP echo $_POST['mobilephone']; ?>"></TD>
            <TH align=left><?PHP echo $errorPicture['email']; ?>Email:*</TH>
                <TD><INPUT class="<?PHP echo $errorClass['email']; ?>" name="email" value="<?PHP echo $_POST['email']; ?>"></TD>
```

```
    </TR>
    <TR>
        <TD align=center colSpan=4><HR></TD>
    </TR>
    <TR>
        <TD align=right colSpan=4>
            <INPUT name="submit" type="submit" value="Absenden" class="button">
        </TD>
    </TR>
</TABLE>
```

Beispiel 3.3: form.php

3.2 Mehrfaches Absenden eines Formulars verhindern

Systemvoraussetzung

- Linux
- Windows
- PHP 3
- PHP 4
- PHP 5
- MySQL

Datei(en)

`formSend.php`

Problem

Wer kennt das leidige Thema nicht: Ein Besucher hat ein Formular ausgefüllt und drückt dann versehentlich zweimal hintereinander auf den Senden-Button. Oft passiert es auch, dass der Besucher nach dem Senden die Seite aktualisiert oder eine Seite zurückgeht und somit das Formular eventuell neu versendet.

In der Datenbank finden sich dann mehrere gleiche Einträge, die da nicht hingehören und ausgefiltert werden müssen. Das ist nicht nur zeitaufwändig, sondern auch ärgerlich. Wir müssen also eine Lösung finden, die dieses unterbindet.

Lösung

Die Lösung hierfür ist relativ simpel und schnell programmiert. Alles, was wir benötigen, sind ein zusätzliches Feld in unserer Datenbank und eine eindeutige Kennung. Anhand dieser Kennung können wir dann in der Datenbank nachschauen, ob dieses Formular bereits gesendet wurde oder nicht. Vor jedem neuen Aufruf des Formulars wird eine derartige Kennung erzeugt und jeweils mit dem Datensatz des Formulars in die Datenbank gespeichert.

Wir überprüfen (3) bei jedem Aufruf der Seite, ob die übermittelte Variable „`checkID`" leer oder nicht existent ist. Sollte das der Fall sein, erstellen wir anhand der aktuellen Zeit in Sekunden und Mikrosekunden eine MD5-Prüfsumme (5) und speichern diese in die POST-Variable.

Wurde eine Prüfsumme übermittelt, also das Formular abgesendet, so überprüfen wir im ersten Schritt, ob es sich um eine gültige Prüfsumme handelt (**10**). Unsere Prüfsumme muss aus 32 Zeichen bestehen und darf nur Zahlen und Buchstaben enthalten. Handelt es sich um keine gültige Prüfsumme, brechen wir den Vorgang ab (**37**) und geben eine Fehlermeldung aus (**39**).

Handelt es sich bei der Variablen um eine gültige Prüfsumme, können wir den weiteren Test einleiten. Dafür stellen wir mit unseren Datenbank-Zugangsdaten (**12-15**) eine Verbindung zum MySQL-Server her (**17-18**).

Der nächste Schritt ist die eigentliche Überprüfung der Prüfsumme (**20**). Wir fragen innerhalb der Datenbank nach, ob bereits eine identische Prüfsumme vorliegt. Falls ja, so liefert uns die MySQL-Anfrage genau einen Treffer (**22**), da die Spalte für die Prüfsummen in der Datenbank auf `UNIQUE` gesetzt ist und somit nur eindeutige Prüfsummen enthalten sein können.

Lieferte die Anfrage keinen Eintrag zurück (**26**), können wir sicher sein, dass das Formular nur einmal gesendet wurde. Wir speichern (**28**) die Daten aus dem Formular und überprüfen (**30**), ob sie korrekt gespeichert wurden.

Je nachdem, ob es zu einem Fehler kam oder nicht, wird ein entsprechender Hinweistext ausgegeben. Sollte der Besucher versehentlich das Formular zweimal gesendet haben, wird dieser Datensatz nicht gespeichert. Die eindeutigen Prüfsummen in der Datenbank verhindern dies.

Sie können davon ausgehen, dass die Prüfsummen einmalig sind, da sie aus der aktuellen Zeit in Sekunden und Mikrosekunden erstellt wurden. Diese gleiche Zeit wird es in der Zukunft nicht mehr geben und daher auch nicht die Prüfsumme. Die Wahrscheinlichkeit, dass zwei Personen zur gleichen Zeit (Sekunde und Microsekunde) das Formular aufrufen, ist ebenfalls verschwindend gering und kann vernachlässigt werden.

```
1 <?PHP
2
3 if(empty($_POST['checkID']))
4 {
5  $_POST['checkID'] = md5(microtime());
6 }
7 else
8 {
9
10  if(preg_match('/^[a-f0-9]{32}$/',$_POST['checkID'])) // 3015cf3ed8ca528b9f1a00bd0b75bbe3
11  {
12   $db_host = "localhost";   // MySQL Hostname
13   $db_name = "db1042434-test";   // MySQL Datenbankname
14   $db_user = "dbu1042434";   // MySQL Benutzername
15   $db_pass = "up24TzF";    // MySQL Passwort
16
17   $dbCon = @MYSQL_CONNECT($db_host,$db_user,$db_pass) or die("Datenbank momentan nicht erreichbar");
18   $db_check = @MYSQL_SELECT_DB($db_name) or die("Datenbank momentan nicht erreichbar");
```

```
19
20   $sqlCheck = @mysql_query("SELECT id FROM formSend WHERE checkID = '". ⤶
     $_POST['checkID']."'");
21
22   if(@mysql_num_rows($sqlCheck) == 1)
23   {
24    $message = 'Ihre Daten wurden bereits gespeichert!';
25   }
26   else
27   {
28    $sqlInsert = @mysql_query("INSERT INTO formSend (vorname, name, checkID) ⤶
      VALUES ('".$_POST['vorname']."','".$_POST['name']."','".$_POST['checkID ⤶
     ']."')");
29
30    if(@mysql_affected_rows() == 1)
31     $message = 'Ihre Daten wurden gespeichert!';
32    else
33     $message = 'Ihre Daten konnten nicht gespeichert werden!';
34   }
35
36  }
37  else
38  {
39   $message = 'Checksumme wurde manipuliert oder ist fehlerhaft!';
40  }
41 }
42 ?>
```

Beispiel 3.4: formSend.php

Der nachfolgende HTML-Quellcode sollte selbsterklärend sein. Allerdings sollten Sie sich die Speicherung (**65**) des hidden-Fields und die Fehlermeldung (**51**) anschauen. Die Fehlermeldung müssen Sie nicht in Ihr Formular einbauen, das ist Ihnen überlassen. Sie müssen allerdings unbedingt das hidden-Field mit der Check-Summe in Ihrem Formular verwenden, da sonst der Schutz nicht greift.

HTML-Quellcode

```
43 <html>
44 <head>
45 <title>Mehrfaches Absenden eines Formulars verhindern</title>
46 <meta http-equiv="Content-Type" content="text/html; charset=iso-8859-1">
47 <link href="formStyle.css" rel="stylesheet" type="text/css">
48 </head>
49
50 <body>
51 <span class="table"><?PHP echo $message; ?></span>
52 <form name="form1" method="post" action="formSend.php">
53 <table width="100%" border="0" cellspacing="0" class="table">
54   <tr>
55     <td width="7%">Vorname</td>
56     <td width="93%">
57       <input name="vorname" type="text" class="inputField" value="<?PHP ⤶
       echo $_POST['vorname']; ?>">
```

```
    </td>
  </tr>
  <tr>
    <td>Name</td>
    <td><input name="name" type="text" class="inputField" value="<?PHP echo $_POST['name']; ?>"></td>
  </tr>
  <tr>
    <td><input name="checkID" type="hidden" value="<?PHP echo $_POST['checkID']; ?>"></td>
    <td> </td>
  </tr>
  <tr>
    <td> </td>
    <td><input name="Submit" type="submit" class="button" value="Abschicken"></td>
  </tr>
</table>
</form>
</body>
</html>
```

Beispiel 3.5: formSend.php

Nachfolgend sehen Sie die Ausgabe im Browser. Selbstverständlich können uns sollten Sie die Fehlermeldung an Ihre Bedürfnisse anpassen, zumal in diesem Beispielskript keine Überprüfung der Variablen für Vorname und Name durchgeführt wurde.

Im vorherigen Kapitel wurde bereits gezeigt, wie Sie Ihre Fehlermeldung generieren können. Eine Kombination mit diesem Programm wäre wünschenswert und anzuraten. Sie werden es selbst sicher zu schätzen wissen, denn nicht nur die Fehlermeldungen sind aussagekräftig, sondern auch die Dubletten in der Datenbank gehören danach der Vergangenheit an.

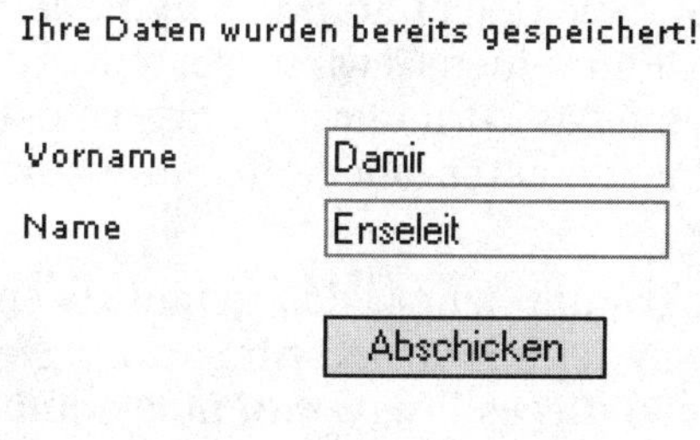

Abbildung 3.3: Ausgabe im Browser

3.3 Captcha – Der Unterschied zwischen Mensch und Maschine

Systemvoraussetzung

- Linux
- Windows
- PHP 4 >= 4.0.0-RC2
- PHP 5
- GD-Bibliothek (> gd-1.6)
- FreeType-Bibliothek

Datei(en)

`captcha.php`, `captcha_check.php`, `captcha_demo.php`

Problem

Sie haben ein Webformular und wollen sicher sein, dass dieses Formular wirklich von einem Menschen ausgefüllt wurde und nicht etwa durch ein Skript auf einem anderen Server. Dieses Szenario kommt häufiger vor, als Sie denken. Gerade im Bereich Gewinnspiele wird diese Variante immer wieder gerne ausgenutzt.

Ein Mitglied bezahlt z.B. 15 Euro im Monat und wird dafür automatisch, also mithilfe eines Skripts, in mehreren 1000 Gewinnspielen eingetragen. Dieses Mitglied war nie auf einer der betreffenden Seiten und ist nicht an den Produkten auf dieser Seite interessiert – es will nur einen Gewinn „abstauben". Verlierer sind dann die ehrlichen Mitspieler, die das Formular wirklich selbst ausgefüllt haben. Sie können den Eintragungsdiensten aber mit ein wenig Aufwand entgegenwirken.

Im Kapitel CURL werden Sie später ein Programm sehen, das genau diese Aufgabe erledigt, also sich auf einer fremden Seite einträgt, ohne dass Sie dafür etwas machen müssen. Wir zeigen Ihnen dieses Programm nur, damit Sie Ihre Formulare besser schützen können.

Lösung

Das Zauberwort für das Problem der Eintragungsdienste heißt Captcha (Completely Automated Public Turing-Test to Tell Computers and Humans Apart). Dabei geht es darum, eine Aufgabe zu stellen, die es zu lösen gilt. Die Aufgabe sollte so schwer sein, dass Sie ein Computer (z. B. ein Bot) nur schwer, ein Mensch dagegen leicht lösen kann.

Nachfolgend stellen wir einen solchen Captcha vor. Im Buch sehen Sie bei den Beispielen nur die Graustufen – tatsächlich aber erzeugt der hier vorgestellte Programmcode Bilder mit Farbverläufen und jeweils unterschiedlichen Farben für jeden Buchstaben.

Der Mensch wird aufgefordert, die nachfolgenden Buchstaben und Zahlen in ein Textfeld einzugeben. Nach dem Senden des Formulars wird dann geprüft, ob das Captcha einwandfrei gelöst wurde.

Abbildung 3.4: Captcha

Diese Aufgabe ist relativ leicht, denn der Mensch muss nur die Buchstaben in der richtigen Reihenfolge in das Textfeld schreiben. In der Regel unterscheidet man dabei nicht zwischen Groß- und Kleinschreibung, da dieser Unterschied nicht immer sofort ersichtlich ist. Sie sehen an dem „S“ im Bild, das man nicht mit hundertprozentiger Sicherheit sagen kann, ob es sich um einen Groß- oder Kleinbuchstaben handelt.

Weiterhin sollte man nicht alle Buchstaben und Zahlen für einen Captcha heranziehen – auch dort besteht Verwechslungsgefahr. Folgende Buchstaben und Zahlen sollten ausgeschlossen werden.

- L und l das kleine und große L
- I und i das kleine und große I
- O und o das kleine und große O
- 1 Die Zahl eins
- 0 Die Zahl null

Eine weitere Möglichkeit ist auch die nachfolgende Variante. Dabei muss der Mensch die folgende leichte Rechenaufgabe lösen.

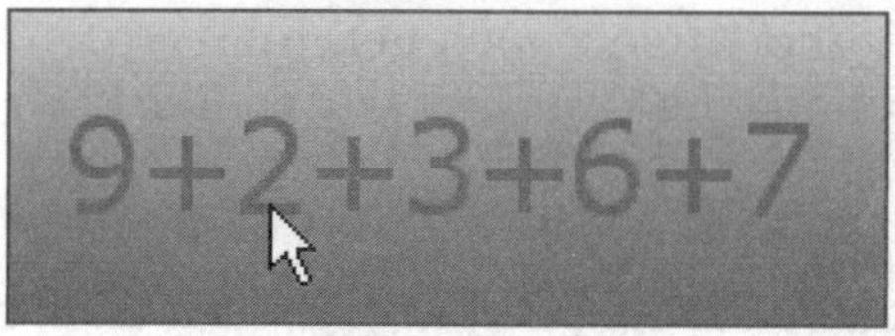

Abbildung 3.5: Rechenaufgabe

Die Aufgabe sollte für einen Menschen leicht sein. Die Lösung kann also in diesem Fall nur 27 sein. Sie könnten die Aufgabe auch noch erschweren und Ihren Captcha mit mehreren Möglichkeiten ausstatten.

- Addition
- Subtraktion
- Multiplikation
- Division

Wenn Sie diese Möglichkeiten mischen, erschweren Sie die Aufgabe. Bitte denken Sie aber daran, dass die Aufgabe nicht zu schwer wird. Es ist nicht sinnvoll, wenn Ihre Besucher frustriert das Formular nicht ausfüllen, weil sie die Aufgaben nicht lösen können.

Eines sollten Sie berücksichtigen! Menschen mit einer Sehstörung werden Sie bei dieser Variante ausschließen, sie benötigen einen Captcha, der z. B. einen Text aufsagt. Dieser gesprochene Text muss dann in ein Formularfeld eingegeben werden.

Wir wollen uns nun dem Programmcode widmen und schauen uns erst einmal die Funktionen an, die für den Aufbau des Captcha-Bildes verantwortlich ist.

function MakeAlphabet()

@return array $alphabet

Die Funktion `MakeAlphabet()` soll uns ein Array erzeugen, in dem Klein-, Großbuchstaben und Zahlen enthalten sind. Allerdings wollen wir wegen der Verwechslungsgefahr nicht alle Buchstaben und Zahlen haben. Daher greifen wir auf die ascii-Tabelle zu und lassen zuerst alle Großbuchstaben in das Array schreiben (**45**). Die Großbuchstaben in der ascii-Tabelle befinden sich an der Position 65-90. Da wir das I, das L und das O ausschließen wollen, berücksichtigen wir das mit einer Abfrage (**44**).

Im nächsten Schritt erstellen wir die Kleinbuchstaben. In der ascii-Tabelle finden wir diese Buchstaben an der Stelle 97-122. Auch hier schließen wir das i, das l und das o mit einer IF-Abfrage aus (**50**) und speichern die restlichen Buchstaben in unser Array (**51**).

Zum Schluss müssen wir nur noch die Zahlen speichern. In der ascii-Tabelle finden wir die Zahlen an der Position 48-57. Wegen der Verwechslungsgefahr schließen wir hier die 1 und die 0 aus (**56**) und speichern die restlichen Zahlen in unser Array (**57**).

Momentan befinden sich alle Buchstaben und Zahlen noch geordnet in dem Array. Später werden wir das Array durchmischen, sodass wir willkürliche Ausgaben erzeugen können.

Sie hätten die geraden erzeugten Buchstaben und Zahlen auch mit `range()` erzeugen können, ich finde die beschriebene Variante allerdings besser, da Sie hier gezielter Einfluss auf die Ausgabe haben. Dennoch möchte ich Ihnen die Alternativ-Variante mit range nicht vorenthalten.

- `$grossbuchstaben = range('A','Z');`
- `$kleinbuchstaben = range('a','z');`
- `$zahlen = range(0,9);`

Als Rückgabewert liefert die Funktion `MakeAlphabet()` ein Array mit allen Buchstaben und Zahlen.

```
41 function MakeAlphabet() {
42    // Grossbuchstaben erzeugen
43    for ($x = 65; $x <= 90; $x++) {
44       if ($x != 73 && $x != 76 && $x != 79)
45          $alphabet[] = chr($x);
46    }
47
48    // Kleinbuchstaben erzeugen
49    for ($x = 97; $x <= 122; $x++) {
50       if ($x != 105 && $x != 108 && $x != 111)
51          $alphabet[] = chr($x);
52    }
53
54    // Zahlen erzeugen
55    for ($x = 48; $x <= 57; $x++) {
56       if ($x != 48 && $x != 49)
57          $alphabet[] = chr($x);
58    }
59
60    return $alphabet;
61 }
```

Beispiel 3.6: captcha.php

function makeBorder($imgWidth,$imgHeight,$im,$color)

@param	integer	$imgWidth
@param	integer	$imgHeight
@param	resource	$im
@param	array	$color
@return	void	

Die Funktion `makeBorder()` setzt lediglich einen Außenrahmen um unser Captcha-Bild. Als Parameter erwartet die Funktion die Bildbreite (`$imgWidth`), die Bildhöhe (`$imgHeight`), den Zeiger auf das Bild (`$im`) sowie die Farbe im RGB-Modus (`$color`).

Wir definieren als Erstes die Farbe und fangen danach an zu zeichnen. Dabei geben wir die Werte immer als X/Y-Koordinaten an. Der waagrechte Strich oben beginnt bei den Koordinaten 0/0 und endet bei Bildbreite/0 (**74**). Der untere Strich beginnt bei den Koordinaten 0/Bildhöhe-1 (wichtig ist hier, die 1 abzuziehen, da man sonst die Linie nicht sehen würde) und Bildbreite/Bildhöhe-1 (**75**).

Der linke senkrechte Strich beginnt bei den Koordinaten 0/0 und endet bei 0/Bildhöhe (**76**). Der rechte senkrechte Strich beginnt bei den Koordinaten Bildbreite-1/0 und endet bei Bildbreite-1/Bildhöhe (**77**).

Damit haben wir erfolgreich einen Rahmen um die Grafik gezogen. Damit der Rahmen nachher wirklich vollkommen ist und nicht von Buchstaben oder Zahlen überlagert wird, rufen wir diese Funktion erst zum Schluss auf.

```
73 function makeBorder($imgWidth, $imgHeight, $im, $color) {
74    imageline($im, 0, 0, $imgWidth, 0, $color);
75    imageline($im, 0, $imgHeight -1, $imgWidth, $imgHeight -1, $color);
76    imageline($im, 0, 0, 0, $imgHeight, $color);
77    imageline($im, $imgWidth -1, 0, $imgWidth -1, $imgHeight, $color);
78 }
```

Beispiel 3.7: captcha.php

function makeGradient($fromRGB,$toRGB,$imgHeight)

@param	array	$fromRGB
@param	array	$toRGB
@param	integer	$imgHeight
@return	array	$color

Die Funktion `makeGradient()` sorgt für den Farbverlauf im Captcha-Bild. Diese Funktion muss als Erstes aufgerufen werden, da die Buchstaben, Zahlen und der Außenrahmen auf ihr platziert werden sollen. Sie müssen sich die Grafikerstellung wie Ebenen vorstellen, also von hinten nach vorne denken.

Die Funktion erwartet als Parameter den RGB-Wert für den Start des Farbverlaufs (`$fromRGB`), den RGB-Wert für das Ende des Farbverlaufs (`$toRGB`) und als letzten Parameter die Bildhöhe (`$imgHeight`). Der Farbverlauf beginnt im oberen Teil des Bildes und verläuft dann nach unten.

Für den Farbverlauf müssen wir im Vorfeld einige Berechnungen durchführen. Damit Sie diese Berechnungen an einem Beispiel nachvollziehen können, sehen Sie nachfolgend, mit welchen Parametern die Funktion aufgerufen wurde.

```
$imgHeight = 80; //80

// Farbverlauf RGB-Wert Start und RGB-Wert Ende
$fromRGB = array (
   253,
   214,
   0
);
$toRGB = array (
   215,
   81,
   6
);
```

Beispiel 3.8: captcha.php

```
160 // Erstellt den Farbverlauf
161 $colorRGB = makeGradient($fromRGB, $toRGB, $imgHeight);
```

Beispiel 3.9: captcha.php

Zuerst berechnen wir die Differenz der einzelnen RGB-Werte von `$fromRGB` und `$toRGB`. Diese Differenz benötigen wir später für die Schrittbereiche der einzelnen Farblinien.

$diffR = 253 - 215 = 38

$diffG = 214 - 81 = 133

$diffB = 0 - 6 = -6

Diese Differenzbeträge dividieren wir im nächsten Schritt durch die Höhe des Bildes und erhalten dann die tatsächlichen Schrittbereiche.

`$maxR = 38 / 80 = 0.475`

`$maxG = 133 / 80 = 1.6625`

`$maxB = -6 / 80 = -0.075`

Somit ergeben sich z. B. für die Farbe Rot folgende Schrittwerte. Diese Schrittwerte werden nachher in der FOR-Schleife (**103-110**) berechnet. Wir zeigen Ihnen hier nicht alle 80 Schritte, sondern nur einen Auszug:

253 , 252.525 , 252.05 , 251.575 ... 215

Diese Schritte bestimmen wir für alle drei Farbwerte, also Rot, Grün und Blau. Wir speichern (**99-101**) diese Werte in einer Variablen zwischen, um die einzelnen Schrittwerte nachher innerhalb der FOR-Schleife addieren zu können.

Im letzten Schritt erstellen wir ein Array mit den einzelnen RGB-Werten für den Verlauf. Da unsere Höhe hier 80 Pixel ist, müssen wir auch unsere Schleife (**103**) 80-mal durchlaufen. Für jede Zeile (das Bild besteht aus 80 Zeilen) müssen wir jetzt den Wert, also R (**104**), G (**105**) und B (**106**) berechnen. Die einzelnen RGB-Werte dürfen nur positiv sein, daher formatieren wir die Werte mit `abs()` in positive Werte um.

Wichtig ist, dass wir bei jedem Durchlauf den Schrittwert erhöhen. Für die Farbe Rot haben wir einen Schrittwert von 0.475. Somit ergibt sich beim zweiten Durchlauf ein Wert von 0.95, beim dritten Durchlauf ein Wert von 1.425 usw.

Diesen Wert ziehen wir dann jeweils von unserem Grundwert (im Beispiel Rot: 253) ab. Diese Berechnungen müssen wir für alle drei Farben machen und erhalten dann ein Array mit allen RGB-Werten für die jeweiligen Zeilen.

```
89 function makeGradient($fromRGB, $toRGB, $imgHeight) {
90
91    $diffR = ($fromRGB[0] - $toRGB[0]); //38
92    $diffG = ($fromRGB[1] - $toRGB[1]); //133
93    $diffB = ($fromRGB[2] - $toRGB[2]); // -6
```

```
94
95      $maxR = $diffR / $imgHeight; // 0.475
96      $maxG = $diffG / $imgHeight; // 1,66
97      $maxB = $diffB / $imgHeight; // 0.075
98
99      $maxNR = $maxR;
100     $maxNG = $maxG;
101     $maxNB = $maxB;
102
103     for ($x = 0; $x < $imgHeight; $x++) {
104        $color['r'][$x] = abs($fromRGB[0] - $maxR);
105        $color['g'][$x] = abs($fromRGB[1] - $maxG);
106        $color['b'][$x] = abs($fromRGB[2] - $maxB);
107        $maxR += $maxNR;
108        $maxG += $maxNG;
109        $maxB += $maxNB;
110     }
111
112     return $color;
113
114 }
```

Beispiel 3.10: captcha.php

Wir haben nun alle notwendigen Funktionen erklärt. Jetzt müssen wir den Programmcode für die einzelnen Funktionen erläutern. Wie bei fast jedem Programm kommt auch dieses nicht ohne ein paar Konfigurationselemente aus.

Die Konfigurationsparameter bestehen aus dem Pfad (**119**) zu der True-Type-Schrift (geben Sie hier den absoluten Pfad an, da die Schrift sonst eventuell nicht eingebunden werden kann), der Schriftgröße (**128**), der Bildbreite (**131**) und der Bildhöhe (**132**).

Weiterhin müssen Sie in einem Array (**135**) den RGB-Wert für den Farbverlauf angeben. Dabei handelt es sich um den Startwert. Den RGB-Wert für den Endwert müssen Sie ebenfalls in einem Array (**140**) definieren. Als letzten Parameter müssen Sie noch eine Borderfarbe (**147**) für Ihr Captcha-Bild angeben, diese selbstverständlich auch als RGB-Wert.

Sehr wichtig ist die Variable `$captchaDir` (**125**)! Sie sollten hier ein Verzeichnis angeben, in dem die Captcha-Dateien gespeichert werden. Vergewissern Sie sich, dass dieses Verzeichnis Schreibrechte besitzt und Sie in dieses Verzeichnis auch schreiben dürfen. Anhand der darin liegenden Captcha-Dateien wird auch nachher geprüft, ob das Captcha gelöst wurde. Bei jedem Aufruf dieses Programms wird eine Captcha-Datei nach folgendem Muster gebildet.

Auf der beiliegenden CD-ROM finden Sie im Verzeichnis captchadir ein paar mit diesem Programm erzeugte Captcha-Bilder.

```
116 // TTF-Schrift
117 // Sie sollten hier unbedingt den absoluten Pfad angeben, da ansonsten
118 // eventuell die TTF-Datei nicht eingebunden werden kann!
119 $fileTTF = '/homepages/29/d151852282/htdocs/kochbuch/bddavinc.ttf';
```

```
120
121 // Verzeichnis für die Captcha-Bilder (muss Schreibrechte besitzen!)
122 // Ausserdem sollten in diesem Ordner nur die Bilder gespeichert werden
123 // da das Programm in regelmaessigen Abstaenden dieses leert!
124 // Kein abschliessenden Slash benutzen!
125 $captchaDir = 'captchadir';
126
127 // Schriftgröße
128 $size = 30;
129
130 //Bildgroesse
131 $imgWidth = 220; //200
132 $imgHeight = 80; //80
133
134 // Farbverlauf RGB-Wert Start und RGB-Wert Ende
135 $fromRGB = array (
136    253,
137    214,
138    0
139 );
140 $toRGB = array (
141    215,
142    81,
143    6
144 );
145
146 // Randfarbe
147 $colorBorder = array (
148    154,
149    53,
150    2
151 );
```

Beispiel 3.11: captcha.php

Sämtliche Parameter haben wir gesetzt. Nun können wir den Programmcode näher unter die Lupe nehmen. Zuerst definieren wir einen Header (**1**), der für die Auslieferung unseres PNG-Bild zuständig ist. Die Datei für den Aufbau des Captcha-Bilds wird nicht direkt inkludiert, sondern über ein Image-Tag angesprochen.

```
<img src="Captcha.php?codeCaptcha=<?php echo $codeCaptcha; ?>">
```

Wir müssen im nächsten Schritt eine Arbeitsfläche (ein neues Bild) erzeugen (**232**), auf der wir nachher die einzelnen Ebenen platzieren. Sollte die Initialisierung fehlschlagen, wird eine Fehlermeldung zurückgegeben. Im Erfolgsfall erhalten wir einen Zeiger auf das neue Bild.

Diesen Zeiger müssen wir jetzt bei allen Bildmanipulationen mit angeben, da ansonsten die Aktion nicht ausgeführt wird. Mit den Werten aus unserem Array für die Borderfarbe erzeugen wir (**235**) eine Farb-ID, die wir später an unsere Funktion `makeBorder($imgWidth,$imgHeight,$im,$colorB)` übergeben müssen. Anhand dieser Farb-ID wird der Rahmen um das Bild gezogen.

Wie erwähnt, sollten Sie sich jede Aktion als Ebene vorstellen. Wir müssen also zunächst den Farbverlauf erzeugen, da über diesen die Buchstaben und Zahlen sowie der Rahmen gelegt werden sollen. Wir rufen daher unsere Funktion `makeGradient()` (**238**) auf und erhalten als Rückgabewert ein Array mit allen Farbwerten für jede Zeile (hier im Beispiel hat das Bild 80 Zeilen).

Wir durchlaufen (**240**) jetzt 80-mal die FOR-Schleife und zeichnen dabei immer eine Linie. Die einzelnen Farbwerte liegen sortiert in unserem Array (**241-243**), sodass wir die jeweiligen RGB-Werte in eine Variable überführen können.

Anhand dieser Werte erzeugen wir wieder eine Farb-ID (**244**) für die zu zeichnende Linie (**245**). Sie erinnern sich sicherlich noch an die X/Y-Koordinaten. Die X-Koordinate wird durch die FOR-Schleife immer um eins erhöht, somit füllen sich nach und nach die Linien. Die Breite ist fest und muss daher nicht weiter berücksichtigt werden.

Wenn Sie vorhaben, den Farbverlauf nicht von oben nach unten, sondern von links nach rechts zu zeichnen, ist auch das auch kein Problem. In diesem Fall müssen Sie lediglich die X/Y-Koordinaten anders bestimmen und die FOR-Schleife durch die Breitenangabe laufen lassen.

```
230 header("Content-type: image/png");
231
232 $im = @ imagecreate($imgWidth, $imgHeight) or die("GD! Initialisierung fehlgeschlagen");
233
234 // Definiert die Farbe für den Border
235 $colorB = imagecolorallocate($im, $colorBorder[0], $colorBorder[1], $colorBorder[2]);
236
237 // Erstellt den Farbverlauf
238 $colorRGB = makeGradient($fromRGB, $toRGB, $imgHeight);
239
240 for ($x = 0; $x < $imgHeight; $x++) {
241     $r = $colorRGB['r'][$x];
242     $g = $colorRGB['g'][$x];
243     $b = $colorRGB['b'][$x];
244     $color = imagecolorallocate($im, $r, $g, $b);
245     imageline($im, 0, $x, $imgWidth, $x, $color);
246 }
```

Beispiel 3.12: captcha_math.php

Wir haben nun den Farbverlauf erstellt und müssen im nächsten Schritt die einzelnen Buchstaben und Zahlen auf das Bild platzieren. Wir lassen uns zuerst durch die Funktion `MakeAlphabet()` ein Array (**172**) aus Buchstaben und Zahlen erzeugen.

Damit der Inhalt des Arrays nicht so ordentlich sortiert bleibt und wir willkürliche Ausgaben erhalten, würfeln wir mit `shuffle()` (**175**) durch unser Array.

Die Buchstaben sollen nicht alle die gleiche Farbe haben, sondern verschiedenfarbig sein. Der Farbrahmen für RGB-Werte liegt zwischen 0-255, und wir erstellen mit `range()` (**177**) aus diesem Bereich ein Array (**177**), das wir im Anschluss daran noch durchwürfeln (**178**).

Da wir sechs Buchstaben haben, benötigen wir auch sechs verschiedene Farb-IDs (**185**). Vermutlich fragen Sie sich jetzt, weshalb hier keine FOR-Schleife herangezogen wurde. Der Grund: Beim Testen mit einer FOR-Schleife kam es vor, dass die letzten Farb-IDs nicht gesetzt wurden und daher die letzten 3-4 Buchstaben alle die gleiche Farbe hatten.

```
171 //Wortliste erstellen
172 $alphabet = MakeAlphabet();
173
174 // Array des Alphabets durchwürfeln
175 shuffle($alphabet);
176
177 $mix = range(0, 255);
178 shuffle($mix);
179
180 $colors = array (
181     imagecolorallocate($im,
182     $mix[0],
183     $mix[6],
184     $mix[12]
185 ), imagecolorallocate($im, $mix[1], $mix[7], $mix[13]), imagecolorallocate($im, $mix[2], $mix[8], $mix[14]), imagecolorallocate($im, $mix[3], $mix[9], $mix[15]), imagecolorallocate($im, $mix[4], $mix[10], $mix[16]), imagecolorallocate($im, $mix[5], $mix[11], $mix[17]));
```

Beispiel 3.13: captcha.php

Da nun alle Farben für die Buchstaben und Zahlen gesetzt sind, können wir die einzelnen Zeichen auf das Bild platzieren. Wir setzen für jeden Durchlauf (**188**) den Neigungswinkel (**190**) von einem Buchstaben oder einer Zahl, damit diese entweder nach links oder rechts geneigt sind.

Weiterhin wollen wir erreichen, dass die Buchstaben und Zahlen nicht in einer Reihe, sondern nach oben und unten versetzt dargestellt werden. Wir ermitteln also auch hier für jedes Element eine Zufallszahl zwischen der Schriftgröße und der Bildhöhe-20.

Wir haben nun alle Informationen gesammelt und können den Buchstaben oder die Zahl zeichnen (**192**). Mit dem Zeiger (`$im`), dem Neigungswinkel (`$angel`), der X-Position (also wie viele Pixel von links - `$next`) und der Y-Position (also wie viele Pixel von oben - `$y`) haben wir eine wesentliche Grundlage für die Positionierung.

Wir müssen noch die Farbe bestimmen (`$colors`), den Pfad zur True-Type-Datei (`$fileTTF`) angeben und zum Schluss den jeweiligen Buchstaben oder die Zahl (`$alphabet`) auswählen. Alle Informationen sorgen dafür, dass das Bild mit den Informationen beschrieben wird. Beim nächsten Durchlauf müssen wir allerdings darauf achten, dass das neu zu schreibende Zeichen in seiner X-Position nach rechts verschoben wird (**193**).

Dies erledigen wir mit einer kleinen mathematischen Aufgabe und erhalten danach den neuen Punkt für das Zeichen. Zum Schluss einer jeden FOR-Schleife müssen wir den jeweiligen Buchstaben oder die Zahl an eine Variable anhängen (**194**) - aus dieser erstellen wir später die Captcha-Datei für die Überprüfung.

Sie können Ihr Captcha an dieser Stelle noch ein wenig komplizierter machen. Statt einer True-Type-Datei könnten Sie hier wahllos mehrere zufällig auswählen. Somit erreichen Sie nochmals einen höheren Schutz. Speichern Sie dafür einfach sechs verschiedene Pfadangaben in ein Array und lassen dieses vor der FOR-Schleife durchwürfeln. Innerhalb der FOR-Schleife greifen Sie dann mit `$x` auf das jeweilige Element zu.

```
187 // Zeichnet die Buchstaben und baut den Dateinamen auf
188 for ($x = 0; $x < 6; $x++) {
189
190     $angel = rand(-25, 25);
191     $y = rand($size, $imgHeight -20);
192     imagettftext($im, $size, $angel, $next, $y, $colors[$x], $fileTTF, $alphabet[$x]);
193     $next += $size + ($imgWidth / $size);
194     $fileName .= $alphabet[$x];
195
196 }
```

Beispiel 3.14: captcha.php

Wir sind jetzt fast am Ende und müssen nur noch ein paar Kleinigkeiten für das Captcha-Bild erledigen. Wir rufen die Funktion `makeBorder()` (**199**) auf und lassen uns einen Rahmen um das Bild ziehen. Im nächsten Schritt überprüfen wir, ob die übermittelte Hash-Summe korrekt ist, also aus Buchstaben von a bis f und Zahlen von 0 bis 9 besteht.

Weiterhin muss die Hash-Summe 32 Zeichen lang sein. Sollte die Überprüfung (**202**) fehlschlagen, erstellen wir eine neue Hash-Summe (**203**). Das Captcha kann mit dieser Hash-Summe zwar nicht mehr gelöst werden, der Form halber erstellen wir diese aber.

Unser Captcha-Bild ist jetzt fertig und muss nur noch in ein Verzeichnis gespeichert werden (**206**), da wir dieses Bild später für die Überprüfung benötigen. Den Dateinamen bilden wir aus der Hash-Summe und den sechs Buchstaben bzw. Zahlen. Als Dateiendung erhält das Bild die Endung .png. Wir können nun den Speicher für das Bild freigeben (**208**) und mit `readfile()` (**211**) das Bild letztendlich ausgeben.

```
198 // Border erstellen
199 makeBorder($imgWidth, $imgHeight, $im, $colorB);
200
201 // Uebermittelter Hash-Wert ueberpruefen
202 if (!preg_match('/^[a-f0-9]{32}$/', $_GET['codeCaptcha']))
203     $_GET['codeCaptcha'] = md5(microtime());
204
205 // Image speichern
```

```
imagepng($im, $captchaDir . '/' . $_GET['codeCaptcha'] . '_' . $fileName . '.png');

imagedestroy($im);

// Bild ausgeben
readfile($captchaDir . '/' . $_GET['codeCaptcha'] . '_' . $fileName . '.png');
```

Beispiel 3.15: captcha.php

Unser Captcha-Bild ist fertig! Jetzt müssen wir uns noch den Aufruf der Captcha-Datei in unserem Formular und die Überprüfung eines jeden Captchas anschauen. Wir beginnen zuerst mit dem Formular.

Wie Sie sehen, können Sie mit ein paar wenigen Handgriffen das Captcha einbauen und der Besucher wird mit Ihrem Formular arbeiten. Wenn das Formular aufgerufen wird, erstellen wir zuerst eine Hash-Summe aus der aktuellen Zeit (**27**). Um wirklich eine fast eindeutige Hash-Summe zu generieren, werden nicht nur die Sekunden, sondern auch die Mikrosekunden für die Hash-Summe herangezogen.

Die Wahrscheinlichkeit, dass zwei Menschen zur gleichen Zeit dieses Captcha starten, ist sehr gering. Sie müssten nicht nur in der gleichen Sekunde, sondern auch zur gleichen Microsekunde das Formular starten – ein 6er im Lotto ist da schon wahrscheinlicher.

Anhand der Hash-Summe und des Captcha-Bilds erstellen wir den Dateinamen für das Bild. Wie Sie sehen, beginnt der Dateiname mit der Hash-Summe, gefolgt von einem Unterstrich und den sechs Buchstaben oder Zahlen, die in diesem Bild angezeigt werden.

```
4b73f3081a465c95bb4d59108dc43eca_dVeUXh.png
```

Wir müssen nun in unserem Formular das Captcha-Bild anzeigen. Dafür nutzen wir einen Image-Tag (**28**) und geben als Ziel (normalerweise steht hier ein Bildname) die Captcha-Datei an. Zusätzlich übermitteln wir die Hash-Summe, aus der dann der Dateiname gebildet wird.

Irgendwie muss noch die Hash-Summe beim Senden des Formulars übermittelt werden. Dafür benutzen wir ein hidden-Field (**30**) – jetzt haben wir alles, was wir brauchen, und das Formular kann gesendet werden.

Nach dem Senden des Formulars wird zuerst überprüft, ob der Besucher das Formularfeld für die Captcha-Prüfung ausgefüllt hat (**8**). Falls ja, wird die Datei für die Captcha-Überprüfung inkludiert (**10**) und das Captcha geprüft. Sie erhalten als Rückgabewert der Überprüfung in der Variable `$resultCaptcha` entweder „`TRUE`" oder „`FALSE`". `TRUE` heißt in diesem Fall, dass die Aufgabe gelöst wurde, `FALSE` hingegen besagt, dass die Aufgabe falsch war.

Egal, ob die Aufgabe richtig oder falsch war, es wird auf jedem Fall ein neues Captcha-Bild mit einer neuen Hash-Summe erstellt.

```
<html>
<head>
<title>Demonstration - Captcha</title>
</head>
<body>
  <!-- Captcha Check Begin -->
  <?php
  if(!empty($_POST['stringCaptcha']))
  {
   include_once('captcha_check.php');

   if($resultCaptcha)
   {
    // Alles OK, Daten koennen gespeichert werden
    echo 'Eingabe korrekt!';
   }
   else
   {
    // Captcha ist falsch - Fehler ausgeben
    echo 'Eingabe falsch';
   }
  }
  ?>
  <!-- Captcha Check End -->
 <form name="CaptchaForm" method="post" action="">
    <!-- Captcha Begin -->
    <?php $codeCaptcha = md5(microtime()); ?>
    <img src="captcha.php?codeCaptcha=<?php echo $codeCaptcha; ?>">
    <br>
    <input type="hidden" name="codeCaptcha" value="<?php echo $codeCaptcha; ?>">
    <input type="text" name="stringCaptcha">
    <!-- Captcha End -->
    <p><input type="submit" name="Submit" value="Wert prüfen"></p>
 </form>
</body>
</html>
```

Beispiel 3.16: captcha_demo.php

Sie sehen hier, wie Sie das Captcha z. B. in Ihr Formular einbinden können.

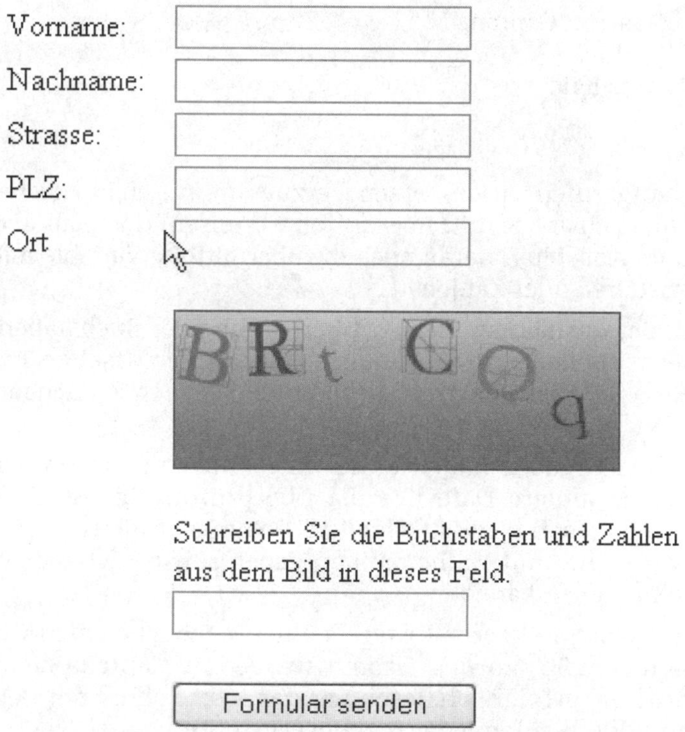

Abbildung 3.6: Captcha im Formular

Wir müssen uns jetzt noch die Datei anschauen, die unsere Captcha-Datei überprüft. In dieser Datei müssen Sie ein paar Konfigurationsparameter anpassen. Sie müssen als Erstes das Verzeichnis angeben (**82**), in dem Ihre Captcha-Bilder gespeichert werden.

Vergessen Sie nicht, am Ende den Slash (/) mit anzugeben. Als weiteren Parameter benötigen wir noch eine Zeit in Minuten (**85**), nachdem alte, nicht gebrauchte Bilder (weil das Formular z. B. nicht abgesendet wurde) wieder gelöscht werden können.

Das Formular inkludiert diese Datei und übermittelt uns dabei zum einen den Hash-Wert und zum anderen das Feld mit den sechs Buchstaben oder Zahlen. Die Funktion `CheckCaptcha` wird mit diesen Parametern und den beiden Konfigurationsvariablen aufgerufen (**88**) und erhält als Rückgabewert entweder „`TRUE`" oder „`FALSE`".

function CheckCaptcha($codeCaptcha,$stringCaptcha,$dir,$delFile=5

@param	string	$codeCaptcha
@param	string	$stringCaptcha
@param	string	$dir
@param	integer	$delFile
@return	bool	

Nachdem die Funktion aufgerufen wurde, setzen wir zuerst unseren Rückgabewert auf „FALSE" (**39**). Im nächsten Schritt überprüfen wir unsere Hash-Summe (**42**) auf Gültigkeit und im Anschluss daran noch die übermittelte Variable mit den eingegebenen Buchstaben oder Zahlen (**42**).

Sie fragen sich vermutlich, weshalb wir bei der Überprüfung der Buchstabenlänge (**42**) nicht auf sechs Stellen prüfen, sondern einen Wert zwischen 1-6 heranziehen. Im nächsten Beispiel wollen wir das Captcha ja auch Rechenaufgaben erstellen lassen.

Die Lösungen von Rechenaufgaben haben in der Regel aber nur eine oder zwei Stellen. Da wir keine andere Datei für die Überprüfung inkludieren wollen, haben wir uns für diesen Weg entschieden. Das macht die Überprüfungsdatei flexibler, da sie jetzt mit Mathematikaufgaben sowie Buchstaben-/Zahlenkombinationen umgehen kann.

Sollte einer der Parameter nicht unseren Kriterien entsprechen, beenden wir die Funktion und geben „FALSE" zurück – somit wurde das Captcha nicht gelöst. War die Überprüfung erfolgreich, lesen wir das Verzeichnis mit den Captcha-Bildern aus und durchlaufen jede einzelne Datei (**50**).

Jedes Verzeichnis beginnt mit einem Punkt und einem Doppelpunkt. Da wir hier keine Überprüfung vornehmen müssen, überspringen wir diese Einträge und beenden den aktuellen Durchlauf (**51**). Genauso verfahren wir mit eventuellen Unterverzeichnissen in diesem Ordner (**55**).

Falls es sich aber um eine Datei handelt (**57**), starten wir unsere Routinen für die Überprüfung. Als Erstes überprüfen wir, wie alt die jeweilige Datei ist (**57**). Wir rechnen die Zeit in Minuten um und erhalten dann die Differenz zur aktuellen Zeit. Ist diese Zeit größer als die von uns vorgegebene Zeit in Minuten, löschen wir die aktuelle Datei (**66**).

Achtung! Es findet hier keine Überprüfung der Dateiendungen statt. Falls Sie in diesem Ordner noch andere Dateien haben, die keine Captcha-Dateien sind, werden diese ebenfalls gelöscht!

Ist die Datei jünger als unser Wert, springen wir in den else-Zweig (**76**) und vergleichen den Dateinamen mit unserem Wert (der Hash-Wert + eingegebenen Wert + Dateiendung) (**62**). War die Überprüfung erfolgreich, speichern wir den Wert „TRUE" in unsere Variable (**63**) – das Captcha wurde gelöst.

Wir müssen aber noch eine andere Überprüfung (**65**) vornehmen. Falls das Captcha nicht gelöst wurde, müssen wir unbedingt die Datei löschen, die den

Hash-Wert beeinhaltet. Sie fragen sich jetzt sicherlich, warum das so sein muss? Die Antwort ist einfach. Wenn ein Bot Ihr Formular ausfüllt und an dem Hash-Wert kommt, schlägt zwar die erste Überprüfung fehl. Der Bot könnte dann mit dem Hash-Wert aber alle fehlenden Kombinationen der sechs Buchstaben oder Zahlen so lange ausprobieren, bis er das Captcha gelöst hat. Das möchten wir natürlich unterbinden und sorgen deshalb dafür, dass das Captcha-Bild nur einmal geprüft und danach gelöscht (**66**) wird.

Wir schließen das Verzeichnis-Handle (**72**) und geben unser Ergebnis (**75 oder 77**) an die aufgerufene Stelle wieder zurück.

```
37 function CheckCaptcha($codeCaptcha, $stringCaptcha, $dir, $delFile = 5) {
38    // Setzt den Check erst einmal auf FALSE
39    $captchaTrue = FALSE;
40
41    // Übergebene Hash-Variable überprüfen
42    if (!preg_match('/^[a-f0-9]{32}$/', $codeCaptcha))
43       return FALSE;
44
45    // Übergebene Captcha-Variable überprüfen
46    if (!preg_match('/^[a-zA-Z0-9]{1,6}$/', $stringCaptcha))
47       return FALSE;
48
49    $handle = @ opendir($dir);
50    while (false !== ($file = readdir($handle))) {
51       if (preg_match("=^\.{1,2}$=", $file)) {
52          continue;
53       }
54
55       if (is_dir($dir . $file)) {
56          continue;
57       } else {
58          $lastTime = ceil((time() - filemtime($dir . $file)) / 60);
59          if ($lastTime > $delFile) {
60             unlink($dir . $file);
61          } else {
62             if (strtolower($file) == strtolower($codeCaptcha . '_' . ↲
               $stringCaptcha . '.png')) {
63                $captchaTrue = TRUE;
64             }
65             if (preg_match("=^$codeCaptcha=i", $file)) {
66                unlink($dir . $file);
67             }
68          }
69       }
70    }
71
72    @ closedir($handle);
73
74    if ($captchaTrue)
75       return TRUE;
76    else
77       return FALSE;
78
79 }
```

```
// Temporäres Verzeichnis der Captcha-Bilder
$captchaDir = 'captchadir/';

// Löschen der alten Captcha-Bilder nach wieviel Minuten
$delFile = 10;

// Überprüfung starten
$resultCaptcha = CheckCaptcha($_POST["codeCaptcha"], $_POST["stringCaptcha"], $captchaDir, $delFile);
```

Beispiel 3.17: captcha_check.php

Wie Sie gesehen haben, ist eine Überprüfung möglich. Sie können jetzt das Captcha einbinden oder erweitern. Möglich wäre die Kombination mit einer Rechenaufgabe. Im folgenden Beispiel sehen Sie ein solches Captcha. Es erzeugt wahllos entweder eine Rechenaufgabe oder eine Buchstaben-/Zahlenkombination.

3.4 Captcha mit Rechenaufgaben und Buchstaben-/Zahlenkombinationen

Systemvoraussetzung

- Linux
- Windows
- PHP 4 >= 4.0.0-RC2
- PHP 5 GD-Bibliothek (> gd-1.6)
- FreeType-Bibliothek

Datei(en)

`captcha_math.php`, `captcha_check.php`, `captcha_demo_math.php`

Problem

Wir haben im vorherigen Beispiel gesehen, wie man unterscheiden kann, ob ein Webformular durch einen Menschen oder einen Bot ausgefüllt wurde. Dieses Programm ist schon sehr sicher, man kann es aber noch erweitern. Entscheiden Sie selbst, ob es für Sie notwendig ist oder nicht.

Lösung

Unser vorheriges Captcha-Beispiel konnte ein Captcha-Bild aus Buchstaben und Zahlen generieren. Wir zeigen Ihnen jetzt, wie Ihr Captcha anfängt zu rechnen: Dieses Beispiel wird wahllos entweder einen Captcha aus Buchstaben und Zahlen oder eine Rechenaufgabe liefern.

Wie bereits erwähnt: Halten Sie Ihren Captcha so einfach wie möglich, sodass ein Mensch ihn lösen kann, eine Maschine aber nur sehr schwer. In unserem Beispiel werden wir daher nur Rechenaufgaben mit den Zahlen 0 bis 9 heranziehen. Außerdem bestehen die Rechenaufgaben nur aus Additionen, sodass sie relativ leicht zu lösen sein sollten.

Nachfolgend sehen Sie noch einmal einen Captcha aus Buchstaben und Zahlen, danach einen Captcha mit einer Rechenaufgabe.

Wie Sie sehen, sind beide Captchas relativ einfach zu lösen. Der Rechen-Captcha kann nur einwandfrei gelöst werden, wenn der Besucher als Lösung die Zahl 27 eingibt.

Für dieses Catcha-Beispiel müssen wir lediglich unsere bereits bekannte Captcha-Datei ein wenig umprogrammieren. Die Datei für die Überprüfung

Abbildung 3.7: Captcha aus Buchstaben und Zahlen

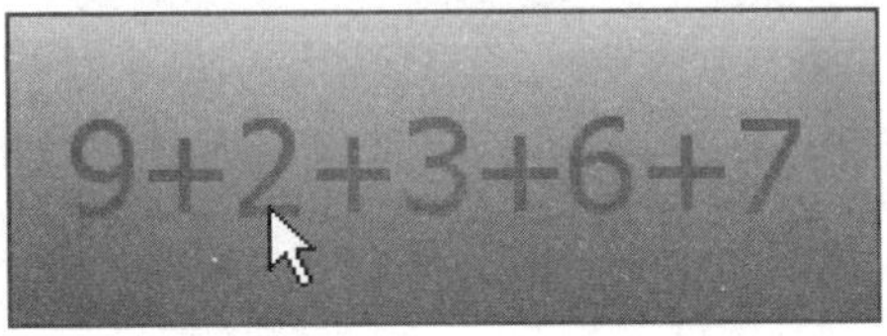

Abbildung 3.8: Captcha mit einer Rechenaufgabe

der Captchas muss nicht erweitert werden, sie beherrscht bereits jetzt die Überprüfung beider Varianten.

Wir wollen hier nicht noch einmal alle Funktionen der Captcha-Datei erklären, sondern richten unseren Augenmerk nur noch auf die Veränderungen in dieser Datei.

function mathCaptcha($im,$size,$fileTTF,$imgHeight)

@param	resource	$im
@param	integer	$size
@param	string	$fileTTF
@param	integer	$imgHeight
@return	string	$ fileName

Neu in unserer bestehenden Datei ist die Funktion `mathCaptcha()`. Sie erwarten als Parameter den Zeiger auf das Captcha-Bild, die Schriftgröße, den Pfad zu der True-Type-Datei und die Bildhöhe. Zuerst erzeugen wir für die Rechenaufgabe die Zahlen im Zahlenraum von 0-9 (**128**) und durchwürfeln danach das mit Zahlen gefüllte Array (**129**).

Sie können natürlich noch einen größeren Zahlenraum nehmen (z. B. 0 bis 20) aber ich rate Ihnen davon ab, denn die Lösung wird dadurch wesentlich schwieriger.

Nachdem wir die Zahlen erstellt haben, stellen wir die Schriftfarbe für unsere RGB-Werte zusammen (**131**). Wir sollten darauf achten, dass die Zahlen auch nachher gut lesbar sind und nehmen daher für die Darstellung nur RGB-Werte im Zahlenraum von 0 bis 120.

Nachdem wir das Array mit den möglichen RGB-Werten erstellt haben, durchwürfeln wir auch dieses (**132**). Mit den RGB-Werten in dem Array bestimmen wir dann die Farbe für das Bild (**134**) Wir sollten für Rechenaufgaben nur eine Farbe nehmen, im Gegensatz zu den Buchstaben und Zahlen, wo mehrfarbige Anzeigen erzeugt werden.

Unser Array mit den Zahlen ist bereits durchgewürfelt. Daher können wir beruhigt nur die ersten fünf Array-Elemente für die Rechenaufgabe heranziehen. Zum einen speichern wir die Rechenaufgabe als Text (**136**), und zum anderen lösen wir mathematisch die Aufgabe (**137**). Den Text platzieren (**141**) wir nachher auf das Bild, die Lösung wird unsere Funktion zurückgeben (**143**). Aus der übermittelten Hash-Summe und der Lösung bilden wir danach den Verzeichnisnamen.

Nun müssen wir lediglich noch die Position für den Text definieren, damit die Rechenaufgabe wahllos in ihrer Höhe unterschiedlich angezeigt wird. Daher definieren wir auch hier wieder ein Array (**138**) und durchwürfeln dieses (**139**).

Zum Schluss schreiben wir den Text auf das Bild (**141**) und geben die Lösung unserer Rechenaufgabe zurück.

```
126 function mathCaptcha($im, $size, $fileTTF, $imgHeight) {
127
128    $math = range(0, 9);
129    shuffle($math);
130
131    $mix = range(0, 120);
132    shuffle($mix);
133
134    $color = imagecolorallocate($im, $mix[0], $mix[1], $mix[2]);
135
136    $text = "$math[0] + $math[1] + $math[2] + $math[3] + $math[4]";
137    $fileName = $math[0] + $math[1] + $math[2] + $math[3] + $math[4];
138    $y = range($size +5, $imgHeight -10);
139    shuffle($y);
140
141    imagettftext($im, $size, 0, 5, $y[0], $color, $fileTTF, $text);
142
143    return $fileName;
144
145 }
```

Beispiel 3.18: captcha_math.php

function makeLetter($im,$size,$fileTTF,$imgHeight,$imgWidth)

@param	resource	$im
@param	integer	$size
@param	string	$fileTTF
@param	integer	$imgHeight
@param	integer	$imgWidth
@return	string	$fileName

Sie sollten den Inhalt dieser Funktion bereits kennen. Wir haben lediglich den Programmcode für den Aufbau der Buchstaben und Zahlen in eine Funktion gepackt, damit wir über eine Berechnung (dazu später) entscheiden können, ob wir einen Rechen- oder Buchstaben/Zahlen-Captcha erzeugen sollen.

Wir werden diese Funktion nicht näher erläutern, da wir ihren Inhalt bereits im vorherigen Beispiel ausgiebig erklärt haben. Sollten Sie nicht mehr genau alle Aufgaben in dieser Funktion verstehen, schauen Sie noch einmal im vorherigen Beispiel nach und vertiefen Sie Ihr Wissen.

Wir wollen allerdings kurz die Parameter der Funktion erklären. Die Funktion erwartet als Parameter den Zeiger auf das Bild, die Schriftgröße, den Pfad zu der True-Type-Datei, die Bildhöhe und die Bildbreite. Als Rückgabewert (**187**) wird diese Funktion einen Teil (die sechs Buchstaben und Zahlen) des späteren Dateinamens zurückliefern.

```
158 function makeLetter($im, $size, $fileTTF, $imgHeight, $imgWidth) {
159 
160     //Wortliste erstellen
161     $alphabet = MakeAlphabet();
162 
163     // Array des Alphabets durchwürfeln
164     shuffle($alphabet);
165 
166     $mix = range(0, 255);
167     shuffle($mix);
168 
169     $colors = array (
170        imagecolorallocate($im,
171        $mix[0],
172        $mix[6],
173        $mix[12]
174     ), imagecolorallocate($im, $mix[1], $mix[7], $mix[13]), imagecolorallocate($im, $mix[2], $mix[8], $mix[14]), imagecolorallocate($im, $mix[3], $mix[9], $mix[15]), imagecolorallocate($im, $mix[4], $mix[10], $mix[16]), imagecolorallocate($im, $mix[5], $mix[11], $mix[17]));
175 
176     // Zeichnet die Buchstaben und baut den Dateinamen auf
177     for ($x = 0; $x < 6; $x++) {
178 
179        $angel = rand(-25, 25);
180        $y = rand($size, $imgHeight -20);
181        imagettftext($im, $size, $angel, $next, $y, $colors[$x], $fileTTF, $alphabet[$x]);
182        $next += $size + ($imgWidth / $size);
183        $fileName .= $alphabet[$x];
184 
185     }
186 
187     return $fileName;
188 }
```

Beispiel 3.19: captcha_math.php

Auch dieser Programmcode sollte Ihnen bekannt vorkommen. Wir werden auch hier nicht noch einmal alles erklären, sondern verweisen wieder auf das vorherige Beispiel. Allerdings gibt es in diesem Programmcode ein paar Neuerungen, die wir erklären müssen.

Wir haben eine zusätzliche Variable (**205**) für die Schriftgröße der Rechenaufgabe. Somit sind Sie in der Lage, die Ausgabe der beiden Möglichkeiten besser zu steuern. Weiterhin ist ein Bereich (**249-252**) dazugekommen, der für die jeweilige Auswahl der Captchas dienen wird. Anhand der aktuellen Zeit in Sekunden wird entschieden, welches Captcha geladen werden soll.

Handelt es sich bei den Sekunden um eine gerade Zahl (**249**), so wird der Buchstaben-/ Zahlen-Captcha aufgerufen (**250**). Sollten die Sekunden ungerade sein (**251**), wird der mathematische Captcha aufgerufen (**252**).

```
190 // TTF-Schrift
191 // Sie sollten hier unbedingt den absoluten Pfad angeben, da ansonsten
192 // eventuell die TTF-Datei nicht eingebunden werden kann!
193 $fileTTF = ’/homepages/29/d151852282/htdocs/kochbuch/bddavinc.ttf’;
194
195 // Verzeichnis für die Captcha-Bilder (muss Schreibrechte besitzen!)
196 // Ausserdem sollten in diesem Ordner nur die Bilder gespeichert werden
197 // da das Programm in regelmaessigen Abstaenden dieses leert!
198 // Kein abschliessenden Slash benutzen!
199 $captchaDir = ’captchadir’;
200
201 // Schriftgröße
202 $size = 30;
203
204 // Schriftgröße Rechenaufgabe
205 $sizeMath = 22;
206
207 //Bildgroesse
208 $imgWidth = 220; //200
209 $imgHeight = 80; //80
210
211 // Farbverlauf RGB-Wert Start und RGB-Wert Ende
212 $fromRGB = array (
213    253,
214    214,
215    0
216 );
217 $toRGB = array (
218    215,
219    81,
220    6
221 );
222
223 // Randfarbe
224 $colorBorder = array (
225    154,
226    53,
227    2
228 );
229
```

```
header("Content-type: image/png");

$im = @ imagecreate($imgWidth, $imgHeight) or die("GD! Initialisierung fehlgeschlagen");

// Definiert die Farbe für den Border
$colorB = imagecolorallocate($im, $colorBorder[0], $colorBorder[1], $colorBorder[2]);

// Erstellt den Farbverlauf
$colorRGB = makeGradient($fromRGB, $toRGB, $imgHeight);

for ($x = 0; $x < $imgHeight; $x++) {
    $r = $colorRGB['r'][$x];
    $g = $colorRGB['g'][$x];
    $b = $colorRGB['b'][$x];
    $color = imagecolorallocate($im, $r, $g, $b);
    imageline($im, 0, $x, $imgWidth, $x, $color);
}

// Hier die Moeglichkeit
if (bcmod(time(), 2) == 0)
    $fileName = makeLetter($im, $size, $fileTTF, $imgHeight, $imgWidth);
else
    $fileName = mathCaptcha($im, $sizeMath, $fileTTF, $imgHeight);

// Border erstellen
makeBorder($imgWidth, $imgHeight, $im, $colorB);

// Uebermittelter Hash-Wert ueberpruefen
if (!preg_match('/^[a-f0-9]{32}$/', $_GET['codeCaptcha']))
    $_GET['codeCaptcha'] = md5(microtime());

// Image speichern
imagepng($im, $captchaDir . '/' . $_GET['codeCaptcha'] . '_' . $fileName . '.png');

imagedestroy($im);

// Bild ausgeben
readfile($captchaDir . '/' . $_GET['codeCaptcha'] . '_' . $fileName . '.png');
```

Beispiel 3.20: captcha_math.php

Somit haben wir unser bestehendes Captcha-Beispiel um ein mathematisches Beispiel erweitert. Wir müssen lediglich in unserem Formular den Image-Tag verändern. Dieses muss jetzt auf unsere neue Datei zeigen.

```
<img src="captcha_math.php?codeCaptcha=<?php echo $codeCaptcha; ?>">
```

Sie sollten in Ihrem Formular erklären, dass es zwei verschiedene Captcha-Ausgaben geben kann. Falls Sie das nicht tun, wird der Besucher nicht die Rechenaufgabe lösen, sondern einfach nur den Rechentext abschreiben. Dieses würde selbstverständlich nicht zur Lösung des Captchas führen!

3.5 Checkboxen-Verwaltung mittels Binärwerten

Systemvoraussetzung

- Linux
- Windows
- PHP 3
- PHP 4
- PHP 5

Datei(en)

`checkboxen_binaer.php`

Problem

Gerade bei der Speicherung von sehr vielen Checkboxen stellt sich die Frage, wie man dieses Problem am besten umgehen kann. Stellen Sie sich ein Formular für eine Umfrage mit z. B. 30 Checkboxen vor. Sie könnten jetzt jede einzelne Checkbox in eine Datenbank speichern oder aber die folgende Variante nutzen.

Lösung

Checkboxen können nur zwei Zustände annehmen und sind daher entweder aktiviert (TRUE bzw. 1) oder deaktiviert (FALSE bzw. 0). Dieses Merkmal findet man auch in der Binärdarstellung wieder, und es kann daher zur Verwendung für diese Technik herangezogen werden.

Binärwerte werden nur durch die beiden Zahlen 1 und 0 dargestellt. Hat man z. B. fünf Checkboxen, von denen die erste, die zweite und die fünfte aktiviert sind, so kann man dies auch mit folgender Schreibweise darstellen - **11001**. Diese Darstellung sieht genau wie ein Binärwert aus und würde bei der Konvertierung in eine Dezimalzahl auch ein Ergebnis liefern.

Um aber die Checkboxen in eine binäre Art zu bekommen, ist ein kleiner Umstrukturierungsvorgang vonnöten. Binärwerte werden grundsätzlich von rechts her aufgebaut (was auch sinnvoll ist, da man für **000000000001** direkt **1** schreiben könnte), die Checkboxen aber von links bzw. von oben. Daher muss man den Binärwert einfach umdrehen. Genau das erledigt das Skript von selbst, da die Werte bereits von rechts her bestückt werden.

In unserem kleinen Beispiel wäre nun der Binärwert **10011**. Dieser Binärwert in eine Dezimalzahl konvertiert ergäbe 19. Die Zahl 19 ist der Wert, der auch in die Datenbank gespeichert wird. Er enthält alle Informationen über die

Aktivierungsart aller Checkboxen, da beim Aufbau der Checkboxen die Zahl 19 wieder in einen Binärwert konvertiert wird (10011).

Allerdings müssen im Vorfeld die Checkboxen ein wenig angepasst werden.

- Die Checkboxen erhalten alle den gleichen Namen und werden somit als Array übermittelt. In unserem Fall heißen die Checkboxen alle **checkbox_name[]** (wichtig sind hier die eckigen Klammern, da nur so ein Array aufgebaut wird). Somit kann man hier auch von einer Gruppe sprechen.
- Alle Checkboxen werden im Value-Wert durchnummeriert (1 bis max. 32). Dies ist ein wichtiger Punkt, da nur so die richtigen Checkboxen aktiviert oder deaktiviert werden können. Zur Erinnerung: **Nicht aktivierte** Checkboxen werden nicht übermittelt. Auch wenn Sie 32 Checkboxen haben und nur 16 aktivieren, erhalten Sie beim Absenden nur ein Array mit 16 Elementen. Da wir aber als Value-Wert die „Position" gespeichert haben, ist es ein Leichtes, die nötigen Felder zu initialisieren.
- Die Spalte für die Speicherung des Wertes in der Datenbank muss auf Integer eingestellt werden.

Zur besseren Veranschaulichung sehen wir uns folgendes Beispiel an:

Bei der Initialisierung der Variablen setzen wir den Startwert auf 0. Wird nun das unten stehende Beispiel abgeschickt, passiert Folgendes: Bitte beachten Sie, dass bei den Durchläufen die Checkboxen von links, die Binärwerte von rechts gelesen werden.

Abbildung 3.9: Checkboxen

1. Durchlauf

Checkbox1 ist deaktiviert und somit 0. In diesem Fall bleibt unser Wert bei 0, da der Startwert bereits 0 war und ein Binärwert mit der Anordnung 00 auch als Dezimalzahl 0 ergäbe.

2. Durchlauf

Checkbox2 ist aktiviert und somit 1. Unser Binärwert wird nun von der rechten Seite her verändert. Die zweite Stelle des Binärwerts wird auf 1 gesetzt. Der Wert ist nun 10.

3. Durchlauf

Checkbox3 ist aktiviert und somit 1. Unser Binärwert wird nun von der rechten Seite her verändert. Die dritte Stelle des Binärwerts wird auf 1 gesetzt. Der Wert ist nun 110.

4. Durchlauf

Checkbox4 ist deaktiviert und somit 0. In diesem Fall bleibt unser Wert bei 110.

5. Durchlauf

Checkbox5 ist deaktiviert und somit 0. In diesem Fall bleibt unser Wert bei 110.

6. Durchlauf

Checkbox6 ist aktiviert und somit 1. Unser Binärwert wird nun von der rechten Seite her verändert. Die sechste Stelle des Binärwerts wird auf 1 gesetzt. Somit erhalten nun auch die vierte und fünfte Stelle ihren Wert, jeweils die 0. Der Wert ist nun 100110.

Den Wert 100110 lassen wir uns mit der Funktion `bindec()` als Dezimalzahl ausgeben und erhalten als Ergebnis die Zahl 38. Diese Zahl speichern wir in der Tabelle ab. Das war es schon! Wir haben nun eine schlanke Lösung für ein großes Problem. In Zukunft wird das Skript nur noch mit der einzelnen dezimalen Zahl arbeiten, um die Checkboxen zu bestücken.

Achtung!

Einen kleinen Haken gibt es aber. Wir können mit dieser Methode nur maximal 32 Checkboxen verwalten, da wir bei dieser Zahl an die Grenze eines Integer-Werts gehen. Gruppen können aber in rauen Mengen erstellt werden.

Wir werden uns jetzt genauer den Programmcode für unsere Lösung anschauen. Er ist einfacher, als Sie denken.

function setBit(&$bitField,$n)

@param	integer	$bitField
@param	integer	$n
@return	bool	

Die Funktion `setBit()` erwartet als Parameter zum einen den binären Wert für unsere Checkboxen und zum anderen die aktivierte Checkbox. Im ersten Schritt müssen wir überprüfen (**8**), ob der Wert für die aktivierte Checkbox zwischen 0-32 liegt. Ist der Wert außerhalb von 0-32, beenden (**8**) wir die Funktion an dieser Stelle.

Sollte der Wert zwischen 0-32 liegen, können wir den Binärwert für unsere aktivierte Checkbox setzen (**16**). Wenn wir also annehmen, dass wir 15 Checkboxen haben, ergibt sich ein Wert von

```
100000000000000
```

Wenn wir jetzt die 15. Checkbox aktivieren wollen, müssen wir den Wert von rechts her mit einer 1 (Eins) auffüllen (**16**). Der Wert „100000000000000" entspricht dann der Zahl 16384. Bei dem Pine-Zeichen (|) vor dem Leerzeichen handelt es sich nicht um das logische ODER, sondern um das BIT-ODER.

```
3  function setBit(&$bitField,$n) {
4
5   // Ueberprueft, ob der Wert zwischen 0-33 liegt
6   // $n ist hier der Wert der aktivierten Checkbox, z.B. 15
7   // Somit waere hier die 15. Checkbox aktiviert
8   if(($n < 0) or ($n > 32)) return false;
9
10
11  // Bit Shifting
12  // Hier wird nun der Binaerwert fuer die aktuelle Checkbox gesetzt.
13  // In unserem Beispiel wird hier nun die 15. Stelle von rechts auf 1 gesetzt
14  // 100000000000000 <-- Dieses entspricht der Zahl 16384
15  // | ist nicht das logische ODER sondern das BIT-oder
16  $bitField |= (0x01 << ($n-1));
17  return true;
18
19 }
```

Beispiel 3.21: checkboxen_binaer.php

function clearBit(&$bitField,$n)

@param	integer	$bitField
@param	integer	$n
@return	bool	

Die Funktion `clearBit()` erwartet als Parameter den binären Wert für unsere Checkboxen und die deaktivierte Checkbox. Wir müssen hier lediglich das Bit wieder auf 0 (Null) setzen (**25**). Bei dem kaufmännischen UND (&) handelt es sich nicht um das logische UND, sondern um das BIT-UND.

```
function clearBit(&$bitField,$n) {

 // Loescht ein Bit oder ein Bitfeld
 // & ist nicht das logische UND sondern das BIT-and
 $bitField &= ~(0x01 << ($n-1));
 return true;

}
```

Beispiel 3.22: checkboxen_binaer.php

function function isBit(&$bitField,$n)

@param	integer	$bitField
@param	integer	$n
@return	bool	

Die Funktion `isBit()` erwartet als Parameter den binären Wert für unsere Checkboxen und die zu prüfende Checkbox. Wir überprüfen hier lediglich, ob die x-te Stelle eine 1 (Eins) ist oder nicht (**32**).

```
30 function isBit($bitField,$n) {
31
32  return (($bitField & (0x01 << ($n-1))));
33
34 }
```

Beispiel 3.23: checkboxen_binaer.php

Der restliche Programmcode besteht hauptsächlich aus Überprüfungen und Darstellungen der Checkboxen. Sie sollten aber unbedingt die Variable für die Checkboxenmenge (**40**) setzen, die angibt, wie viele Checkboxen Sie darstellen wollen.

Wenn das Formular gesendet wurde, wird im ersten Schritt überprüft (**39**) wie viele Checkboxen übertragen wurden. Ist der Wert kleiner als 1 (Eins) oder größer als 32, wird der Standardwert (hier 32) gesetzt. War alles in Ordnung, also der Wert zwischen 1-32, wird die Menge gespeichert (**42**).

Falls das Formular nicht gesendet wurde (**50**), also sich im Grundzustand befindet, gibt es zwei Möglichkeiten. Entweder starten Sie das Formular mit leeren Checkboxen (**53**), indem Sie eine 0 (Null) in die Variable speichern, oder aber Sie machen eine Datenbankabfrage von der Spalte mit dem Dezimalwert für die Checkboxen. Dieser Wert müsste dann in die Variable **(53)** gespeichert werden.

Je nachdem, ob nun ein Wert vorliegt (**70**), wird der Wert in die jeweilige Variable (**57 oder 59**) gespeichert. Wir durchlaufen jetzt die Checkboxenmenge (**40**) und überprüfen (**70**) bei jedem Durchlauf, ob die x-te Stelle (also jeweils das Array-Index) in unserem Wert eine 1 (Eins) ist.

Falls ja, so speichern wir in unserem Array für die Checkboxen im Formular unter dem jeweiligen Array-Index den String „checked". Somit wird nachher jede einzelne Checkbox de- oder aktiviert.

```
37  * Die Menge der Checkboxen sollten hier angegeben werden
38  */
39 if( $_POST["checkboxen"] < 1 || $_POST["checkboxen"] > 32)
40  $checkboxen = 32;
41 else
42  $checkboxen = $_POST["checkboxen"];
43
44
45 /*
46  * Hier sollte der Wert aus einer Datenbank geholt werden
47  * Dies sollte aber nur beim ersten Aufruf geschehen
48  */
49
50 if( !isset($_POST["checkbox_name"]) && !is_array($_POST["checkbox_name"]) && !isset($_POST["CheckboxenBinaer"]) ){
51  // Select der Datenbankabfrage hier einfuegen und den Wert
52  // in $wertAbfrage speichern
53  $wertAbfrage = 0;
54
55  // Ueberpruefung ob ein Wert vorhanden ist
56  if( !empty($wertAbfrage) )
57   $bitmask = $wertAbfrage;
58  else
59   $bitmask = 0x0;
60
61  // Durchlaeuft schrittweise alle Elemente von $bitmask.
62  foreach(range(1,$checkboxen) as $position){
63
64   // Ueberprueft, ob die x-te Stelle eine 1 ist und speichert bei Erfolg
65   // ein "checked" in das Arrayelement fuer die x-te Position.
66   // Beispiel: $position ist 6. Nun wird die 6.Stelle von rechts innerhalb
67   // der Variablen $bitmask auf eine 1 hin ueberprueft. Steht an dieser Stelle
68   // eine 1, so wird in $formCheck[6] ein "checked" gespeichert.
69   // Somit wird die sechste Checkbox aktiviert.
70   if(isBit($bitmask,$position)) {
71    $formCheck[$position] = " checked";
72   }
73
74  }
75
76 }
```

Beispiel 3.24: checkboxen_binaer.php

Falls das Formular gesendet wurde, können wir in den else-Zweig (**77**) springen und unseren neuen Wert für die Checkboxen speichern. Wir überprüfen zuerst, ob überhaupt eine Checkbox aktiviert wurde (**83**), um im nächsten Schritt die aktivierten Checkboxen in der Funktion `setBit()` (**88**) in unsere Variable zu speichern.

Wie bereits zuvor setzen wir die Markierungen, falls der aktuelle Array-Index eine 1 (Eins) enthält, für unsere Checkboxen (**92**). Wir speichern zum Schluss den Wert der BIT-Abfrage in unsere Variable (**100**). Diesen Wert können Sie jetzt in die Datenbank speichern.

```
77 else{
78
79  // Das Formular wurde versendet und die Checkboxen muessen
80  // nun konvertiert werden.
81
82  // Wurde ueberhaupt eine Checkbox aktiviert?
83  If( isset($_POST["checkbox_name"]) ){
84
85   foreach($_POST["checkbox_name"] as $position){
86
87    // Setzen der einzelnen Checkboxen in der Binaerstruktur
88    setBit($bitmask,$position);
89
90    // Ist die Checkbox aktiviert?
91    if(isBit($bitmask,$position)) {
92     $formCheck[$position] = " checked";
93    }
94
95   }
96
97  }
98
99  // Hier kann nun auch der Wert wieder in die Datenbank geschrieben werden
100  $neuerWert = $bitmask;
101
102 }
```

Beispiel 3.25: checkboxen_binaer.php

Das eigentliche Formular dagegen ist unspektakulär. Zum Testen haben wir zuerst eine Ausgabe unseres Wertes für die Datenbank (**108**) und zum anderen den gleichen Wert als Binärwert (**109**). Sie können das Formular auf Ihrem Server ausprobieren und sich die jeweiligen Werte ausgeben lassen. Anhand der Werte werden Sie sehr schnell ein Gefühl für die hier erklärte Vorgehensweise bekommen.

Nun müssen wir lediglich noch die Checkboxen aufbauen. Wir durchlaufen daher eine FOR-Schleife (**110**) mit der Menge der Checkboxen. Da wir bereits den Wert für die De- oder Aktivierung unserer Checkboxen in einem Array gespeichert haben, müssen wir diesen nur noch ausgeben (**113**).

```
106 <form name="form" method="post" action="<?PHP echo $PHP_SELF; ?>">
107 <?PHP
108  echo 'Der Dezimalwert für diese Anordnung ist: <b>' . $bitmask . '</b><br>';
109  echo 'Der Binärwert für diese Anordnung ist: <b>' . decbin($bitmask) . '</b><br>';
110  for($x=1;$x<=$checkboxen;$x++){
111 ?>
```

```
<input type="checkbox" name="checkbox_name[]" value="<?PHP echo $x; ?>" <?PHP echo $formCheck[$x]; ?>>

<?PHP
 }
?>
  <br>Menge der Checkboxen <input type="text" name="checkboxen" value="<?PHP echo $_POST["checkboxen"]; ?>">
  <br><input type="submit" name="CheckboxenBinaer" value="Send"><br>
</form>
```

Beispiel 3.26: checkboxen_binaer.php

Wie Sie sehen, haben wir hier eine Lösung für das Checkboxenproblem geliefert. Sollten Sie mehr als 32 Checkboxen benötigen, erstellen Sie einfach eine neue Gruppe. In dieser Gruppe haben Sie dann wieder 32 mögliche Zustände zur Verfügung.

4 Variablenüberprüfung/Reguläre Ausdrücke

Inhalt

4.1 MD5-Hash-Summe überprüfen

Systemvoraussetzung

- Linux
- Windows
- PHP 3 >= 3.0.9
- PHP 4
- PHP 5
- PCRE-Bibliothek

Datei(en)

`md5_check.php`

Problem

Wie Sie bereits bei dem Thema Captcha in diesem Buch gesehen haben, benötigen Sie oftmals Routinen, um eine übermittelte MD5-Hash-Summe zu überprüfen.

Lösung

Bei solchen Überprüfungen helfen uns reguläre Ausdrücke wie in diesem Beispiel mit `preg_match()`. Eine MD5-Hash-Summe besteht aus Kleinbuchstaben (a-f), Zahlen (0-9) und ist genau 32 Zeichen lang. Mit diesen Informationen ist es jetzt ein Leichtes, die Variable zu prüfen.

`$hash` (**25**) soll die übermittelte Variable sein. Falls der Inhalt der Variable nicht den zuvor beschriebenen Kriterien entspricht (**27**), so wird eine neue MD5-Hash-Summe basierend auf der aktuellen Zeit in Sekunden erstellt. Ist die MD5-Hash-Summe richtig gewesen (**30**), können wir fortfahren.

```
25 $hash = md5(time());
26
27 if (!preg_match('/^[a-f0-9]{32}$/', $hash)) {
28    echo 'Falscher MD5-Hash!<br>';
29    echo 'Generiere neuen MD5-Hash: ' . $hash = md5(time());
30 } else {
31    echo 'MD5-Hash ist in Ordnung: ' . $hash;
32 }
```

Beispiel 4.1: md5_check.php

Ausgabe im Browser

```
MD5-Hash ist in Ordnung: 6935bd151d0b7f43f86f42b2ce1d7998
```

4.2 Eine übermittelte Variable in eine Zahl konvertieren

Systemvoraussetzung

- Linux
- Windows
- PHP 3
- PHP 4
- PHP 5

Datei(en)

`integer_check.php`, `integer_check1.php`

Problem

Sie möchten wissen, ob die übermittelte Variable auch wirklich nur eine Zahl enthält. Oftmals ist diese Information wünschenswert, z. B. wenn Sie aus einer Datenbank einen bestimmten Datensatz mit der ID 4 (ein Beispiel) ausgeben wollen. Auch bei mathematischen Berechnungen benötigen wir nur Zahlen und keine Textelemente.

Lösung

Wir können auf einfache Art und Weise die übergebene Variable in eine Zahl konvertieren. Dafür müssen wir lediglich zu der Variablen eine 0 (Null) addieren. Dabei passiert folgendes:

123	wird zu 123
123.78	wird zu 123.78
123,78	wird zu 123
123String	wird zu 123
-123.78	wird zu -123.78
-123,78	wird zu -123
123Text456	wird zu 123

Datei: integer_check.php

```
$value = $_GET['id'] + 0;

if (($_GET['id'] + 0) == 0)
   echo 'Bitte geben Sie nur Zahlen ein! ' . $_GET['id'];
else
   echo 'Ihre Zahl: ' . $value;
```

Beispiel 4.2: integer_check.php

Wie Sie sehen, war die Konvertierung ein Kinderspiel. Sie haben jetzt auf jeden Fall eine Zahl vorliegen. Aber ist das ausreichend? Nein, Sie sollten weitere Überprüfungen vornehmen. Bei einer Datenbankabfrage nach einer ID wird Ihnen eine konvertierte Floatzahl (Fließkommazahl) auch nicht weiterhelfen.

Datei integer_check1.php

```
$value = $_GET['id'] + 0;

if (($_GET['id'] + 0) == 0) {
   echo 'Bitte geben Sie nur Zahlen ein! ' . $_GET['id'];
} else {
   echo 'Ihre Zahl: ' . $value . '<br>';

   if (is_int($value))
      echo $value . ' ist eine Ganzzahl.';

   if (is_float($value))
      echo $value . ' ist eine Fließkommazahl.';
}
```

Beispiel 4.3: integer_check1.php

Ausgabe im Browser

Ihre Zahl: 123.56

123.56 ist eine Fließkommazahl.

Jetzt besteht noch eine weitere Frage: Wollen wir einfach die konvertierte Zahl so nehmen? Diese Frage müssen Sie selbst beantworten. Je nach Aufgabenstellung kann die Antwort unterschiedlich sein. Wenn Sie der Meinung sind, dass die konvertierte Zahl nicht dem Programmablauf schadet, können Sie diesen Wert heranziehen, ansonsten müssen Sie anders reagieren.

4.3 Übermittelte Dateinamen überprüfen

Systemvoraussetzung

- Linux
- Windows
- PHP 3 >= 3.0.9
- PHP 4
- PHP 5
- PCRE-Bibliothek

Datei(en)

`file_check.php`

Problem

Sie bieten Dateien zum Download an, und die Dateinamen werden dabei per GET oder POST übermittelt. Anschließend rufen Sie diese Datei auf und bieten dann dem Besucher die gerade geholte Datei zum Download an.

Dieses Szenario sieht man sehr oft im Internet. Sie sollten sich aber immer eines vor Augen führen: Variablen, die von außerhalb des eigenen Programmcodes kommen, sind in erster Linie als „Feinde" anzusehen. Wir sollten diesen Variablen also niemals einfach trauen, sondern sie immer überprüfen.

Somit wäre es unter Umständen möglich, mit folgendem Variableninhalt die Passwortdatei des eigenen Servers auszuliefern. Was das bedeuten kann, werden Sie sich sicherlich vorstellen können. Deshalb trauen Sie keiner Variablen, die von außen kommt!

```
../../../../etc/passwd
```

Wir müssen sämtliche Variablen, die von außerhalb kommen und uns Schaden zufügen könnten, überprüfen. Dafür nutzen wir in unserem Beispiel preg_match() **29, 34**). Wenn Sie Dateien zum Download anbieten und diese per PHP ausliefern, lassen Sie sich lediglich den reinen Dateinamen übermitteln und setzen den Verzeichnisnamen fest in der PHP-Datei ein.

Wir müssen dann nur noch die Variable daraufhin überprüfen, ob sie ein oder mehrere Slashes beinhaltet. Ist das der Fall, brechen wir mit einer Fehlermeldung ab **(30, 35)**, ansonsten können wir die Datei ausliefern **(32, 37)**.

In unserem Beispiel haben wir zwei Arrays zur Anschauung genutzt. Sie sollten die Arrays später durch Ihre POST- oder GET-Variablen ersetzen.

```
$test[0] = "../../../../etc/passwd";
$test[1] = "wert.txt";

if (preg_match('=/=', $test[0]))
   echo 'Fehler! ' . $test[0] . ' ist nicht erlaubt.<br>';
else
   echo 'Datei ' . $test[0] . ' ist in Ordnung.<br>';

if (preg_match('=/=', $test[1]))
   echo 'Fehler! ' . $test[1] . ' ist nicht erlaubt.<br>';
else
   echo 'Datei ' . $test[1] . ' ist in Ordnung.<br>';
```

Beispiel 4.4: file_check.php

Ausgabe im Browser

Fehler! ../../../../etc/passwd ist nicht erlaubt. Datei wert.txt ist in Ordnung.

Sie sehen nachfolgend die geänderte Version für die Übermittlung von GET-Variablen. Sie müssen lediglich den Variablennamen anpassen.

```
<?PHP
$_GET['filename'];
if(preg_match('=/=', $_GET['filename']))
   echo 'Fehler! ' . $_GET['filename'] . ' ist nicht erlaubt.<br>';
else
   // Download starten
?>
```

4.4 Tags in Variablen ersetzen

Systemvoraussetzung

- Linux
- Windows
- PHP 3 >= 3.0.9
- PHP 4
- PHP 5
- PCRE-Bibliothek

Datei(en)

template_tags.php

Problem

Sie haben eine Variable gefüllt mit HTML-Quellcode, Text und z. B. UBB-Code. Gerade in Foren wird diese Variante sehr gerne genutzt, also eigene Tags zu definieren und diese dann mit regulären Ausdrücken zu durchsuchen. Die Treffer werden dann meist mit CSS-Definitionen oder wie hier im Beispiel mit DIV-Tags ersetzt.

Lösung

Zur besseren Veranschaulichung sehen Sie nachfolgend eine mögliche Variante von solchen Tags. Es geht darum, den Namen der Tags, also hier z. B. „outer-Loop" und „innerLoop", beizubehalten, jedoch die Tags selbst durch DIV-Tags zu ersetzen.

```
Hier steht auch Text
[loop name="outerLoop"]
<table>
<tr>
    <td>
        <table>
[loop name="innerLoop"]
            <tr>
                <td>
                    Hier steht der eigentliche Text
                </td>
            </tr>
[/loop]
        </table>
    </td>
```

```
41 </tr>
42 </table>
43 und hier noch mehr
44 [/loop]
```

Beispiel 4.5: template_tags.php

Mit `str_replace()` (**48**) ersetzen wir zuerst alle schließenden Tags von „loop“ durch die schließenden Tags von „div“. Zudem müssen wir die Tags finden, die den eigentlichen Namen enthalten, sodass wir auch diese durch DIV-Tags erstzen können.

Der Aufbau der Tags beginnt immer mit einer eckigen Klammer, gefolgt von den Namen „loop“, dann einem Leerzeichen und dem öffnenden Bereich „name=“. Der Tag schließt stets mit einer eckigen Klammer.

Nun müssen wir noch die Ausnahmen generieren, falls etwa die Schreibweise ein wenig abweicht und eventuell z. B. vor „loop“ ein Leerzeichen steht. Außerdem müssen wir den Text vor und nach unseren Suchtreffern beibehalten.

Wir bauen den regulären Ausdruck zusammen (**48**) und lassen diesen dann solange durch eine while-Schleife (**50**) laufen, bis es keine Treffer mehr gibt. Bei jedem Treffer ersetzen wir (**51**) den gesuchten Wert durch unsere DIV-Tags und fügen zusätzlich unseren bestehenden Text (`$pat[1]` und `$pat[6]`) mit ein. Der Name von „loop“ (hier innerLoop und outerLoop) fügen wir ebenfalls wieder in den DIV-Tags (`$pat[4]`) ein.

Dieser Vorgang wird solange durchgeführt, bis kein Suchtreffer mehr vorhanden ist. Erst danach können wir unsere modifizierte Variable ausgeben (**54**) und haben im Quellcode die ersetzten DIV-Tags.

```
25 $str = '
26 Hier steht auch Text
27 [loop name="outerLoop"]
28 <table>
29 <tr>
30     <td>
31         <table>
32 [loop name="innerLoop"]
33             <tr>
34                 <td>
35                     Hier steht der eigentliche Text
36                 </td>
37             </tr>
38 [/loop]
39         </table>
40     </td>
41 </tr>
42 </table>
43 und hier noch mehr
44 [/loop]
45 ';
46
47 $str = str_replace("[/loop]", "</div>", "$str");
```

```
$pattern = '=^(.*)\[(.*)loop(.*)name\="?(\S+)"([^\]]*)\](.*)$=msi';

while (preg_match($pattern, $str, $pat)) {
   $str = $pat[1] . '<div name="' . $pat[4] . '">' . $pat[6];
}

echo $str;
```

Beispiel 4.6: template_tags.php

Ausgabe im Browser

Hier steht auch Text
Hier steht der eigentliche Text
und hier noch mehr

Ausgabe im Quellcode

```
Hier steht auch Text
<div name="outerLoop">
<table>
<tr>
   <td>
      <table>
<div name="innerLoop">
   <tr>
      <td>
        Hier steht der eigentliche Text
      </td>
   </tr>
</div>
      </table>
   </td>
</tr>
</table>
und hier noch mehr
</div>
```

Sie können dieses Beispiel für Ihre Bedürfnisse so anpassen, dass auch dort die Tags geändert werden. Sie sollten aber immer mehrere Varianten ausprobieren, da es immer wieder zu kuriosen Ersetzungen kommen kann.

5 Webseitenlayout

Inhalt

5.1 Tabellenzeilen abwechselnd farbig darstellen

Systemvoraussetzung

- Linux
- Windows
- PHP 3
- PHP 4
- PHP 5

Datei(en)

`tableColor.php`

Problem

Gerade bei der Darstellung von dynamisch erzeugten unterschiedlichen Zeilenfarben einer Tabelle stellt sich die Frage, wie dieses Problem am einfachsten zu lösen ist. Es kommt immer wieder vor, dass man z.B. durch eine Datenbankabfrage mehrere Datensätze hat, die in einer Tabelle abwechselnd mit einer anderen Hintergrundfarbe dargestellt werden sollen.

Lösung

Handelt es sich bei der Methode für den Farbwechsel um zwei unterschiedliche Farben, so kann in diesem Fall der Modulos-Operator herangezogen werden. Wir teilen einfach eine Zahl (hier im Beispiel durch eine FOR-Schleife ermittelt) durch 2 und ermitteln dadurch den Restwert der Division.

Ist das Ergebnis ungerade (z.B. 1, 3, 5, 7), so erhalten wir als Restwert 1, bei einem geraden Restwert (z.B. 0, 2, 4, 6) dagegen die 0 (Null). Diese beiden Werte reichen vollständig aus, um damit über eine CSS-Klasse die Farbe zu bestimmen (siehe Beispiel).

Diese Berechnung ist völlig ausreichend für den Aufbau der Darstellung. Wir definieren in unserer Datei zwei verschiedene CSS-Klassen mit den Namen `.row_0` und `.row_1` (**41 und 44**).

Wichtig ist hier, dass sie einmal auf 1 (Eins) und einmal auf 0 (Null) enden. Somit haben wir einen Punkt geschaffen, den wir später automatisch austauschen können

Wir durchlaufen jetzt unsere FOR-Schleife (**53**) und berechnen jeweils anhand der Variable `$i` den Modulos dafür. Da sich diese Variable bei jedem Schleifendurchlauf erhöht, erhalten wir als Rückgabewert der Modulos-Berechnung entweder eine 0 (Null) oder eine 1 (Eins). Diese müssen wir jetzt nur noch an unsere CSS-Definition anhängen (**56**) und haben somit die Farbe bestimmt.

Natürlich können Sie auch anstatt einer FOR-Schleife z. B. eine WHILE-Schleife (gerade bei Datenbankabfragen häufig genutzt) verwenden. Sie müssen dafür das Beispielskript nur geringfügig ändern (siehe Veränderung bei WHILE-Schleifen).

```
24 <!DOCTYPE HTML PUBLIC "-//W3C//DTD HTML 4.01 Transitional//EN">
25 <html>
26 <head>
27 <title>Abwechselnde Zeilenfarben</title>
28 <meta http-equiv="Content-Type" content="text/html; charset=iso-8859-1">
29 <style type="text/css">
30 <!--
31 .tableLine
32 {
33  font-family:   Verdana,Arial,sans-serif;
34  font-style:    normal;
35  font-size:     9px;
36  BORDER-TOP:    #A6A6A6 1px solid;
37  BORDER-LEFT:   #A6A6A6 1px solid;
38  BORDER-BOTTOM: #A6A6A6 1px solid;
39  BORDER-RIGHT:  #A6A6A6 1px solid;
40 }
41 .row_0 {
42  background-color:  #FFFFFF;
43 }
44 .row_1 {
45  background-color:  #E1E8F1;
46 }
47 -->
48 </style>
49 </head>
50 <body>
51 <table width="300" border="0" cellpadding="0" cellspacing="0" class="↲
   tableLine">
52 <?PHP
53   for($i=0;$i<=9;$i++){
54 ?>
55   <tr>
56     <td class="row_<?PHP echo $i % 2; ?>">Reihe <?PHP echo $i; ?></td>
57   </tr>
58 <?PHP
59   }
60 ?>
61 </table>
62 </body>
63 </html>
```

Beispiel 5.1: tableColor.php

Abbildung 5.1: Ausgabe: Tabelle mit Spalten

Wir wollen unser Beispiel dahin verändern, dass jetzt die Datensätze aus einer Datenbank kommen und in einer WHILE-Schleife (**4**) ausgegeben werden. Bei einer WHILE-Schleife haben Sie keinen Wert, der sich automatisch erhöht (wie z. B. bei einer FOR-Schleife), sondern Sie müssen diesen Wert selbst setzen (**3**) und erhöhen (**11**).

```
1 <table width="300" border="0" cellpadding="0" cellspacing="0" class="↲
  tableLine">
2    <?PHP
3    $i = 0;
4    while($row = @mysql_fetch_row($result)){
5    ?>
6    <tr>
7       <td class="row_<?PHP echo $i % 2; ?>">Reihe
8       <?PHP echo $i; ?></td>
9    </tr>
10   <?PHP
11   $i++;
12   }
13   ?>
14 </table>
```

Wie Sie sehen, haben wir hier auf einfache Art und Weise die Tabellenzeilen abwechselnd farbig dargestellt. Gerade bei solchen Problemstellungen können uns immer wieder mathematische Berechnungen weiterhelfen. Sie sollten daher immer im Vorfeld überlegen, ob die Lösung des Problems mit mathematischen Berechnungen einwandfrei darzustellen ist.

5.2 Dynamische Seitennavigation – Seite 1 von n

Systemvoraussetzung

- Linux
- Windows
- PHP 3
- PHP 4
- PHP 5

Datei(en)

`blaettern.php`, `statistik_pageviews.sql`

Problem

Sie standen sicherlich schon öfter vor dem Problem, dass Sie sehr viele Informationen auf einer Seite darstellen wollten und das Aussehen der angezeigten Seite darunter gelitten hat. Schön wäre es doch, wenn die einzelnen Beiträge einfach in kleinere Stücke aufgeteilt und auf mehreren Seiten dargestellt werden. Gerade Suchmaschinen, Anbieterverzeichnisse, Gästebücher, Foren etc. nutzen diese Methode.

Lösung

Das nachfolgende Beispiel erledigt genau diese Aufgabe und bringt Ordnung in eine überfüllte Seite. Dabei können Sie genau einstellen, wie viele Datensätze pro Seite angezeigt werden sollen. Zusätzlich besteht die Möglichkeit, entweder eine Seite vor- und zurückzublättern oder direkt zum Anfang oder zum Ende zu springen.

Über der Seitennavigation steht jeweils auf jeder Seite die Menge der Seiten in der Form (hier als Beispiel Seite 1 von 842):

```
Ergebnisseite 11 von 842
```

Auf der beiliegenden CD-ROM finden Sie im Ordner zu diesem Kapitel unter dem Namen statistik_pageviews.sql eine Beispiel-Datenbank, die Sie für dieses Beispiel zum Testen nutzen können. Sie können diese Datei direkt mit phpMyAdmin einlesen.

Wir werden Ihnen zuerst die Funktion `navigationsLeiste()` beschreiben und danach den Programmcode für den Seitenaufbau.

function navigationsLeiste($SitesComplete,$seiteAktuell,$extVariables)

@param	integer	$SitesComplete
@param	integer	$seiteAktuell
@param	string	$extVariables
@return	string	

Die Funktion `navigationsLeiste()` erwartet als Parameter (**30**) zum einen die Gesamtzahl aller zur Verfügung stehenden Seiten, die aktuelle Seite und die anzuhängenden Variablen. Im ersten Schritt errechnen wir (**33**) die Anzeige für die Seitennavigation, also wie viele Seiten um unsere aktuelle Seite angezeigt werden sollen.

<< < 10 11 12 13 14 15 16 17 18 19 20 > >>

Die globale Variable `NAV_LEISTE`, die wir bei den Konfigurationsparametern (dazu später mehr) festgelegt haben, dient uns dabei als Grundlage für die Berechnung. Wir dividieren die Variable (im Beispiel 11) durch 2, runden mit `floor()` das Ergebnis ab und erhalten die Menge der jeweils anzuzeigenden Verlinkungen pro Seite (gesehen von der aktuellen Seitenzahl in der Navigationsleiste). Sie sollten daher für die globale Variable immer eine ungerade Zahl nehmen, um die Optik der Navigationsleiste zu wahren.

11 / 2 = 5,5 = 5

Falls die aktuelle Seite größer als 1 (Eins) ist (**37**), müssen wir den Pfeil für eine Seite zurück (**39**) und den Pfeil für die Verlinkung zur ersten Seite (zum Anfang) (**38**) darstellen. Beide Verlinkungen speichern wir in unsere Variable, die am Ende von der Funktion zurückgegeben wird. Im nächsten Schritt bauen wir die Seitenzahlen für die direkte Seitenverlinkung (1 2 3 4 5 ...) auf (**43**). Die FOR-Schleife können wir nicht einfach nur durchlaufen, sondern müssen sie anhand der aktuellen Seite berechnen (Start- und Endwert). Anhand eines Beispiels werden wir dies kurz erläutern:

```
$seiteAktuell = 9;
$NavCeil = 11 / 2;
// Ergebnis ist 5
for($x = 9-5; $x<= 9+5; $x++)
```

Falls die aktuelle Seite z. B. 3 ist, so wird die Berechnung (mit -5) zwar durchgeführt, aber bei der Ausgabe keine negative Zahl angezeigt – diese Überprüfung (**45**) findet innerhalb der FOR-Schleife statt. Weiterhin wird auch nicht die aktuelle Seite innerhalb der Schleife verlinkt, sondern nur als Text dargestellt.

Zum Schluss der FOR-Schleife müssen wir noch das Ende, also die maximale Seitenzahl berücksichtigen. Falls wir nur 100 Seiten haben, die FOR-Schleife wegen unserer Berechnung aber bis 103 läuft, wird der überschüssige Betrag auch nicht angezeigt, da wir mit `$SitesComplete` die maximale Seitenzahl bereits kennen und hier entgegenwirken können.

Nachdem wir die FOR-Schleife durchlaufen haben, fehlt uns noch die Überprüfung, ob wir den Pfeil für eine Seite vor und den Pfeil für „zum Ende“ anzeigen müssen (**56, 57**). Durch die Variable SitesComplete können wir hier die Abfrage starten und das Ergebnis auswerten (**55**).

Somit haben wir alle Elemente für die Darstellung zusammen und können jetzt die gefüllte Variable an die aufrufende Stelle zurückgeben (**60**).

```
30 function navigationsLeiste($SitesComplete, $seiteAktuell, $extVariables) {
31
32    // Die Menge der angezeigten Links für die Seiten werden errechnet
33    $NavCeil = floor(NAV_LEISTE / 2);
34
35    // Eine Seite zurück oder zum Anfang nur anzeigen, wenn mindestens eine Seite zurück
36    // geblättert werden kann
37    if ($seiteAktuell > 1) {
38       $string .= '<a href="?site=1' . $extVariables . '"><<</a>  ';
39       $string .= '<a href="?site=' . ($seiteAktuell -1) . $extVariables . '"><</a>  ';
40    }
41
42    // Baut die Seitennavigation auf (1 2 3 4 5 6 ... n)
43    for ($x = $seiteAktuell - $NavCeil; $x <= $seiteAktuell + $NavCeil; $x++) {
44       // Alle Seitenzahlen vor und nach der aktuellen Seite verlinken
45       if (($x > 0 && $x < $seiteAktuell) || ($x > $seiteAktuell && $x <= $SitesComplete))
46          $string .= '<a href="?site=' . $x . $extVariables . '">' . $x . '</a>  ';
47
48       // Die Seitenzahl der aktuellen Seite nicht verlinken
49       if ($x == $seiteAktuell)
50          $string .= $x . '  ';
51    }
52
53    // Eine Seite vor oder zum Ende nur anzeigen, wenn mindestens eine Seite weiter
54    // geblättert werden kann
55    if ($seiteAktuell < $SitesComplete) {
56       $string .= '<a href="?site=' . ($seiteAktuell +1) . $extVariables . '">></a>  ';
```

```
        $string .= '<a href="?site=' . $SitesComplete . $extVariables . '">>></a>  ';
    }

    return $string;

}
```

Beispiel 5.2: blaettern.php

Für die Darstellung der Seitennavigation benötigen wir vorab einige Konfigurationsparameter. Als Erstes müssen wir die Menge der anzuzeigenden Datensätze pro Seite definieren (**1**). Sie sollten den Wert hierfür nicht zu groß wählen, da die Seite dann eventuell wieder zu lang und somit unübersichtlich wird. Ein Wert zwischen 10-15 hat sich im Allgemeinen sehr gut bewährt.

Der nächste Parameter (**3**) bestimmt die Menge der Seitenzahlen in der Navigationsleiste. Hier sollten Sie unbedingt eine ungerade Zahl nehmen, da die aktuelle Seite jeweils in der Mitte, also zentriert steht.

Hier in unserem Beispiel haben wir als Wert die 11 genommen. Somit ergibt sich auf jeder Seite, ausgehend von der aktuellen Seitenzahl, eine Darstellung von jeweils 5 Elementen um diese herum. Die aktuelle Seite muss also bei dem Wert mitgezählt werden (5 + 1 + 5 = 11).

Ergebnisseite 15 von 842

<< < 10 11 12 13 14 15 16 17 18 19 20 > >>

In unserem Beispiel haben wir die Datensätze aus einer Datenbank geholt, daher müssen Sie die Zugangsdaten ergänzen. Sie benötigen den Hostnamen (**5**), den Datenbanknamen (**6**), den Benutzernamen (**7**) sowie das Passwort (**8**). Mit diesen Parametern wird die Verbindung zum MySQL-Server hergestellt (**10**) und die Datenbank ausgewählt (**11**). Sollte es dabei zu einem Fehler kommen, wird die jeweilige Fehlermeldung am Browser ausgegeben.

```
1 define("MAX_EINTRAEGE",10);
2
3 define("NAV_LEISTE",11);
4
5 define("DB_HOST","hostname");
6 define("DB_NAME","db-name");
7 define("DB_USER","User");
8 define("DB_PASS","Passwort");
9
10 $db = @MYSQL_CONNECT(DB_HOST,DB_USER,DB_PASS) or die("Datenbank-Connect fehlgeschlagen");
11 $db_check = @MYSQL_SELECT_DB(DB_NAME) or die("Datenbank momentan nicht erreichbar");
```

Sobald jemand über unsere Navigationsleiste eine Seite auswählt, wird die Seite neu geladen, und wir erhalten die angeforderte Seite in einer Variablen (**65**). Wir erzwingen sogleich eine Konvertierung (**65**) dieser Variablen in ein Integer, da wir zum einen übermittelten Variablen nicht einfach trauen sollten und zum anderen für unsere Datenbankabfrage nur Integer-Werte gebrauchen können. Wurde unsere Seite zum erstem Mal aufgerufen oder die Konvertierung lieferte den Wert 0 (Null), setzen wir den Startwert (**69**) auf die erste Seite.

Wir haben bereits die Variable für die maximale Anzahl der anzuzeigenden Datensätze (`MAX_EINTRAEGE`) fest in unserer Datei definiert. Was uns jetzt noch fehlt, ist der Startwert (**72**) für unsere MySQL-Abfrage. Wir limitieren bei der Datenbankabfrage die Datensätze und sagen, dass ab der x-Stelle (`$start`) insgesamt `MAX_EINTRAEGE` ausgegeben werden sollen. Um an den Startwert zu kommen, müssen wir nur die aktuelle Seitenzahl mit den maximalen Einträgen multiplizieren und vom Ergebnis die maximalen Einträge abziehen.

Beispiel: Die aktuelle Seite ist 8, und die maximalen Einträge sind 10.

```
8 * 10 -10 = 70
```

Somit wird unsere Datenbankabfrage (**75**) genau zehn Datensätze, beginnend von der Position 70 aus, liefern. Wir benötigen noch zusätzlich die Gesamtmenge aller Datensätze, die angezeigt werden können. Da wir die Datenbankabfrage (**75**) allerdings limitiert haben, würde hier nicht die gesuchte Menge geliefert werden, sondern in unserem Beispiel nur 10.

Daher stellen wir eine erneute Anfrage (**78**) an die Datenbank: Wir lassen uns nur die Datensätze zählen und als einzigen Wert zurückgeben (**79**). Diesen Wert benötigen wir für die Anzeige der kompletten Seitenzahlen (z. B. Seite 1 von 126). Die eigentliche Ausgabe der einzelnen Datensätze können Sie sich dann wie gewohnt in einer WHILE-Schleife (**82-85**) ausgeben lassen.

```
64 // Die aktuell angeforderte Seite
65 $seiteAktuell = $_GET['site'] + 0;
66
67 // Falls noch keine Seitenzahl übergeben wurde, den Wert auf die erste ↩
   Seite setzen
68 if (empty ($seiteAktuell))
69    $seiteAktuell = 1;
70
71 // Berechnet die nächsten Eintraege aus MAX_EINTRAEGE
72 $start = $seiteAktuell * MAX_EINTRAEGE - MAX_EINTRAEGE;
73
74 // Holt die aktuellen Datensätze aus - define("MAX_EINTRAEGE",10)
75 $result = @ mysql_query("SELECT * FROM statistik_pageviews LIMIT $start, " ↩
   . MAX_EINTRAEGE);
76
77 // Ermittelt die Gesamtzahl der Datensätze
78 $resultGesamt = @ mysql_query("SELECT COUNT(*) AS menge FROM ↩
   statistik_pageviews");
```

```
79 $Eintraege = @ mysql_result($resultGesamt, 0, "menge");
80
81 // Ausgabe der Seite
82 while ($row = @ mysql_fetch_row($result)) {
83     // Hier findet die Ausgabe des Seiteninhalts statt
84     $contentWeb .= $row[0] . ' -- ' . $row[1] . '<br>';
85 }
```

Beispiel 5.3: blaettern.php

Wir hatten in der letzten Datenbankabfrage die Gesamtmenge aller Datensätze ermittelt. Diesen Wert benötigen wir, um die Anzahl der Seiten zu ermitteln (**3**). Wir dividieren daher die Gesamtzahl der Datensätze durch die Anzahl der Datensätze pro Seite.

Beispiel: 112 Datensätze, 10 Datensätze pro Seite

112 / 10 = 11,2

Wie Sie sehen, ist der Wert für die Seiten in diesem Fall eine Fließkommazahl. Da wir alle Datensätze berücksichtigen wollen, müssen wir das Ergebnis mit `ceil()` aufrunden und erhalten dann als Wert 11 Seiten. Mit dieser Angabe und der übermittelten Seitenzahl können wir den Texthinweis „Ergebnisseite X von Y" (**93**) ausgeben. X ist in diesem Fall die aktuelle Seite und Y die Gesamtmenge aller Seiten.

Falls Sie zusätzliche Parameter mit übergeben müssen (z. B. bei einer Suchanfrage das Suchwort), können Sie diese in eine Variable (**97**) speichern. Diese Variablen werden dann an die einzelnen Verlinkungen gehängt. Bitte vergessen Sie hier nicht das führende kaufmännische UND (&).

Im letzten Schritt müssen wir noch die einzelnen Verlinkungen mit der Funktion `navigationsLeiste()` (**100**) erstellen und erhalten als Rückgabewert den kompletten HTML-Code für die Seitenanzeige. Diese Variable (**104**) muss dann lediglich ausgegeben werden.

```
87 $contentWeb .= '<div align="center">';
88
89 // Errechnet die kompletten Seiten
90 $SitesComplete = ceil($Eintraege / MAX_EINTRAEGE);
91
92 // Ergebnisseite x von y anzeigen
93 $contentWeb .= 'Ergebnisseite ' . $seiteAktuell . ' von ' . $SitesComplete ↵
   . '<br>';
94
95 // Weitere Variablen den Seitenzahlem mit übergeben in Form:
96 // &var1=wert1&var2=wert2
97 $extVariables = '&var1=wert1&var2=wert2';
98
99 // Navigation mit in Ausgabe einfügen
100 $contentWeb .= navigationsLeiste($SitesComplete, $seiteAktuell, ↵
   $extVariables);
```

```

$contentWeb .= '</div>';

echo $contentWeb;
```

Beispiel 5.4: blaettern.php

In unserer Beispieldatenbank, die Sie auf der beiliegenden CD-ROM finden, befanden sich insgesamt 8420 Datensätze. Da wir pro Seite nur zehn Datensätze angezeigt haben, ergab sich eine Gesamtmenge aller Seiten von 842.

Ausgabe

```
141 -- /search_selfphp.php
142 -- /de/extras/download.php
143 -- /search_selfphp.php
144 -- /funktionsreferenz/php_informationen/get_extension_funcs.php
145 -- /de/extras/download.php
146 -- /search_selfphp.php
147 -- /funktionsreferenz/dateisystem_funktionen/fwrite.php
148 -- /search_selfphp.php
149 -- /search_selfphp.php
150 -- /search_selfphp.php
                     Ergebnisseite 15 von 842
           << < 10 11 12 13 14 15 16 17 18 19 20 > >>
```

Wie Sie an der Ausgabe sehr schön sehen, befindet sich unsere Seitennavigation am Seitenende und liefert uns damit alle notwendigen Verlinkungen für unsere Darstellung der einzelnen Seiten. Sie werden im nächsten Beispiel sehen, wie diese Ausgabe noch verändert werden kann.

5.3 Suchmaschine im Google-Format

Systemvoraussetzung

- Linux
- Windows
- PHP 3
- PHP 4
- PHP 5

Datei(en)

`suchmaschine.php`, `blaettern_grafik.php`, `suchmaschine.sql`

Problem

Die zuvor beschriebene Problematik stellt sich auch hier bei diesem Beispiel ein. Allerdings wollen wir diesmal die Ausgabe der Seiten mit grafischen Elementen darstellen. Zusätzlich wird noch eine einfache Suchmaschine eingebaut.

Lösung

Wir werden in unserem Beispiel eine sehr einfache Suchmaschine erstellen, die innerhalb einer Datenbank nach einem Suchwort sucht und die Treffer auflistet. Zusätzlich soll sie selbstverständlich auch die Gesamtmenge der Treffer, die aktuelle Auflistungsmenge (z. B. 33 bis 48) und die Suchzeit für unsere Datenbankabfrage aufzeigen.

Im unteren Teil der Auflistung soll neben einer Textverlinkung für die einzelnen Seiten jeweils eine Grafik für jede Seite angezeigt werden. Sie kennen sicherlich die Funktionsweise von Google. Genau diesen Mechanismus werden wir hier vereinfacht nachbauen.

Sie sehen nachfolgend eine Grafik mit der möglichen Ausgabe. Aus Darstellungsgründen wurde die Webseite in der Breite so klein gezogen, dass sie hier im Buch noch einigermaßen gut dargestellt werden kann.

Das Beispielskript auf der beiliegenden CD-ROM ist allerdings so konzipiert, dass die Ausgabe über die komplette Webseite geht. Sie müssen allerdings die Ausgabe der Treffer selbst modifizieren, indem Sie die Verlinkungen mit Ihrer Datenbank verknüpfen. Dieses sollte aber keinerlei Probleme darstellen, weil dafür nur wenige Zeilen Programmcode zu ändern sind.

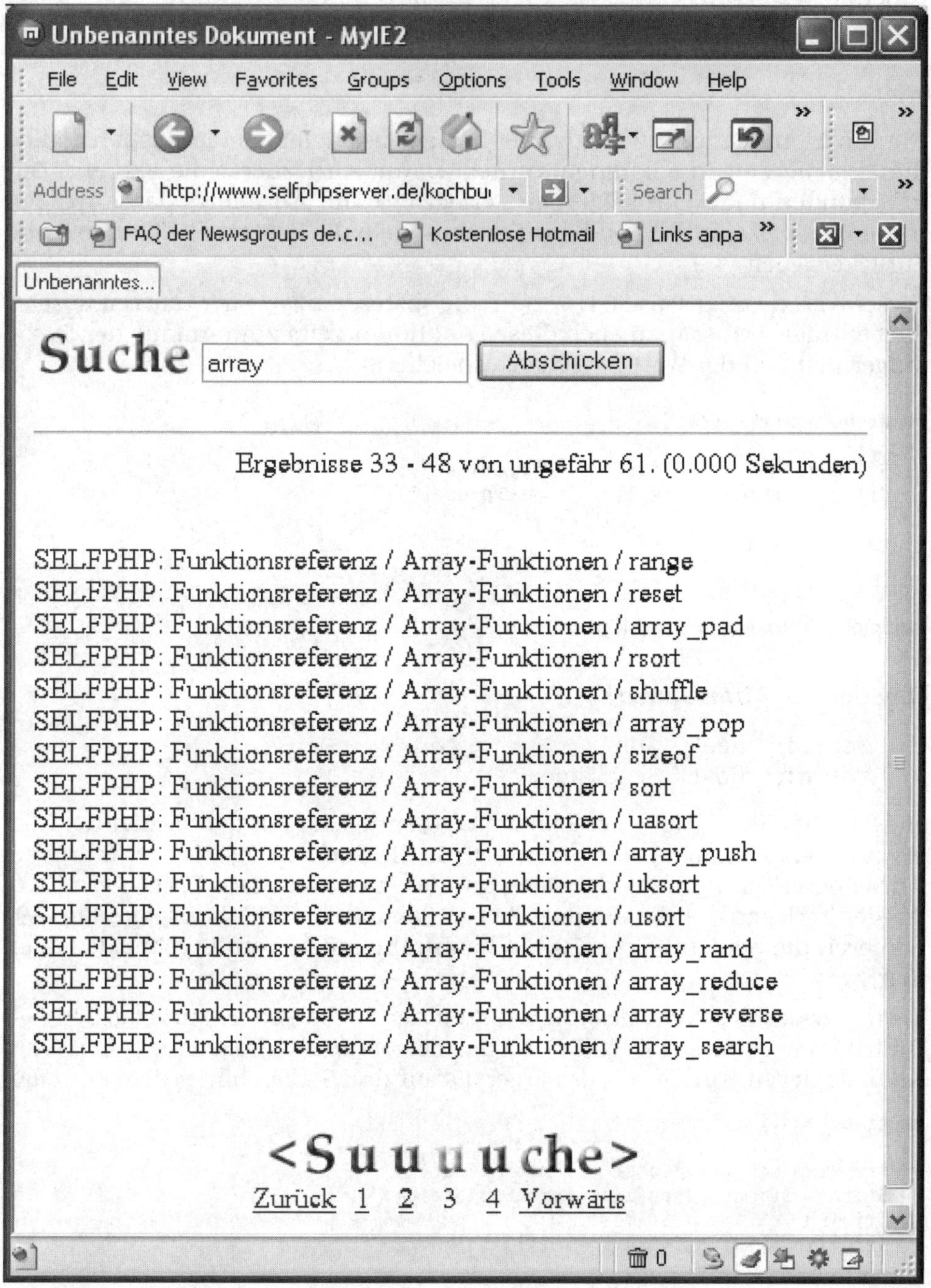

Abbildung 5.2: Suche

function startTime()

@param	void	
@return	float	$time

Die Funktion `startTime()` erwartet keinen Parameter, sondern gibt lediglich die aktuelle Zeit in Sekunden zurück. Dafür wird zuerst die aktuelle Zeit in Sekunden und Mikrosekunden zerlegt (**40**). Im Anschluss daran werden beide Werte addiert (**41**) und das Ergebnis (also die Zeit als Fließkommazahl) zurückgegeben (**43**).

Dieser Wert dient uns als Startwert für die spätere Anzeige der Laufzeit unserer Suchanfrage. Daher wird auch diese Funktion bereits zum Anfang der Suche aufgerufen und der Wert zwischengespeichert.

```
38 function startTime() {
39
40    $timeExplode = explode(" ", microtime());
41    $time = $timeExplode[1] + $timeExplode[0];
42
43    return $time;
44
45 }
```

Beispiel 5.5: blaettern_grafik.php

function endTime($timer)

@param	float	$timer
@return	float	$endTime

Die Funktion `endTime()` berechnet die gesamte Laufzeit der Suchanfrage. Sie erwartet als Parameter den Startwert für die Suchanfrage. Dieser Startwert wurde bereits am Anfang der Datei mit der Funktion `startTime()` ermittelt. Wieder zerlegen wir die aktuelle Zeit in Sekunden und Mikrosekunden (**49**), addieren die beiden Werte (**50**) und subtrahieren (-) vom Ergebnis (**51**) den Startwert.

Bevor wir das Ergebnis, also die Laufzeit der Suchanfrage, zurückgeben (**54**) formatieren wir diesen Wert (**52**). Da die meisten Suchanfragen weit unter einer Sekunde liegen, kürzen wir das Ergebnis auf drei Stellen hinter dem Komma.

```
47 function endTime($timer) {
48
49    $timeExplode = explode(" ", microtime());
50    $time = $timeExplode[1] + $timeExplode[0];
51    $finish = $time - $timer;
52    $endTime = sprintf("%4.3f", $finish);
53
54    return $endTime;
55
56 }
```

Beispiel 5.6: blaettern_grafik.php

function makeInfo($endTime,$seiteAktuell,$maxEintraege,$Eintraege, $infoText)

@param	float	$endTime
@param	integer	$seiteAktuell
@param	integer	$maxEintraege
@param	integer	$Eintraege
@param	string	$infoText
@return	string	$infoText

Die Funktion `makeInfo()` ist für unseren Infotext zuständig, also wie viele Treffer es gab, wie lange die Suche gedauert hat und welche Ergebnisse gerade angezeigt werden. Eine mögliche Ausgabe könnte folgendermaßen aussehen:

```
Ergebnisse 1 - 16 von ungefähr 125. (0.001 Sekunden)
```

Die Funktion erwartet die Laufzeit der Suchanfrage, die per `$GET` übermittelte aktuelle Seite, die maximalen Ergebnisse pro Seite, die Menge der gesamten Ergebnisse der Suchanfrage und den Infotext. Der Infotext wird bei den Konfigurationsparametern (später mehr dazu) festgelegt und hat die Form:

```
Ergebnisse {ERGEBNIS} von ungefähr {MENGE}. ({SEKUNDEN} Sekunden)
```

Im ersten Schritt ersetzen wir (**59**) in unserem Infotext den Flag {SEKUNDEN} durch die Laufzeit. Danach wird der Flag {MENGE} durch die Gesamtzahl der gelieferten Ergebnismenge ersetzt (**60**).

Wir berechnen im Anschluss daran, welche Ergebnisse momentan angezeigt werden (**62-63**) und ersetzen (**65**) die beiden Werte durch den Flag {ERGEBNIS}. Der Infotext ist somit fertig und kann an die aufgerufene Stelle zurückgegeben werden (**67**).

```
58 function makeInfo($endTime, $seiteAktuell, $maxEintraege, $Eintraege, ↩
   $infoText) {
59   $infoText = preg_replace("/{SEKUNDEN}/", $endTime, $infoText);
60   $infoText = preg_replace("/{MENGE}/", $Eintraege, $infoText);
61 
62   $start = $seiteAktuell * $maxEintraege - $maxEintraege +1;
63   $end = $seiteAktuell * $maxEintraege;
64 
65   $infoText = preg_replace("/{ERGEBNIS}/", "$start - $end", $infoText);
66 
67   return $infoText;
68 
69 }
```

Beispiel 5.7: blaettern_grafik.php

function navigationsLeiste($SitesComplete,$seiteAktuell)

@param	integer	$SitesComplete
@param	integer	$seiteAktuell
@return	array	$ausgabe

Die Funktion `navigationsLeiste()` berechnet die Gesamtzahl der anzuzeigenden Seiten, aktiviert oder deaktiviert die Seitennummer für die Verlinkungen und stellt die Möglichkeiten für „Eine Seite zurück" oder „Eine Seite vor" in einem Array dar.

Die Funktion erwartet als Parameter die kompletten anzuzeigenden Seiten, die aktuelle per GET übermittelte Seite und die Menge der anzuzeigenden Seitenzahlen.

Zuerst dividieren wir die anzuzeigenden Seitenzahlen durch 2 und runden das Ergebnis ab (**83**). Mit diesem Wert bauen wir links und rechts um unsere aktuelle Seitenzahl das Menü auf.

Nachfolgend ein Beispiel mit elf Seitenzahlen. Die aktuelle Seite ist hier 9.

```
11 / 2 = 5.5 abgerundet 5
```

Angenommen, wir können 30 Seitenzahlen darstellen, so wird die Ausgabe folgendermaßen aussehen – also auf jeder Seite fünf Seitenzahlen.

<u>4</u> <u>5</u> <u>6</u> <u>7</u> <u>8</u> 9 <u>10</u> <u>11</u> <u>12</u> <u>13</u> <u>14</u>

Die nächsten Schritte sind lediglich Überprüfungen, ob eine Zahl oder Grafik verlinkt oder angezeigt werden muss.

Sollte die aktuelle Seitenzahl größer als 1 sein (**87**), so könnte man die Darstellung „Eine Seite zurück" anzeigen. Daher speichern wir den Wert (Aktuelle Seite – 1) in unser mehrdimensionales Array (**89**). Zusätzlich wird die Möglichkeit gespeichert, direkt zur ersten Seite zu springen (**88**).

In unserem Beispiel wird diese Variable später allerdings nicht berücksichtigt. Sie können diese aber problemlos einbinden. Sollten wir uns bereits auf der ersten Seite befinden, so setzen wir den Wert auf `FALSE` (**91**).

Im zweiten Teil formulieren wir die Seitenzahlen (1 2 3 4 5 etc.). Wir nehmen als Beispiel wie vorhin eine Menge von elf Seitenzahlen und die aktuelle Seite 9 als Grundlage für unsere Erklärung. Die FOR-Schleife (**95**) darf bei so einer Navigation nicht bei 0 beginnen, sondern richtet sich jeweils nach der aktuellen Seite. In unserem Fall beginnt die Schleife bei 4 (9-5) und durchläuft sie 11-mal (9+5).

Falls $x größer als 0 (Null) und $x kleiner als die aktuelle Seite ist, wird die anklickbare Seitenzahl in unser Array (**98**) gespeichert. Ist $x größer als die aktuelle Seitenzahl und $x kleiner als die komplette Seitenzahl, wird die anklickbare Seitenzahl ebenfalls in unser Array (**98**) gespeichert.

Trifft keines der beiden Auswahlkriterien zu, handelt es sich um eine nicht anklickbare Seitenzahl und die Abfrage des Vergleichs (**102**) wird ausgeführt. Der Wert wird dann als nicht klickbar gespeichert (**103**).

Falls die aktuelle Seite kleiner als die komplette Seitenzahl ist, könnte man die Darstellung „Eine Seite vor" darstellen. Daher speichern wir den Wert (Aktuelle Seite + 1) in unser mehrdimensionales Array (**110**).

Zusätzlich wird die Möglichkeit gespeichert, direkt zur letzten Seite zu springen (**111**). In unserem Beispiel wird diese Variable später allerdings nicht berücksichtigt. Sie können diese aber problemlos einbinden. Sollten wir uns bereits auf der letzten Seite befinden, so setzen wir den Wert auf FALSE (**113**).

Wir geben zum Schluss unser mehrdimensionales Array an die aufrufende Stelle zurück (**116**).

```
80  function navigationsLeiste($SitesComplete, $seiteAktuell, $navLeiste) {
81  
82     // Die Menge der angezeigten Links für die Seiten werden errechnet
83     $NavCeil = floor($navLeiste / 2);
84  
85     // Eine Seite zurück oder zum Anfang nur anzeigen, wenn mindestens eine Seite zurück
86     // geblättert werden kann
87     if ($seiteAktuell > 1) {
88        $ausgabe['begin']['second'] = 1;
89        $ausgabe['begin']['first'] = $seiteAktuell -1;
90     } else {
91        $ausgabe['begin']['first'] = FALSE;
92     }
93  
94     // Baut die Seitennavigation auf (1 2 3 4 5 6 ... n)
95     for ($x = $seiteAktuell - $NavCeil; $x <= $seiteAktuell + $NavCeil; $x++) {
96        // Alle Seitenzahlen vor und nach der aktuellen Seite verlinken
97        if (($x > 0 && $x < $seiteAktuell) || ($x > $seiteAktuell && $x <= $SitesComplete)) {
98           $ausgabe['middle']['site'][] = $x;
99        }
100 
101       // Die Seitenzahl der aktuellen Seite nicht verlinken
102       if ($x == $seiteAktuell) {
103          $ausgabe['middle']['site'][][0] = $seiteAktuell;
104       }
105    }
106 
107    // Eine Seite vor oder zum Ende nur anzeigen, wenn mindestens eine Seite weiter
108    // geblättert werden kann
109    if ($seiteAktuell < $SitesComplete) {
```

```
110         $ausgabe['end']['first'] = $seiteAktuell +1;
111         $ausgabe['end']['second'] = $SitesComplete;
112     } else {
113         $ausgabe['end']['end'] = FALSE;
114     }
115
116     return $ausgabe;
117
118 }
```

Beispiel 5.8: blaettern_grafik.php

function makeText($ausgabe,$seiteAktuell,$href)

@param	array	$ausgabe
@param	integer	$seiteAktuell
@param	array	$href
@return	string	$string

Die Funktion `makeText()` erstellt jetzt mit dem eben erstellten mehrdimensionalen Array die Textausgabe der Seitenzahlen. Als Parameter erwartet die Funktion das mehrdimensionale Array, die aktuelle Seite und den Aufbau der Linkstruktur als Array. Diese Linkstruktur wird bei den Konfigurationsparametern gesetzt. Wir möchten Ihnen an dieser Stelle ein Beispiel liefern.

```
$href[0] = '<a href="'.$_SERVER["SCRIPT_NAME"].'?site={SITE}'.$extVariables
.'">Zurück</a>';
$href[1] = '<a href="'.$_SERVER["SCRIPT_NAME"].'?site={SITE}'.$extVariables
.'">{SITE}</a>';
$href[2] = '<a href="'.$_SERVER["SCRIPT_NAME"].'?site={SITE}'.$extVariables
.'">Vorwärts</a>';
```

Wir durchlaufen wie in der vorherigen Funktion beschrieben unser Array und füllen es mit den Tabellen und Text-Verlinkungen.

Sollte der ausgelesene Array-Inhalt (**122**) größer oder gleich 1 (Eins) sein, so könnten wir die Ausgabe „Eine Seite zurück“ anzeigen. Da wir in unserer Funktion `navigationsLeiste()` den Wert für die erste Seite auf `FALSE` gesetzt haben, greift hier erst bei der zweiten Seite die Abfrage.

Ist also die Seite größer oder gleich, so ersetzen wir in unserer Linkstruktur (siehe obiges Beispiel) die notwendigen Parameter (**123**) für die Seitenzahl. Ist die Seite kleiner, so speichern wir lediglich ein Leerzeichen.

Wir begeben uns wieder in die FOR-Schleife (**129**) und durchlaufen das Array, um die Seitenzahlen zu verlinken. Falls es sich bei dem Wert in dem Array um ein weiteres Array handeln sollte (**130**), so handelt es sich um die aktuelle Seite und wird daher nicht verlinkt, sondern nur als Text angezeigt.

Handelt es sich bei dem Wert nicht um ein Array (**133**), so müssen wir den Wert als Seitenzahl verlinken. Wir suchen in unserem Array `$href[1]` nach den Flags {SITE} und ersetzen (**134**) diese durch die aktuelle Seitenzahl. Das Ergebnis dieser Ersetzung hängen wir der Variablen `$string` an.

Sollte die aktuelle Seite kleiner als der Wert im ausgelesenen Array-Inhalt (**138**) sein, könnten wir die Ausgabe „Eine Seite vor“ anzeigen. Ist die aktuelle Seite kleiner, ersetzen wir in unserem Array `$href[2]` (siehe obiges Beispiel) die notwendigen Parameter (**139**) für die Seitenzahl. Ist die Seite größer oder gleich, speichern wir lediglich ein Leerzeichen (**141**).

```
120 function makeText($ausgabe, $seiteAktuell, $href) {
121    $string .= '<tr>';
122    if ($ausgabe['begin']['second'] >= 1 || $ausgabe['begin']['first'] >= 1) {
123       $string .= '<td align="right">' . preg_replace("/{SITE}/i", $seiteAktuell -1, $href[0]) . '</td>';
124 
125    } else {
126       $string .= '<td align="right"> </td>';
127    }
128 
129    foreach ($ausgabe['middle']['site'] as $key => $value) {
130       if (is_array($value)) {
131 
132          $string .= '<td align="center">' . $ausgabe['middle']['site'][$key][0] . '</td>';
133       } else {
134          $string .= '<td align="center">' . preg_replace("/{SITE}/i", $value, $href[1]) . '</td>';
135       }
136    }
137 
138    if ($seiteAktuell < $ausgabe['end']['second'] || $seiteAktuell < $ausgabe['end']['first']) {
139       $string .= '<td align="left">' . preg_replace("/{SITE}/i", $seiteAktuell +1, $href[2]) . '</td>';
140    } else {
141       $string .= '<td align="left"> </td>';
142    }
143 
144    $string .= '</tr>';
145 
146    return $string;
147 }
```

Beispiel 5.9: blaettern_grafik.php

function makeGraph($ausgabe,$seiteAktuell,$link,$grafik)

@param	array	$ausgabe
@param	integer	$seiteAktuell
@param	string	$link
@param	array	$grafik
@return	string	$string

Die Funktion makeGraph() erstellt mit dem eben erstellten mehrdimensionalen Array die Grafikausgabe der Seitenzahlen. Als Parameter erwartet die Funktion das mehrdimensionale Array, die aktuelle Seite, den Aufbau der Linkstruktur und die einzelnen Grafiken als Array-Element für die Darstellung der Seitennavigation. Die Linkstruktur sowie die Grafiken werden bei den Konfigurationsparametern gesetzt. Auch an dieser Stelle liefern wir Ihnen ein Beispiel.

```
$link = '<a href="'.$_SERVER["SCRIPT_NAME"].'?site={SITE}'.$extVariables ⤶
.'">{LINK}</a>';
$grafik['backS'] = '<img src="pfeil_links.gif" border="0">';
$grafik['back']  = '<img src="s.gif" border="0">';
$grafik['site']  = '<img src="u_blau.gif" border="0">';
$grafik['none']  = '<img src="u_bbraun.gif" border="0">';
$grafik['next']  = '<img src="che.gif" border="0">';
$grafik['nextE'] = '<img src="pfeil_rechts.gif" border="0">';
```

Zuerst definieren wir ein Array (**150**) mit den zu ersetzenden Flags, die bereits in der übergebenen Variable `$link` gesetzt wurden. Anhand dieser Flags werden nachher die einzelnen Links für die Seitennavigation aufgebaut.

Falls wir uns auf einer größeren Seite als 1 (eins) befinden (**155**), können wir die Grafiken für „Eine Seite zurück“ anzeigen. Wir ersetzen (**159**) daher in unserem übergebenen Link die Flags {SITE} und {LINK} durch den jeweiligen Wert für „Eine Seite zurück“ und speichern den String in unsere Variable (**159**).

Befinden wir uns auf der ersten Seite (**161**), so dürfen wir die Grafik nicht verlinken, da sie sonst auf 0 (Null) zeigen und es zu einem Fehler kommen würde. Wir speichern daher nur die Grafik ohne Verlinkung in unsere Variable (**162**).

Wir müssen nun die Grafiken für die einzelnen Seiten aufbauen, also für jede Seite eine eigene kleine Grafik. Wir durchlaufen das Array und speichern entweder eine nicht verlinkte Grafik für unsere aktuelle Seite (**168**) oder eine verlinkte Grafik (**173**).

Anschließend müssen wir nur noch das Ende der Seitenverlinkung herstellen. Wenn also unsere aktuelle Seite kleiner (**177**) ist als die Gesamtmenge, können wir auch „Eine Seite vor“ anzeigen. Wir speichern eine verlinkte Grafik (**180**) in unsere bestehende Variable (**180**). Sollten wir uns bereits auf der letzten Seite befinden, müssen wir lediglich die Grafik ohne Verlinkung in unsere Variable speichern (**183**).

Nachdem wir die komplette Verlinkung erstellt haben, müssen wir diese Variable der aufrufenden Stelle zurückgeben (**188**).

```
149 function makeGraph($ausgabe, $seiteAktuell, $link, $grafik) {
150    $search = array (
151       "/{SITE}/",
152       "/{LINK}/"
153    );
154    $string .= '<tr>';
155    if ($ausgabe['begin']['second'] >= 1 || $ausgabe['begin']['first'] >= 1) {
156
157       $replace[0] = $seiteAktuell -1;
158       $replace[1] = $grafik['backS'] . $grafik['back'];
159       $string .= '<td align="right">' . preg_replace($search, $replace, $link) . '</td>';
160
161    } else {
162       $string .= '<td align="right">' . $grafik['back'] . '</td>';
163    }
164
165    foreach ($ausgabe['middle']['site'] as $key => $value) {
166       if (is_array($value)) {
167
168          $string .= '<td align="center">' . $grafik['none'] . '</td>';
169
170       } else {
171          $replace[0] = $value;
172          $replace[1] = $grafik['site'];
173          $string .= '<td align="center">' . preg_replace($search, $replace, $link) . '</td>';
174       }
175    }
176
177    if ($seiteAktuell < $ausgabe['end']['second'] || $seiteAktuell < $ausgabe['end']['first']) {
178       $replace[0] = $seiteAktuell +1;
179       $replace[1] = $grafik['next'] . $grafik['nextE'];
180       $string .= '<td align="left">' . preg_replace($search, $replace, $link) . '</td>';
181
182    } else {
183       $string .= '<td align="right">' . $grafik['next'] . '</td>';
184    }
185
186    $string .= '</tr>';
187
188    return $string;
189 }
```

Beispiel 5.10: blaettern_grafik.php

Die Konfigurationsparameter für unser Beispiel sind relativ simpel und schnell geschehen. Wir benötigen dabei folgende Parameter:

- die maximalen Suchergebnisse (**4**)
- die Anzahl der Seitenzahlen bei der Seitenverlinkung (**9**)
- den MySQL-Hostnamen (**12**)
- die MySQL-Datenbank (**13**)
- der MySQL-User (**14**)
- das MySQL-Passwort (**15**)

Zusätzlich benötigen wir die verschiedenen Verlinkungen, zum einen für die Textverlinkung (**19**) und zum anderen die Verlinkungen für die einzelnen Grafiken. Dabei gibt es folgende Zustände für die Textverlinkungen:

- Eine Seite zurück (**21**)
- Die einzelnen Seiten selbst (**22**)
- Eine Seite vor (**23**)

Für die Verlinkung der einzelnen Grafiken benötigen wir lediglich eine Variable, um nachher alle Grafiken verlinken zu können (**24**). Die einzelnen Grafiken können Sie über die einzelnen Variablen (**27-32**) steuern oder austauschen.

Wir müssen jetzt lediglich den Connect zur Datenbank herstellen, um die späteren Datenbankabfragen stellen zu können (**35, 36**).

```
1 <?PHP
2
3 // Wieviel Einträge pro Seite sollen dargestellt werden?
4 $maxEintraege = 16;
5
6 // Wieviel Seitenzahlen in der Navigationsleiste angezeigt werden. Ausgabe
  kann sein
7 // << < 2 3 4 5 6 7 8 9 10 11 12 > >>
8 // Die Berechnung erfolgt nur für ungerade Zahlen!!!
9 $navLeiste = 13;
10
11 // Definiert die Parameter für den Datenbank Connect
12 define("DB_HOST", "localhost"); // MySQL hostname
13 define("DB_NAME", "db151892537"); //MySQL db-name
14 define("DB_USER", "dbo151892537"); //MySQL User
15 define("DB_PASS", "FDvmhU8E"); // MySQL Passwort
16
17 // Weitere Variablen den Seitenzahlem mit übergeben in Form:
18 // &var1=wert1&var2=wert2
19 $extVariables = '&textfield=' . urlencode($_GET['textfield']);
20
21 $href[0] = '<a href="' . $_SERVER["SCRIPT_NAME"] . '?site={SITE}' .
   $extVariables . '">Zurück</a>';
22 $href[1] = '<a href="' . $_SERVER["SCRIPT_NAME"] . '?site={SITE}' .
   $extVariables . '">{SITE}</a>';
23 $href[2] = '<a href="' . $_SERVER["SCRIPT_NAME"] . '?site={SITE}' .
   $extVariables . '">Vorwärts</a>';
```

```
$link = '<a href="' . $_SERVER["SCRIPT_NAME"] . '?site={SITE}' . $extVariables . '">{LINK}</a>';
$infoText = 'Ergebnisse {ERGEBNIS} von ungefähr {MENGE}. ({SEKUNDEN} Sekunden) ';
$tableNavi = '<div align="center"><table>{TABLENAVI}</table></div>';
$grafik['backS'] = '<img src="pfeil_links.gif" border="0">';
$grafik['back'] = '<img src="s.gif" border="0">';
$grafik['site'] = '<img src="u_blau.gif" border="0">';
$grafik['none'] = '<img src="u_bbraun.gif" border="0">';
$grafik['next'] = '<img src="che.gif" border="0">';
$grafik['nextE'] = '<img src="pfeil_rechts.gif" border="0">';

// Datenbank Connect herstellen
$db = @ MYSQL_CONNECT(DB_HOST, DB_USER, DB_PASS) or die("Datenbank-Connect fehlgeschlagen");
$db_check = @ MYSQL_SELECT_DB(DB_NAME) or die("Datenbank momentan nicht erreichbar");
```

Beispiel 5.11: blaettern_grafik.php

Wir müssen zu Beginn als Erstes den Timer für die spätere Anzeige setzen (**192**). Hierbei wird die aktuelle Zeit gespeichert. Wurde eine Seitenzahl durch den Besucher angeklickt, ist unsere Variable `$_GET['site']` mit einem Wert gefüllt (**195**). Da wir nur Integer-Werte benötigen, erzwingen wir mit der Addition von 0 (Null) eine Konvertierung der Variable in einen Integer-Wert.

Falls die Variable leer ist oder Null (**198**), setzen wir den Startwert auf 1 (Eins) (**199**). Wir errechnen jetzt den Wert für unsere spätere Datenbankabfrage. Wir wollen erreichen, dass ab einer bestimmten Position in der Datenbank die Datensätze ausgelesen werden. Wenn wir also z. B. 16 Einträge anzeigen lassen wollen, so müssen wir den Wert folgendermaßen berechnen:

- Seite 1 1 * 16 - 16 = 0
- Seite 2 2 * 16 - 16 = 16
- Seite 3 3 * 16 - 16 = 32

Dies geht dann bis zur maximalen Anzahl so weiter. Wir haben somit den jeweiligen Startwert für unsere Abfrage (**205**). Es kann so ein Limit bei der Abfrage gesetzt werden, da wir den Startwert und die maximalen Einträge vorliegen haben. Als Ergebnis erhalten wir nur die maximale Menge, mehr nicht.

Was jetzt noch fehlt, sind die gesamten Suchtreffer, da wir diese ebenfalls anzeigen möchten. Wir setzen also nochmals die gleiche Abfrage ab (**210**), allerdings diesmal ohne ein Limit und ohne Werte aus der Datenbank.

Wir speichern den gefundenen Wert der Gesamtmenge (**212**) und berechnen daraus die maximalen Seitenzahlen (**215**). Wir müssen lediglich darauf achten, diesen Wert noch aufzurunden, um alle Datensätze anzeigen zu können.

Wir übergeben die Werte an die Funktion `navigationsLeiste()` (**218**) und erhalten als Rückgabewert ein Array mit allen Navigationselementen. Dieses Array geben wir anschließend an die Funktion `makeText()` (**220**) für die

Textverlinkung und an die Funktion `makeGraph()` (**222**) für die Grafikverlinkung. Wir erhalten jeweils als Rückgabewert einen String mit der formatierten Seitennavigation.

Im nächsten Schritt müssen wir unsere Datenbankabfrage mit den Ergebnissen ausgeben (**225-228**) und danach nochmals den Timer für die Gesamtzeit aufrufen (**231**). Dabei übergeben wir der Funktion `endTime()` den Startwert und erhalten als Rückgabewert die komplette Suchzeit.

Jetzt haben wir alle Informationen zusammen, um unseren Hinweistext für die Ausgabe vorzubereiten (**233**). Dieser Text beinhaltet z. B. die Suchzeit, die aktuellen Datensätze als Zahl und die Suchtreffer. Zum Schluss müssen wir nur noch die Navigationsleiste in unserer Variablen ersetzen (**235**).

```
191 // Startet den Timer
192 $timer = startTime();
193
194 // Die aktuell angeforderte Seite
195 $seiteAktuell = $_GET['site'] + 0;
196
197 // Falls noch keine Seitenzahl übergeben wurde, den Wert auf die erste Seite setzen
198 if (empty ($seiteAktuell))
199     $seiteAktuell = 1;
200
201 // Berechnet die nächsten Eintraege aus MAX_EINTRAEGE
202 $start = $seiteAktuell * $maxEintraege - $maxEintraege;
203
204 // Holt die aktuellen Datensätze aus - define("MAX_EINTRAEGE",10)
205 //$result = @mysql_query("SELECT * FROM suchmaschine LIMIT $start, ". $maxEintraege);
206
207 $result = @ mysql_query("SELECT * FROM suchmaschine WHERE words LIKE('%" . $_GET['textfield'] . "%') LIMIT $start, " . $maxEintraege);
208
209 // Ermittelt die Gesamtzahl der Datensätze
210 //$resultGesamt = @mysql_query("SELECT COUNT(*) AS menge FROM suchmaschine ");
211 $resultGesamt = @ mysql_query("SELECT COUNT(*) AS menge FROM suchmaschine WHERE words LIKE('%" . $_GET['textfield'] . "%')");
212 $Eintraege = @ mysql_result($resultGesamt, 0, "menge");
213
214 // Errechnet die kompletten Seiten
215 $SitesComplete = ceil($Eintraege / $maxEintraege);
216
217 // Navigation mit in Ausgabe einfügen
218 $ausgabe = navigationsLeiste($SitesComplete, $seiteAktuell, $navLeiste);
219
220 $ausgabeText = makeText($ausgabe, $seiteAktuell, $href);
221
222 $ausgabeGraph = makeGraph($ausgabe, $seiteAktuell, $link, $grafik);
223
224 // Ausgabe der Seite
225 while ($row = @ mysql_fetch_row($result)) {
226     // Hier findet die Ausgabe des Seiteninhalts statt
```

```
    $contentWeb .= $row[2] . '<br>';
}

// Beendet den Timer
$endTime = endTime($timer);

$infoText = makeInfo($endTime, $seiteAktuell, $maxEintraege, $Eintraege, $infoText);

$leisteBottom = preg_replace("/{TABLENAVI}/", $ausgabeGraph . $ausgabeText, $tableNavi);
```

Beispiel 5.12: blaettern_grafik.php

Wie Sie sehen, haben Sie jetzt eine fast fertige Lösung für eine Suchmaschine à la Google. Sie müssen selbstverständlich noch einige Dinge anpassen, werden dies aber relativ einfach lösen können.

6 Dateien

Inhalt

6.1 Grundlegende Informationen

Bei den folgenden Beispielen in diesem Buch ist zu beachten:

Es kann passieren, dass nach Ausführen des Skripts keine Datei erstellt wurde. Dies liegt dann wahrscheinlich daran, dass die erforderlichen Rechte für das Verzeichnis, in dem das Skript ausgeführt wurde, nicht richtig gesetzt sind und angepasst werden müssen. Sie müssen dann die Rechte für das Verzeichnis mit Ihrem FTP-Programm folgendermaßen neu setzen:

```
o+rwx
```

- r Leserechte
- w Schreibrechte
- x Recht zum Ausführen

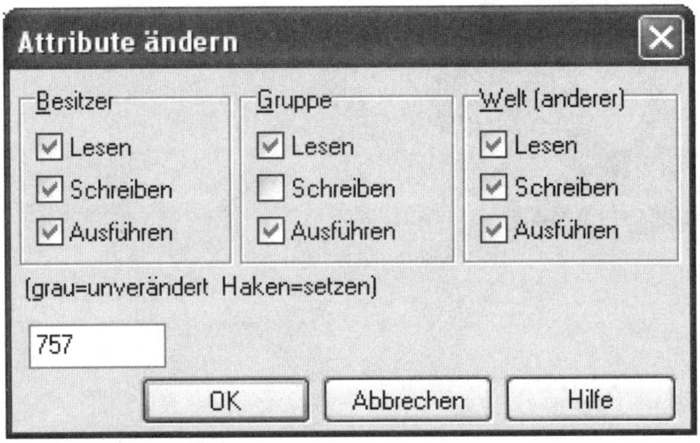

Abbildung 6.1: Rechte

Nachdem Sie die Rechte mit Ihrem FTP-Programm geändert haben, sollte das Beispiel einwandfrei funktionieren und nach Ablauf eine Datei in dem Verzeichnis erstellt haben.

6.2 Download mit wget

Systemvoraussetzung

- Linux
- PHP 4 >= 4.2.0
- PHP 5
- TAR
- GZIP

Datei(en)

`wget.php`

Problem

Sie kennen sicher das Problem: Sie wollen Ihr neues Forum oder eine Administrationssoftware für Ihre Datenbank installieren, und alleine der Upload aller Dateien von Ihrem lokalen Rechner auf den Server dauert eine Ewigkeit. Anhand des Datenbankadministrationstools phpMyAdmin kann man sehr schön darstellen, wie häufig vorgegangen wird.

- Download der gepackten Software von der Homepage
- Auf dem eigenen Clientrechner entpacken
- Per FTP alle entpackten Dateien zum Server hochladen.

Diese Vorgehensweise ist immer noch stark verbreitet. Je nach Geschwindigkeit kann dieser Weg aber sehr lange dauern. In der Regel geht zwar der Download sehr schnell, dafür zieht sich der Upload umso länger.

Denn die Uploadgeschwindigkeit ist in der Regel sehr viel kleiner als beim Download. Zudem müssen Hunderte von Dateien per FTP hochgeladen und einzeln geprüft werden. Als Beispiel soll hier wieder phpMyAdmin herhalten. Der komplette Inhalt von phpMyAdmin umfasst insgesamt ca. 620 Dateien und Verzeichnisse.

Dieser Vorgang kann schon mal gute 20 bis 30 Minuten dauern! Stellen Sie sich aber vor, wie viel Zeit Sie sich sparen, wenn Sie den ganzen Prozess in noch nicht einmal 10 bis 20 Sekunden erledigen könnten. Das folgende Beispiel zeigt, wie es geht.

Lösung

Die Lösung heißt wget! Dabei laden wir erst gar nicht die Software auf unseren Clientrechner, sondern direkt von der Downloadseite des Anbieters auf unseren Server im Internet. Dieser Vorgang dauert nicht einmal 10 bis 15 Sekunden. Danach entpacken wir direkt die Datei und können die eigentliche Installation wie gewohnt ausführen.

Sie können das nachfolgende Beispiel ohne weiteres so umschreiben, dass es auch für PHP3 funktioniert. Sie müssen dafür folgende Funktionen austauschen:

- `md5_file()`, PHP 4 >= 4.2.0, PHP 5
- `escapeshellarg()`, PHP 4 >= 4.0.3, PHP 5

Anstelle von `md5_file()` könnten Sie die Datei mit `fread()` einlesen und mit `md5()` testen. `escapeshellarg()` könnten Sie gegen `escapeshellcmd()` ersetzen.

Sie könnten das Programm auch so umschreiben, dass Sie es mit einem Webformular nutzen können, statt wie hier beschrieben nur im Quellcode. Sie sollten dann aber darauf achten, dass Sie die Datei hinter einen Verzeichnisschutz stellen. Im Kapitel „Verschlüsselung/Prüfsummen" finden Sie ein Programm, das auch dieses Problem sehr schnell und einfach für Sie erledigt.

Wir geben zuerst den kompletten http-Link **(26)** zu der Datei ein, die wir downloaden möchten. Wir benötigen weiterhin den reinen Dateinamen der Datei (**28**), da wir diesen für die MD5-Prüfsumme und den Entpackvorgang benötigen. Sie könnten hier auch eine Routine hinzufügen, die den Dateinamen aus der URL extrahiert.

In der Regel bieten Anbieter von Softwareprodukten eine MD5-Prüfsumme (**30**) bei ihrem Download mit an. Diese Summe soll sicherstellen, dass es sich um die originale Datei handelt und nicht um eine geänderte Version.

Weiterhin kann man an dieser Prüfsumme bei der Überprüfung feststellen, ob die herunter geladene Datei wirklich vollständig übertragen wurde. Wir erstellen nach dem Download eine eigene MD5-Prüfsumme (**40**) und vergleichen (**40**) diese mit der Prüfsumme des Anbieters (**30**). Sind beide Werte identisch, handelt es sich um die Original-Datei und wurde vollständig übertragen.

Man sollte niemals ungeprüfte Formulardaten an die Shell übergeben (**34**), da dies ein sehr hohes Sicherheitsrisiko darstellt. Mit `escapeshellarg()` werden solche Variablen maskiert, damit keine ungewollten zusätzlichen Befehle ausgeführt werden können. Hier im Beispiel bräuchten wir das eigentlich nicht, da wir keine Daten übergeben bekommen.

Im nächsten Schritt übergeben wir mit `exec()` (**34**) den Shell-Befehl `wget` mit unserer Download-URL an die Shell, die daraufhin den Download startet und die Datei im gleichen Verzeichnis wie die ausgeführte PHP-Datei speichert.

Die Prüfsumme der Datei müssen Sie nicht berechnen, ich rate Ihnen aber dazu. Wir setzen zuerst die Variable für den Check (**38**) auf `FALSE`, also dass ein Fehler aufgetreten ist. Falls die Variable der Prüfsumme (**30**) nicht leer sein sollte, so überprüfen wir (**40**) die Variable mit der MD5-Prüfsumme der gerade herunter geladenen Datei. Sind sie identisch (**40**), so setzen wir unsere Variable für den Check auf `TRUE` (**41**), ansonsten geben wir einen Fehler auf (unverständlich, bitte klarer).

Falls die Variable der Prüfsumme (**30**) leer war, können wir direkt unsere Variable für den Check auf `TRUE` (**47**) setzen, da wir keine Überprüfung vornehmen müssen.

Im letzten Schritt müssen wir die gerade geholte Datei entpacken. Dafür bereiten wir den Befehl zum Entzippen vor (**53**), maskieren (**54**) ihn wieder, um ihn dann anschließend mit `exec()` an die Shell zu übergeben (**56**). Als Rückgabewert erhalten wir eine Auflistung aller entpackten Dateien.

Sie können jetzt wie gewohnt die Installation fortsetzen. Falls es sich bei der downloadbaren Datei nicht um eine GZIP-Datei handelt, sondern vielleicht um eine BZIP2- oder ZIP-Datei, lesen Sie im Kapitel 8 auf Seite 193 nach.

Dort finden Sie alle Möglichkeiten, um mit solchen Dateien ebenfalls spielend umgehen zu können. Zudem finden Sie in diesem Kapitel weitere Informationen zum Thema Zippen/Entzippen.

```
26 $fileURL = "http://umn.dl.sourceforge.net/sourceforge/phpmyadmin/phpMyAdmin ⤦
   -2.8.0.3.tar.gz";
27
28 $fileName = "phpMyAdmin-2.8.0.3.tar.gz";
29
30 $md5Check = "1ca0b652e39010d906e3ea3a02fb9d82";
31
32 $escape = escapeshellarg($fileURL);
33
34 exec("wget " . $escape);
35
36 $unzip = FALSE;
37
38 if (!empty ($md5Check)) {
39
40    if (md5_file($fileName) == $md5Check)
41       $unzip = TRUE;
42    else
43       echo "Checksummen stimmen nicht überein!";
44
45 } else {
46
47    $unzip = TRUE;
48
49 }
50
51 if ($unzip) {
52
53    $shellBefehl = "tar -xzvf $fileName";
```

```
    $shellBefehl = escapeshellcmd($shellBefehl);

    exec($shellBefehl, $nu);

    print_r($nu);

}
```

Beispiel 6.1: wget.php

Ausgabe im Browser (verkürzte Darstellung)

```
Array
(
   [0] => phpMyAdmin-2.8.0.3/
   [1] => phpMyAdmin-2.8.0.3/Documentation.txt
   [2] => phpMyAdmin-2.8.0.3/CREDITS
   [3] => phpMyAdmin-2.8.0.3/ChangeLog
   :
   :
   :
   [614] => phpMyAdmin-2.8.0.3/themes/original/img/vertical_line.png
   [615] => phpMyAdmin-2.8.0.3/themes/original/info.inc.php
   [616] => phpMyAdmin-2.8.0.3/themes/original/layout.inc.php
   [617] => phpMyAdmin-2.8.0.3/themes/original/screen.png
)
```

Wie Sie gesehen haben, wurde das Problem mit wenigen Zeilen Programmcode gelöst und Sie müssen nur noch eventuelle Konfigurationseinstellungen in Ihrem neuen Programm anpassen.

6.3 Dateidownload realisieren

Systemvoraussetzung

- Linux
- Windows
- PHP 3
- PHP 4
- PHP 5

Datei(en)

`download.php`

Problem

Sicher standen Sie schon öfter vor dem Problem, dass Sie eine Datei zum Download anbieten wollten, diese aber nicht direkt angesprochen werden durfte. Gerade wenn Sie einen Download mitzählen möchten und den Wert in eine Datenbank speichern, müssen Sie die Dateien mit einer anderen Variante ausliefern.

Eventuell verkaufen Sie aber auch auf Ihrer Webseite spezielle Bilder, die nicht direkt abgerufen werden dürfen, sondern erst nach einer Freigabe. Sie werden nachfolgend eine Lösung für diese Probleme finden.

Lösung

Das Problem ist mit wenigen Handgriffen beseitigt. Sie sollten allerdings darauf achten, dass das Verzeichnis mit den Dateien nicht über den Browser zu erreichen ist – also außerhalb des Document-Root liegt.

Sie können alternativ auch ein Verzeichnis mit einem Verzeichnisschutz erstellen. Im Kapitel „Verschlüsselung/Prüfsummen" finden Sie ein Programm, das Ihnen den Verzeichnisschutz automatisch erstellt.

Weiterhin müssen Sie darauf achten, dass Sie bei dem angebotenen Download jeweils auch die richtigen Mime-Typen mitliefern. Dabei besteht ein Mime-Typ aus zwei Bereichen, zum einen die Angabe des Medientyps und zum anderen die Angabe des Subtyps. Beide Werte sind lediglich mit einem Schrägstrich (/) voneinander getrennt.

Beispiel

```
image/png
application/pdf
```

Nachfolgend finden Sie eine Auflistung von verschiedenen und häufig genutzten Mime-Typen. Falls Sie weitere Typen benötigen, erhalten Sie auf der folgenden Webseite eine sehr große Auswahl an verschiedenen Typen. Sie haben dort auch die Möglichkeit, die Liste der Mime-Typen zu erweitern.

Webseite von IANA (Internet Assigned Numbers Authority):

- `http://www.iana.org/assignments/media-types/`

Content Types

text	Textdateien
image	Grafikdateien
video	Videodateien
audio	Sound-Dateien
application	programmgebundene Dateien
multipart	mehrteilige Daten (z. B. bei einem Formular inkl. Dateiupload)
message	Nachrichten
model	Dateien mit mehrdimensionalen Strukturen

Content Types/Subtypes

.avi	video/x-msvideo	**.mov**	video/quicktime
.class	application/octet-stream	**.movie**	video/x-sgi-movie
.css	text/css	**.mp2**	audio/mpeg
.doc	application/msword	**.mp3**	audio/mpeg
.eps	application/postscript	**.mpe**	video/mpeg
.exe	application/octet-stream	**.mpeg**	video/mpeg
.gif	image/gif	**.mpg**	video/mpeg
.gtar	application/x-gtar	**.mpga**	audio/mpeg
.gz	application/x-gzip	**.pbm**	image/x-portable-bitmap
.htm	text/html	**.pdf**	application/pdf
.html	text/html	**.png**	image/png
.jpe	image/jpeg	**.pps**	application/mspowerpoint
.jpeg	image/jpeg	**.ppt**	application/mspowerpoint
.jpg	image/jpeg	**.ppz**	application/mspowerpoint
.js	application/x-javascript	**.ps**	application/postscript
.midi	audio/midi	**.qt**	video/quicktime

.ra	audio/x-realaudio	**.txt**	text/plain
.ram	audio/x-pn-realaudio	**.vrml**	model/vrml
.rm	audio/x-pn-realaudio	**.wav**	audio/x-wav
.rpm	audio/x-pn-realaudio-plugin	**.wrl**	model/vrml
.rtf	text/rtf	**.xbm**	image/x-xbitmap
.rtx	text/richtext	**.xlc**	application/vnd.ms-excel
.sgm	text/sgml	**.xll**	application/vnd.ms-excel
.sgml	text/sgml	**.xlm**	application/vnd.ms-excel
.tar	application/x-tar	**.xls**	application/vnd.ms-excel
.tcl	application/x-tcl	**.xlw**	application/vnd.ms-excel
.tif	image/tiff	**.xml**	text/xml
.tiff	image/tiff	**.zip**	application/zip

Wie Sie sehen, ist die Liste bereits sehr groß, aber in der Regel braucht man nicht mehr als eine Hand voll, um gewisse Dateien ausliefern zu können.

Wir kümmern uns jetzt aber nicht weiter um diese Dateitypen, sondern schauen uns den Programmcode an. Zuerst werden wir uns mit der Funktion beschäftigen, die nachher die Datei ausliefern wird.

function makeDownload($file, $dir, $type)

@param	string	$file
@param	string	$dir
@param	string	$type
@return	void	

Die Funktion `makeDownload()` erwartet als Parameter den Dateinamen für den Download, das Verzeichnis, in dem die Datei liegt (inkl. abschließendem Slash (/)!), und den Mime-Typ der jeweiligen Datei.

Wurden alle Parameter übertragen, wird zuerst der Mime-Type der Datei zum Browser gesendet (**37**) und im Anschluss daran der Dateiname (**39**) für die Speicherung auf dem Clientrechner. Sie können an dieser Stelle einen freien Namen für die Datei auswählen, müssen also nicht den realen Namen der Datei nehmen.

Zum Schluss müssen wir jetzt noch die Datei ausgeben. Dafür nutzen wir readfile() (**41**), lesen also die komplette Datei ein und geben Sie am Browser aus. Der Benutzer erhält z. B. in einer Zip-Datei den Dialog für das Speichern der Datei.

```
35 function makeDownload($file, $dir, $type) {
36
37   header("Content-Type: $type");
38
39   header("Content-Disposition: attachment; filename=\"$file\"");
40
```

```
    readfile($dir . $file);

}
```

Beispiel 6.2: download.php

Sie müssen zuerst zwei Konfigurationsparameter setzen. Zum einen benötigen Sie den Pfad (inkl. abschließendem Slash) zu Ihrem Downloadverzeichnis (**51**), zum anderen den Mime-Typen für die Datei (**53**). Falls Sie später mehrere verschiedene Dateien zum Download anbieten wollen, könnten Sie die Mime-Typen in ein Array schreiben und jeweils den richtigen Wert zuweisen.

Falls jetzt per GET ein Dateiname übermittelt wird, also nicht leer ist und die Variable keine Slashes (/) enthält, so können wir die Abfrage (**55**) weiter durchlaufen. Die Abfrage dient lediglich zum Schutz, damit niemand eine Datei außerhalb Ihres Verzeichnisses downloaden kann.

Im nächsten Schritt (**56**) überprüfen wir, ob die Datei vorhanden ist und sie somit zum Download angeboten werden kann. Wurde die Datei gefunden, so rufen wir unsere Funktion `makeDownload()` auf und übergeben den Dateinamen, das Verzeichnis und den Mime-Type der Datei.

```
51 $dir = '/is/htdocs/wp1042434_BDE06BJ7VB/www/download/';
52
53 $type = 'application/zip';
54
55 if (!empty ($_GET['file']) && !preg_match('=/=', $_GET['file'])) {
56     if (file_exists($dir . $_GET['file'])) {
57         makeDownload($_GET['file'], $dir, $type);
58     }
59
60 }
```

Beispiel 6.3: download.php

Der Download wurde sehr schnell gelöst. Sie könnten das Programm noch erweitern und vor allem sicherer machen. Wir möchten Ihnen hierfür ein paar Tipps geben, sodass Sie es selbst umsetzen können.

Erstellen Sie ein Array mit den Dateinamen, die zum Download angeboten werden. Wird jetzt die Variable `$_GET['file']` übermittelt, überprüfen Sie, ob der übermittelte Dateiname auch im Array vorkommt. Dies ist ein zusätzlicher Schutz, damit keine anderen Dateien ausgeliefert werden.

Erstellen Sie ein Array mit den Mime-Typen und setzen anhand der Dateiendung jeweils automatisch den richtigen Mime-Typ für die Datei.

Erzeugen Sie bei der Auslieferung der Dateien für die Header-Content-Disposition einen zufälligen Dateinamen und liefern diesen aus.

Es gibt also noch viele Ansätze, die man berücksichtigen kann. Lassen Sie Ihre Fantasie spielen, und erweitern Sie das Programm.

Sie sollten allerdings immer Ihre Downloads vorher mit verschiedenen Browsern testen, um sicher gehen zu können, dass die Dateien richtig ausgeliefert werden.

6.4 Spezielle Filtermechanismen für Dateien und Verzeichnisse

Systemvoraussetzung

- Linux
- Windows
- PHP 4 >= 4.3.0
- PHP 5

Datei(en)

`glob.php`, `glob1.php`, `glob2.php`

Problem

Gerade wenn es darum geht, bestimmte Dateien eines Ordners oder Verzeichnisse selbst aufzulisten, sieht man immer wieder die Schwierigkeiten. Die Auflistung funktioniert zwar meistens, aber wenn auch Filterungen mit einbezogen werden sollen, so scheitert es oftmals.

Es gibt für diesen Fall viele Anwendungsmöglichkeiten wie z. B. :

- Nur JPG-Dateien eines Verzeichnisses auflisten
- Nur Dateien auflisten, die z. B. mit bestimmten Buchstaben anfangen
- Alle Dateien auflisten, die das Wort Urlaub im Namen haben
- Verzeichnisse auflisten, die den Suchkriterien entsprechen

Wie Sie sehen, muss man sich nur ein wenig Gedanken machen und es bieten sich sehr viele Anwendungsmöglichkeiten, die mit dieser Filtermethode realisiert werden können. Daher sollten wir uns mit diesem Thema auch näher beschäftigen.

Lösung

Die Lösung für dieses Problem können wir mit einer bereits implementierten Funktion von PHP realisieren. Bei der Funktion handelt es sich um `glob()`, die wir für unsere nachfolgenden Beispiele heranziehen werden. Wir werden uns zuerst die möglichen Schalter und Platzhalter anschauen, um diese dann für gewisse Aufgaben gezielt einzusetzen.

Unterstützte Schalter

- **GLOB_MARK** – fügt jedem gefundenen Eintrag einen Slash hinzu. Gerade bei Verzeichnissen ist dieses wünschenswert, da Dateinamen direkt angehängt werden können.
- **GLOB_NOSORT** – deaktiviert die Sortierung. Die Standardeinstellung ist auf alphabetische Sortierung eingestellt.
- **GLOB_NOCHECK** – falls kein Eintrag gefunden wird, kann man sich hiermit das Suchmuster zurückgeben lassen.
- **GLOB_NOESCAPE** – Metazeichen im Suchtreffer werden nicht mit einem Backslash versehen. Unter Windows sollten Sie diese Option setzen.
- **GLOB_BRACE** – setzt einen Platzhalter für mehrere Suchaufzählungen. Der Platzhalter {a,b,c} findet 'a', 'b', oder 'c'
- **GLOB_ONLYDIR** – bei der Suche werden nur Verzeichnisse berücksichtigt (vor PHP 4.3.3 nicht auf Windows verfügbar).
- **GLOB_ERR** – stoppt bei einem Lesefehler (ab PHP 5.1).

Die Schalter können auch miteinander verbunden werden.

```
glob("[so]*_?.png",GLOB_BRACE|GLOB_ERR)
```

Folgende Platzhalter stehen zur Verfügung

- **{Platzhalter,Platzhalter}** Wurde der Schalter GLOB_BRACE gesetzt, so können Sie in geschweiften Klammern mehrere Suchbegriffe, getrennt mit einem Komma, angeben. Dabei handelt es sich dann um eine ODER-Verknüpfung. {*.pdf,*.gif} findet Dateien mit der Endung .pdf oder .gif Beispiel: `glob("{*.png,*.txt}",GLOB_BRACE)`
- **?** Das Fragezeichen steht für genau ein beliebiges Zeichen. `glob("sonne?1.png")` findet z. B. die Datei sonne_1.png
- * Das Sternchen steht für kein oder eine beliebige Anzahl an Zeichen. `glob("so*1.png")` findet z. B. die Datei sonne_1.png

- [] Die eckigen Klammern finden genau ein Zeichen aus einer in den Klammern definierten Zeichengruppe. Wie auch bei den geschweiften Klammern muss der Schalter GLOB_BRACE gesetzt werden.

[amgz]	Genau der Buchstabe „a“ oder „m“ oder „g“ oder „z“.
[a-g]	Genau die Buchstaben „a“, „b“, „c“, „d“, „e“, „f“ und „g“.
[0-9]	Die Zahlen 0-9.
[!aAmgz]	Das Ausrufezeichen negiert den Ausdruck. Es darf also nicht „a“, „A“, „m“, „g“ oder „z“ vorkommen.

Für die nachfolgenden Beispiele wurde folgende Verzeichnisstruktur genommen (siehe Abbildung 6.2):

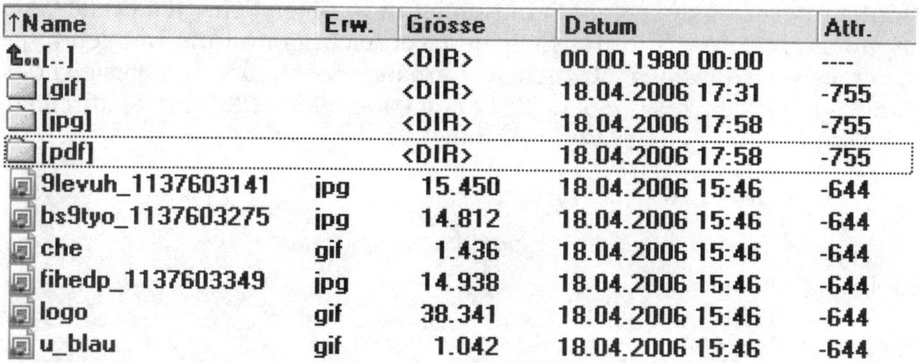

↑Name	Erw.	Grösse	Datum	Attr.
[..]		<DIR>	00.00.1980 00:00	----
[gif]		<DIR>	18.04.2006 17:31	-755
[jpg]		<DIR>	18.04.2006 17:58	-755
[pdf]		<DIR>	18.04.2006 17:58	-755
9levuh_1137603141	jpg	15.450	18.04.2006 15:46	-644
bs9tyo_1137603275	jpg	14.812	18.04.2006 15:46	-644
che	gif	1.436	18.04.2006 15:46	-644
fihedp_1137603349	jpg	14.938	18.04.2006 15:46	-644
logo	gif	38.341	18.04.2006 15:46	-644
u_blau	gif	1.042	18.04.2006 15:46	-644

Abbildung 6.2: Verzeichnisstruktur

function listPicture($dir=".",$type="jpg")

@param	string	$dir
@param	string	$type
@return	array	$picture

Die Funktion `listPicture()` erwartet als Parameter zum einen das Verzeichnis (`$dir`) für die Suche, zum anderen die Dateiendung (`$type`). Da wir bei dem Ergebnis mit mehreren Treffern rechnen, speichern wir nachher die Treffer in einem Array. Wir setzen zuerst den Startwert (**13**) für die Indizierung unseres Arrays.

Im nächsten Schritt durchlaufen wir das vollständige übergebene Verzeichnis und suchen (**15**) dabei bei jeder Datei nach der geforderten Dateiendung. Sollte die Funktion `glob()` in dem Verzeichnis eine Datei mit der gesuchten Endung finden, speichern wir den Dateinamen (**16**), die Dateigröße (**17**) sowie das Datum (**18**) der letzten Dateiänderung in unser Array. Diesen Vorgang wiederholen wir so oft, bis alle Dateien gefunden sind. Im Anschluss daran geben wir unser Array (**22**) der aufrufenden Stelle wieder zurück.

```
function listPicture($dir = ".", $type = "jpg") {
    $x = 0;
    //foreach (glob($dir."*.".$type) as $filename)    sonne_0.png
    foreach (glob("[so]*_?.png", GLOB_BRACE | GLOB_ERR) as $filename) {
        $picture[$x]['file'] = $filename;
        $picture[$x]['size'] = filesize($filename) / 1024;
        $picture[$x]['time'] = filemtime($filename);
        $x++;
    }

    return $picture;
}
```

Beispiel 6.4: glob.php

Der Aufruf der eben gezeigten Funktion ist in wenigen Schritten erklärt. Sie müssen lediglich das zu durchsuchende Verzeichnis und die Dateiendung, nach der Sie suchen wollen, übergeben. Wir haben hier in unserem Beispiel das Ergebnis nur einfach ausgegeben, Sie können aber eine FOR-Schleife durchlaufen und die Ergebnisse gezielter auflisten.

```
$pic = listPicture("bilder/", "gif");

print_r($pic);
```

Beispiel 6.5: glob.php

Ausgabe im Browser

```
Array
(
    [0] => Array
        (
            [file] => bilder/che.gif
            [size] => 1.40234375
            [time] => 1145368015
        )
    [1] => Array
        (
            [file] => bilder/logo.gif
            [size] => 37.4423828125
            [time] => 1145368017
        )
    [2] => Array
        (
            [file] => bilder/u_blau.gif
            [size] => 1.017578125
            [time] => 1145368018
        )
)
```

Ein weiteres Beispiel könnte z. B. folgendes Szenario sein: Sie möchten alle Dateien auflisten, die als Dateiendung .jpg in ihrem Namen haben. Zusätzlich muss die Datei entweder mit „b“ oder „f“ beginnen und kann danach beliebige Zahlen, Buchstaben oder Sonderzeichen im Dateinamen enthalten.

```
<?PHP

foreach (glob("[bf]*.jpg") as $filename)
{
  echo $filename . '<br>';
}

?>
```

Beispiel 6.6: glob1.php

Ausgabe im Browser

bs9tyo_1137603275.jpg
fihedp_1137603349.jpg

Sie können mit `glob()` natürlich nicht nur nach Dateien suchen, sondern auch nach Verzeichnissen. In unserem Beispiel sollen alle Verzeichnisse aufgelistet werden, die entweder mit einem „c" oder „g" beginnen. Für diese spezielle Suche benutzen wir den Schalter „GLOB_ONLYDIR".

Da wir im weiteren Verlauf hinter unseren Suchtreffern noch Dateinamen speichern wollen, soll die Funktion `glob()` bei jedem Suchtreffer direkt einen Schrägstrich hinter dem Verzeichnis platzieren. Auch hierfür gibt es einen Schalter, den wir nutzen können. Wir übergeben der Funktion dabei den Schalter „GLOB_MARK".

```
<?PHP

foreach (glob("[cg]*",GLOB_ONLYDIR|GLOB_MARK) as $filename)
{
  echo $filename . '<br>';
}

?>
```

Beispiel 6.7: glob2.php

Ausgabe im Browser

gif/

Wie Sie sehen konnten, wurde hier auf einfache Art und Weise ein komplettes Verzeichnis nach bestimmten Mustern durchsucht. Sie sollten einfach mit dieser Funktion ein wenig „spielen", um ihre Wirkungsweise zu erlernen. Anhand der bereits erklärten Schalter und Platzhalter können Sie gezielt nach den Verzeichnissen und Dateien suchen, die Sie für Ihre weitere Bearbeitung nutzen wollen.

6.5 Programmcode farbig hervorheben inkl. Zeilennummern

Systemvoraussetzung

- Linux
- Windows
- PHP 4 >= 4.0.1
- PHP 5

Datei(en)

`file_number.php`

Problem

Sie möchten den Besuchern Ihrer Seite gerne Ihren PHP-Code erklären und zur Verfügung stellen. Programmcode zu erklären ist wesentlicher einfacher, wenn man sich auf Zeilennummern berufen kann. Zusätzlich soll die Syntax farbig hervorgehoben werden.

Lösung

Die Lösung besteht aus zwei Teilen. Zum einen benutzen wir die interne Funktion `highlight_file()` von PHP für die farbige Syntaxhervorhebung, zum anderen durchlaufen wir eine FOR-Schleife für die Zeilennummern.

Selbstverständlich soll der Programmcode kopierbar bleiben, also ohne eine Aufnahme der Zeilennummern. Dieses erreichen wir, indem wir unsere Ausgabe in einer Tabelle darstellen.

function lineNumber($file, $table, $print=false)

@param	string	$file
@param	string	$table
@param	bool	$print
@return	mixed	

Die Funktion `lineNumber()` erwartet als Parameter den Dateinamen für die farbige Syntax-Darstellung, die Tabellenstruktur für die Ausgabe und einen booleschen Wert für den Rückgabewert. Sie können entweder die Ausgabe direkt ausgeben (`$print = true`) oder diese in eine Variable speichern (`$print = false`).

Wir lesen zuerst mit der Funktion `highlight_file()` (**36**) die komplette Datei ein, die Syntax wird dabei direkt farbig hervorgerufen. Da wir keine direkte Ausgabe benötigen, sondern den Inhalt zwischenspeichern wollen, setzen wir bei der Funktion den optionalen Parameter auf „`TRUE`“. Im weiteren Verlauf benötigen wir noch die Zeilenmenge, daher lesen wir die Datei mit `file()` (**38**) in ein Array ein und zählen dann nur noch das Array selbst (**40**).

Da wir unsere Zeilenzahlen vernünftig formatieren wollen, errechnen wir die Länge (**42**) der Zeilenmenge. Hat also unsere Datei genau 872 Zeilen, ergibt sich für diese Zahl eine Länge von 3. Wir benötigen diesen Wert, um die kleineren Zahlen mit Nullen aufzufüllen.

Beispiel:

```
001
002
003
.
.
098
099
100
```

Wir durchlaufen jetzt unserer Array mit dem Dateiinhalt (**44**) und erstellen dabei nur die Zeilenzahlen. Wie erwähnt, füllen wir jetzt die Zahlen mit Nullen auf (**45**), sodass wir eine einheitliche Darstellung erhalten. Der Parameter `STR_PAD_LEFT` sorgt dafür, dass die Ausgabe von links her aufgefüllt wird.

Wir wollen dafür sorgen, dass die farbig markierte Syntax noch kopierbar bleibt. Aus diesem Grund haben wir der Funktion in eine Tabelle übergeben, indem wir Platzhalter für unsere Ausgaben definiert haben. Diese Platzhalter werden wir mit der Syntax (**50**) und mit den Zeilenzahlen (**49**) ersetzen.

Zum Schluss müssen wir noch die Entscheidung treffen, ob die Funktion die Tabelle direkt ausgeben soll (**54**) oder als Variable (**53**) an die aufrufende Stelle.

```
34 function lineNumber($file, $table, $print = false) {
35
36    $content = highlight_file($file, TRUE);
37
38    $ex_line = file($file);
39
40    $lines = count($ex_line);
41
42    $length = strlen($lines);
43
44    for ($x = 1; $x <= $lines; $x++) {
45       $ausgabe .= str_pad($x, $length, "0", STR_PAD_LEFT);
46       $ausgabe .= ":<br>";
47    }
48
49    $table = @ preg_replace('/{lineNumber}/', $ausgabe, $table);
50    $table = @ preg_replace('/{phpHighlight}/', $content, $table);
51
```

```
    if ($print === false) {
        return $table;
    } else {
        echo $table;
    }

}
```

Beispiel 6.8: file_number.php

Der restliche Programmcode besteht hauptsächlich aus der Variable (**60-65**) für die Tabelle. Sie können diese Tabelle nach Ihren Wünschen anpassen, müssen aber die Platzhalter wieder mit integrieren. Wenn Sie die fertige Tabelle in einer Variablen von der Funktion zurückbekommen möchten, müssen Sie lediglich beim Funktionsaufruf (**67**) den booleschen Wert auf „TRUE" setzen oder ihn einfach weglassen, da er ein optionaler Wert ist und „FALSE" als Grundeinstellung nutzt.

```
60 $table .= '<table><tr>';
61 $table .= '<td><code>';
62 $table .= '<span style="color: #AAAAAA;">{lineNumber}</span>';
63 $table .= '</code></td>';
64 $table .= '<td>{phpHighlight}</td>';
65 $table .= '</tr></table>';
66
67 $lineNum = lineNumber("file_number.php", $table, true);
```

Beispiel 6.9: file_number.php

Nachfolgend sehen Sie die Ausgabe im Browser. Der Besucher kann jetzt den kompletten Programmcode markieren und kopieren – ohne die Zeilenzahlen. Sie sollten die Zeilenzahlen allerdings in einem hellen Grauton gestalten, da sie so besser zur Geltung kommen.

Leider sehen Sie hier im Buch die Ausgabe nur in Graustufen. Wenn Sie dieses Beispiel im Browser aufrufen, erhalten Sie die Ausgabe in kompletter Farbdarstellung (siehe Abbildung 6.3 auf der nächsten Seite).

```
<?PHP

function lineNumber($file, $table, $print=false)
{

    $content = highlight_file($file,TRUE);

    $ex_line = file($file);

    $lines = count($ex_line);

    $length = strlen($lines);

    for($x=1;$x<=$lines;$x++)
    {
        $ausgabe .= str_pad($x, $length, "0", STR_PAD_LEFT);
        $ausgabe .= ":<br>";
    }

    $table = @preg_replace('/{lineNumber}/',$ausgabe,$table);
    $table = @preg_replace('/{phpHighlight}/',$content,$table);

    if($print === false)
    {
        return $table;
    }
    else
    {
        echo $table;
    }

}

$table .= '<table><tr>';
$table .= '<td><code>';
$table .= '<span style="color: #AAAAAA;">{lineNumber}</span>';
$table .= '</code></td>';
$table .= '<td>{phpHighlight}</td>';
$table .= '</tr></table>';

$lineNum = lineNumber("file_number.php",$table,true);

?>
```

Abbildung 6.3: Programmcode farbig hervorheben

6.6 Dateien inkl. Unterverzeichnissen kopieren

Systemvoraussetzung

- Linux
- Windows
- PHP 3
- PHP 4
- PHP 5

Datei(en)

`copy_folder.php`

Problem

Sie kennen sicher das Problem: Sie möchten z. B. gerne Ihr aktuelles Forum updaten, das alte Forum aber zur Sicherheit irgendwo speichern, sodass man auf diese Dateien eventuell wieder zugreifen kann. Wir werden nachfolgend ein Programm erklären, das genau diese Aufgabe erledigt.

Auf Wunsch können Sie entweder nur ein Verzeichnis oder rekursiv auch alle Unterverzeichnisse kopieren. Darüber hinaus soll das Programm die Menge der kopierten Dateien, sowie die Gesamtgröße der Dateien formatiert ausgeben.

Lösung

Die Lösung zu diesem Problem besteht aus einer rekursiven Funktion, die alle Verzeichnisse durchläuft und die Dateien in den Zielordner kopiert. Sollte das Verzeichnis, in dem die Datei liegt, in dem Zielordner nicht existieren, wird das Verzeichnis erstellt.

function copyFolder($source, $dest, &$statsCopyFolder, $recursive = false)

@param	string	$source
@param	string	$dest
@param	array	&$statsCopyFolder
@param	bool	$recursive
@return	bool	

Die Funktion `copyFolder()` erwartet als Parameter das zu kopierende Verzeichnis (`$source`), das Zielverzeichnis (`$dest`) und den optionalen Parameter `$recursive` („TRUE") – auch Unterverzeichnisse werden kopiert.

Wir müssen im ersten Schritt überprüfen, ob das gerade durchsuchte Verzeichnis bereits im Zielverzeichnis existiert **(38)**. Falls nicht, erstellen **(40)** wir dieses Verzeichnis im Zielverzeichnis, sodass später dort unsere Dateien hineinkopiert werden können.

Nach Aufruf von `copyFolder()` durchläuft die Funktion das aktuelle Verzeichnis **(48)**. Jedes Verzeichnis beginnt immer mit einem **.** (Punkt) und einem **..** (Punkt Punkt), die auch als „Dateien" eingelesen werden. Sollte unsere Funktion diese beide Pseudodateien finden **(56)**, so bricht sie den aktuellen Schleifendurchlauf **(52)** ab und fährt mit der nächsten Datei oder dem nächsten Verzeichnis fort.

Sollten Sie bei der Parameterangabe der Funktion **(35)** `$recursive=FALSE` gesetzt haben, so werden keine Unterverzeichnisse kopiert. Die Überprüfung **(55)** hierfür findet dann ebenfalls in dem Schleifendurchlauf statt. Findet die Funktion im aktuellen Verzeichnis ein weiteres Unterverzeichnis **(57)**, ruft sie sich mit dem Pfad zum Unterverzeichnis als Parameter erneut auf **(35)** und durchläuft dann das Unterverzeichnis.

Findet die Funktion eine Datei **(66)**, so wird diese Datei in den Zielordner kopiert **(68)**. Zusätzlich wird die Array-Variable für die kopierte Dateimenge erhöht **(69)** und die Dateigröße ebenfalls in dieser Array-Variablen addiert **(70)**. Da dieses Array als Referenz vorliegt, sind die geänderten Werte bereits außerhalb der Funktion bekannt und müssen nicht explizit zurückgegeben werden.

```
35 function copyFolder($source, $dest, &$statsCopyFolder, $recursive = false)
36 {
37
38  if (!is_dir($dest))
39  {
40         mkdir($dest);
41   }
42
43  $handle = @opendir($source);
44
45  if(!$handle)
46   return false;
47
48  while ($file = @readdir ($handle))
49  {
50   if (eregi("^\.{1,2}$",$file))
51   {
52    continue;
53   }
54
55   if(!$recursive && $source != $source.$file."/")
56   {
57    if(is_dir($source.$file))
```

```
    continue;
  }

  if(is_dir($source.$file))
  {
   copyFolder($source.$file."/", $dest.$file."/", $statsCopyFolder, ⤸
   $recursive);

  }
  else
  {
   copy($source.$file, $dest.$file);
   $statsCopyFolder['files']++;
   $statsCopyFolder['bytes'] += filesize($source.$file);
  }
 }

 @closedir($handle);

}
```

Beispiel 6.10: copy_folder.php

function binary_multiples($size, $praefix=true, $short= true)

@param	integer	$size
@param	bool	$praefix
@param	bool	$short
@return	float	$size

Diese Funktion wurde bereits im Unterkapitel 9.3 auf Seite 220 ausreichend erklärt und daher nur der Form halber hier gelistet, da diese Funktion zum Programmcode gehört.

```
function binary_multiples($size, $praefix=true, $short= true)
{

 if($praefix === true)
 {
  if($short === true)
  {
   $norm = array('B', 'kB', 'MB', 'GB', 'TB', 'PB', 'EB', 'ZB', 'YB');
  }
  else
  {
   $norm = array('Byte',
          'Kilobyte',
          'Megabyte',
          'Gigabyte',
          'Terabyte',
          'Petabyte',
          'Exabyte',
          'Zettabyte',
```

```
108                'Yottabyte'
109                );
110  }
111 
112  $factor = 1000;
113 }
114 else
115 {
116  if($short === true)
117  {
118   $norm = array('B', 'KiB', 'MiB', 'GiB', 'TiB', 'PiB', 'EiB', 'ZiB', 'YiB');
119  }
120  else
121  {
122   $norm = array('Byte',
123                'Kibibyte',
124                'Mebibyte',
125                'Gibibyte',
126                'Tebibyte',
127                'Pebibyte',
128                'Exbibyte',
129                'Zebibyte',
130                'Yobibyte'
131                );
132  }
133 
134  $factor = 1024;
135 
136 }
137 
138 $count = count($norm) -1;
139 
140 $x = 0;
141 while ($size >= $factor && $x < $count)
142 {
143  $size /= $factor;
144  $x++;
145 }
146 
147  $size = sprintf("%01.2f", $size) . ' ' . $norm[$x];
148 
149 return $size;
150 
151 }
```

Beispiel 6.11: copy_folder.php

Der restliche Programmcode ist weniger spektakulär. Wir benötigen den kompletten Pfad des zu kopierenden Verzeichnisses (**153**) sowie den kompletten Pfad für das Zielverzeichnis (**155**). Unser Statistik-Array (**157, 158**) für die kopierte Dateimenge sowie die komplette Dateigröße aller Dateien definieren wir im Grundzustand jeweils mit 0 (Null).

Wir rufen nur noch die Kopierfunktion (**160**) auf und geben im Anschluss daran die Dateigröße in Byte an unsere Funktion `binary_multiples()`. Sie können hier selbst entscheiden, wie Sie die Ausgabe wünschen.

```
153 $source = '/is/htdocs/wp1042434_BDE06BJ7VB/www/bilder/';
154
155 $dest = '/is/htdocs/wp1042434_BDE06BJ7VB/www/backup3/';
156
157 $statsCopyFolder['bytes'] = 0;
158 $statsCopyFolder['files'] = 0;
159
160 copyFolder($source, $dest, $statsCopyFolder, true);
161
162 $statsCopyFolder['bytes'] = binary_multiples($statsCopyFolder['bytes'], true, false);
163
164 echo $statsCopyFolder['files'] . ' Dateien kopiert ('.$statsCopyFolder['bytes'].').';
```

Beispiel 6.12: copy_folder.php

Wie Sie sehen, haben Sie jetzt eine Funktion, um ganze Verzeichnisse inkl. Unterverzeichnissen zu kopieren. Was allerdings noch fehlt, ist die Möglichkeit, alle Verzeichnisse wieder löschen zu können. Wir möchten Ihnen dieses nicht vorenthalten und werden im Kapitel 11 auf Seite 255 ein derartiges Programm zeigen.

7 Verzeichnisse

Inhalt

7.1 Grundlegende Informationen

Die Verzeichnisse eines Webservers oder auch Clientrechners bieten oftmals ungeahnte Möglichkeiten, von denen nur sehr selten Gebrauch gemacht wird. Dabei ist ein Verzeichnis so flexibel, dass man damit vielerlei Dinge, wie z. B. Bildergalerien, Downloadauflistungen, Speicherungen von Daten etc., anstellen kann.

Der Trend momentan geht klar in Richtung Datenbanken – sie sind schnell, sicher, Suchmechanismen sind sehr ausgefeilt, Daten können problemlos verknüpft werden und sie sind meistens kostenlos. Das Verzeichnis an sich rückt dabei immer weiter zurück, und der starke Gegner Datenbank nimmt den Platz ein. Gerechtfertigt?

Sicherlich spricht sehr viel für eine Datenbank, aber es gibt auch Nachteile.

- Webhostingpakete mit Datenbanken sind wesentlich teurer.
- Große Anwendungen wie z. B. Foren, AdSysteme oder CMS-Systeme können Datenbanken in die Knie zwingen.
- Bei Webhostingpaketen können Sie die Datenbanken oftmals nur lokal über localhost ansprechen, sind also von außen nicht erreichbar.
- Sie teilen sich den Datenbankserver mit vielen – somit wird Ihnen auch vom Provider nur eine gewisse Performancelast zugewiesen.
- Datenbanken können sehr groß werden – je nachdem wie gut Ihre Website (z. B. Foren) besucht wird, mehrere einhundert Megabyte.

Dies sind nur ein paar Nachteile, aber es gibt noch mehr. Datenbanken sollen hier nicht schlecht dargestellt werden, aber man muss sich immer individuell entscheiden, wann es sinnvoll ist, auf das Dateisystem zurückzugreifen.

Im Folgenden zeigen wir Ihnen ein paar Anwendungsbeispiele für Verzeichnisse auf. Sie werden sehen, dass ein File-System hierfür besser geeignet ist als eine Datenbank, da es die Informationen wesentlich schneller liefert und weniger Performance in Anspruch nimmt.

7.2 Alle Bilder eines Verzeichnisses auflisten

Systemvoraussetzung

- Linux
- Windows
- PHP 4 >= 4.3.0
- PHP 5

Datei(en)

`imagesVerz.php`

Problem

Sie haben ein Verzeichnis mit Bildern und möchten diese auf Ihrer Website verlinken. Neben den Bildern befinden sich in diesem Verzeichnis allerdings auch andere Dateien wie z. B. PHP-Dateien oder TXT-Dateien, die nicht angezeigt werden sollen. Außerdem wollen Sie nicht nur eine Verlinkung zu den Bildern, sondern auch die Dateigröße sowie die letzte Aktualisierung anzeigen.

Lösung

Bei näherem Betrachten des Problems wird klar, dass die Lösung nur ein Schleifendurchlauf sein kann, der jede Datei auf ihre Endung überprüft und das Ergebnis ausgibt. Zum Glück steht uns hier wieder eine PHP-Funktion hilfreich zur Seite, die uns sehr viel Arbeit abnimmt. Wir durchlaufen zwar das Verzeichnis, lassen aber jede Datei durch die Funktion `glob()` überprüfen.

Wir müssen lediglich das Verzeichnis und die Dateiendung angeben, den Rest erledigt die Funktion. Findet sie eine Datei, erhalten Sie als Rückgabewert den Pfad zu der Datei. Somit haben wir direkt die korrekte Pfadangabe für die Darstellung.

Bitte beachten Sie, dass die Funktion `glob()` nicht mit entfernten Dateien auf einem anderen Server arbeiten kann. Die zu suchenden Dateien müssen sich auf dem gleichen Server befinden.

function listPicture($dir=".",$type="jpg")

@param	string	$dir
@param	string	$type
@return	array	$picture

Als Erstes übergeben wir unserer Funktion das Verzeichnis und die Dateiendung (`$pic = listPicture("bilder/","gif");`) für unsere Verzeichnisauflistung (**45**). Sollten Sie der Funktion leere Werte übergeben, wird das aktuelle Arbeitsverzeichnis nach der Dateiendung *jpg* durchsucht. Die Funktion `glob()` (**47**) durchläuft das komplette Verzeichnis und sucht nach der gesuchten Dateiendung – gibt es einen Treffer, so wird der Pfadname (**48**) inkl. Dateiname, der Dateigröße (**49**) (hier erfolgt schon die Umrechnung in KB) sowie des letzten Aktualisierungsdatums (**50**) der Datei in das Array `$picture` gespeichert. Ist das Verzeichnisende erreicht, wird mit `return` (**54**) das Array zurückgegeben.

```
45 function listPicture($dir = ".", $type = "jpg") {
46    $x = 0;
47    foreach (glob($dir . "*." . $type) as $filename) {
48       $picture[$x]['file'] = $filename;
49       $picture[$x]['size'] = filesize($filename) / 1024;
50       $picture[$x]['time'] = filemtime($filename);
51       $x++;
52    }
53
54    return $picture;
55 }
56
57 $pic = listPicture("bilder/", "gif");
```

Beispiel 7.1: imagesVerz.php

In `$pic` haben wir jetzt alle Bilder gespeichert, wir müssen lediglich den Inhalt korrekt auflisten. Aus diesem Grund durchlaufen wir das vollständige Array (**66**). Selbstverständlich hätten Sie das auch direkt in der Funktion `listPicture()` machen können, besser ist es jedoch, beide Aufgaben zu trennen. Jetzt müssen wir lediglich die Ausgabe korrekt darstellen, also einen Link (**72**) zu der Datei erstellen und das Datum (**74**) sowie die Dateigröße (**73**) formatieren.

```
66 for ($x = 0; $x < count($pic); $x++) {
67
68    $file = $pic[$x]['file'];
69    $size = number_format($pic[$x]['size'], 1, ',', '.');
70    $date = date("d.m.Y, H:i:s", $pic[$x]['time']);
71
72    echo '<a href="' . $file . '">' . $file . '</a>';
73    echo ' (Größe: ' . $size . ' KB - ';
74    echo 'Letzte Änderung: ' . $date . ')';
75    echo '<br><br>';
76
77 }
```

Beispiel 7.2: imagesVerz.php

Das Ergebnis unserer Bilderauflistung würde in unserem Fall folgendermaßen aussehen. Sie werden sicherlich die Darstellung anpassen – das ist auch gewünscht.

bilder/linux-penguin.gif (Größe: 191,4 KB – Letzte Änderung: 12.03.2006, 11:28:30)

bilder/linux.gif (Größe: 1,5 KB – Letzte Änderung: 12.03.2006, 11:28:20)

bilder/windows.gif (Größe: 1,9 KB – Letzte Änderung: 12.03.2006, 11:59:25)

7.3 Rekursive Verzeichnisauflistung – Bildergalerie, PDF-Dateien etc.

Systemvoraussetzung

- Linux
- Windows
- PHP 3
- PHP 4
- PHP 5

Datei(en)

`searchFiles.php`, `searchFiles.inc.php`

Problem

Sie haben ein Verzeichnis mit Unterverzeichnissen und wollen die Dateien in den jeweiligen Verzeichnissen nach Verzeichnisnamen katalogisiert auf Ihrer Website präsentieren. Leider befinden sich in manchen Verzeichnissen Dateiformate (z. B. *.txt, *.php), die Sie ausschließen möchten.

Sie wollen lediglich alle *.jpg und *.gif (z. B. Ihre Urlaubsfotos) auflisten. Vielleicht möchten Sie aber auch nur PDF-Dateien zum Download anbieten oder Ihre selbst erstellten MP3-Dateien.

Da Sie zukunftsorientiert sind und Ihre Website barrierefrei ist, sollte selbstverständlich die Ausgabe valide zu HTML 4.01 und CSS 2 sein. Natürlich erwarten Sie auch, dass Sie nur einzelne Verzeichnisse (also nicht rekursiv) darstellen können.

Es gibt bestimmte Seiten auf Ihrer Website, bei denen Sie als Überschrift der Kategorien den kompletten Verzeichnispfad angeben wollen, auf anderen aber nur das aktuelle Verzeichnis. Sie benötigen weiterhin das jeweilige Datum einer Datei (letzte Aktualisierung) sowie die Dateigröße.

Sie sehen, die Anforderungen steigen mit der Vielzahl der Wünsche, lassen sich aber dennoch programmiertechnisch einwandfrei lösen. In einem späteren Beispiel werden Sie sehen, wie man anstelle der Dateinamen kleine Thumbnails (Vorschaubilder) erstellt.

Lösung

Das nachfolgend beschriebene Programm durchläuft rekursiv (Verzeichnisse und Unterverzeichnisse) alle Verzeichnisse und sucht nach den Dateitypen, die Sie beim Programmstart angegeben haben. Findet es eine Datei, die zum Suchmuster passt, so speichert es den Verzeichnisnamen, den Dateinamen inkl. Pfad, das Datum der letzten Aktualisierung sowie die Dateigröße in einem mehrdimensionalen Array und setzt danach seine Suche fort.

Den größten Erfolg und Nutzen erzielen Sie, wenn Sie bereits im Vorfeld die Verzeichnisnamen und Dateinamen so benennen, das Sie für jedermann einsichtig und verständlich sind. Ziehen wir das Beispiel Urlaubsfotos heran, so könnte eine sinnvolle Lösung folgendermaßen aussehen. Sie haben einen Hauptordner, den Sie Urlaubsfotos oder Bilder nennen.

In diesem Ordner erstellen Sie weitere Unterordner für jedes einzelne Land (z. B. Thailand, Malediven, China). Sie können in diese Unterordner Ihre Bilder ablegen oder noch weitere Unterordner für die einzelnen Städte (z. B. Phuket oder Krabi Thailand) erstellen. Wenn Sie jetzt noch die Bilder mit aussagekräftigen Namen (z. B. Tauchen.jpg, Hotel.gif, Flughafen.jpg) ausstatten, erhalten Sie durch das Programm eine überaus flexible Lösung, um Ihre Urlaubserinnerungen auf Ihrer Website darzustellen.

```
|- Thailand
   |- Hotel.jpg
   |- Ausflug nach Krabi.jpg
   |- Unser Zimmer.jpg
   |- Krabi
      |- Hotel1.jpg
   |- Flughafen.JPG
   |- Unterwasser.gif
|- Malediven
   |- Ausflug.jpg
   |- Inselhopping.gif
   |- Tauchen.jpg
   |- Strand.jpg
```

Abbildung 7.1: Dateien finden

Beispiel

Das nachfolgend beschriebene Programm besteht aus zwei Dateien, searchFiles.inc.php und searchFiles.php. searchFiles.php enthält den eigentlichen HTML-Bereich mit unseren CSS-Definitionen und inkludiert die Datei searchFiles.inc.php, die den Programmcode mit den drei Funktionen `scan_dir()`,`buildArray()` und `buildSites()` beinhaltet.

Die Datei searchFiles.inc.php erzeugt keinen direkten HTML-Code, sondern liefert Ihnen als Rückgabewert einen aufbereiteten String mit dem Inhalt der Verzeichnisse, sodass Sie die String-Variable in Ihr eventuell bestehendes Templatesystem mühelos integrieren können.

Die zu inkludierende Datei wird folgendermaßen aufgerufen:

```
<?PHP
include_once("searchFiles.inc.php");
$fileTyp = array("jpg","gif");
$pictures = array();
$Bildergalerie = scan_dir("bilder/",$fileTyp,TRUE,FALSE,TRUE,$onlyDir, $pictures);
if($Bildergalerie == false)
{
 //echo 'Verzeichnis existiert nicht';
}
else{
 $ausgabe = buildSites($Bildergalerie);
 //print_r($Bildergalerie);
 echo $ausgabe;
}

?>

</body>
</html>
```

Beispiel 7.3: searchFiles.php

Nimmt man dieses Beispiel, so haben Sie jetzt in der String-Variable `$ausgabe` den Inhalt und können diesen mit `echo()` ausgeben.

function scan_dir($dir, $type=array(),$only=FALSE, $allFiles=FALSE, $recursive=TRUE, $onlyDir="", &$pictures)

@param	string	$dir
@param	array	$type
@param	bool	$only
@param	bool	$allFiles
@param	bool	$recursive
@param	string	$onlyDir
@param	array	$pictures
@return	mixed	

Die Funktion `scan_dir()` erwartet als Parameter das Verzeichnis (`$dir` - z. B. „Bilder/"), von dem aus gesucht werden soll, ein Array mit den Dateiendungen (`$type` – z. B. „jpg,gif") und die optionalen Parameter `$only` (`TRUE` – nur der Verzeichnisname wird angezeigt, ansonsten der komplette Pfad), `$allFiles` (`TRUE` – listet alle Dateien auf, egal welche Dateiendung) und `$recursive` (`FALSE` – durchsucht nur das angegebene Verzeichnis, nicht die Unterverzeichnisse).

Nach Aufruf von `scan_dir()` durchläuft die Funktion das aktuelle Verzeichnis **(144)**. Jedes Verzeichnis beginnt mit einem **.** (Punkt) und einem **..** (Punkt Punkt), die auch als „Dateien" eingelesen werden. Sollte unsere Funktion diese beiden Pseudodateien finden **(150)**, bricht sie den aktuellen Schleifendurchlauf **(149)** ab und fährt mit der nächsten Datei oder dem nächsten Verzeichnis fort.

Sollten Sie bei der Parameterangabe der Funktion **(142)** `$recursive=FALSE` gesetzt haben, so werden keine Unterverzeichnisse ausgelesen. Die Überprüfung **(154)** hierfür findet dann ebenfalls in dem Schleifendurchlauf statt. Findet die Funktion im aktuellen Verzeichnis ein weiteres Unterverzeichnis **(159)**, ruft sie sich mit dem Pfad zum Unterverzeichnis als Parameter erneut auf **(142)** und durchläuft dann das Unterverzeichnis.

Findet die Funktion eine Datei **(161)**, so überprüft Sie zuerst **(162)**, ob sie den Verzeichnisnamen oder den kompletten Pfad als Überschrift weiterleiten soll, bevor sie die Datei an die Funktion `buildArray()` **(164)** zur weiteren Bearbeitung übergibt. Als Rückgabewert der Funktion erhält sie ein Array mit den Dateiinformationen (Pfad, Datum, Größe). Wurden alle Verzeichnisse durchsucht, wird das komplett ausgefüllte Array an die aufzurufende Stelle zurückgeliefert **(170)**.

```
142 function scan_dir($dir, $type = array (), $only = FALSE, $allFiles = FALSE, 
     $recursive = TRUE, $onlyDir = "", & $pictures) {
143 
144   $handle = @ opendir($dir);
145 
146   if (!$handle)
147      return false;
148 
149   while ($file = @ readdir($handle)) {
150      if (eregi("^\.{1,2}$", $file)) {
151         continue;
152      }
153 
154      if (!$recursive && $dir != $dir . $file . "/") {
155         if (is_dir($dir . $file))
156            continue;
157      }
158 
159      if (is_dir($dir . $file)) {
160         scan_dir($dir . $file . "/", $type, $only, $allFiles, $recursive, 
            $file, $pictures);
161      } else {
162         if ($only)
```

```
163             $onlyDir = $dir;
164         $pictures = buildArray($dir, $file, $onlyDir, $type, $allFiles, ↩
            $pictures);
165         }
166     }
167
168     @ closedir($handle);
169
170     return $pictures;
171
172 }
```

Beispiel 7.4: searchFiles.inc.php

function buildArray($dir,$file,$onlyDir,$type,$allFiles,$pictures)

@param	string	$dir
@param	string	$file
@param	string	$onlyDir
@param	array	$type
@param	bool	$allFiles
@param	array	$pictures
@return	array	$pictures

Die Funktion `buildArray()` erhält von der Funktion `scan_dir()` jeweils eine gefundene Datei, die sie dann überprüft und gegebenenfalls in das Array `$pictures` mit aufnimmt. Im ersten Schritt überprüft **(104)** die Funktion, ob es sich um eine gültige Dateiendung (z. B. gif oder jpg) handelt (bei der Überprüfung wird keine Rücksicht auf Groß- und Kleinschreibung genommen).

Sollte die Überprüfung erfolgreich gewesen sein, wird diese Datei mit in das auszugebende Array aufgenommen. Wenn Sie bei dem Programmstart den Parameter `$allFiles` auf `TRUE` gesetzt haben, wird die vorherige Überprüfung außer Kraft gesetzt und die Datei beim letzten Sicherheitscheck **(108)** mit in das Verzeichnis aufgenommen, da Sie dann alle Dateien auflisten möchten.

Das Array wird jetzt mit dem Verzeichnisnamen **(112)**, dem kompletten Pfad **(113)**, den Dateinamen **(114)**, der Dateigröße **(115)** sowie dem Datum **(116)** der letzten Aktualisierung der Datei in das Array geschrieben. Da bei einer rekursiven Funktion das Ursprungsverzeichnis „verschluckt“ wird und somit nicht alleine, sondern nur als komplette Pfadangabe in einer Variablen verfügbar ist, findet hier **(109)** eine letzte Überprüfung statt.

Würde man dies nicht machen, könnte es passieren, dass bei Bildern, die im Ursprungsverzeichnis liegen, der Verzeichnisname bei der Ausgabe nicht sichtbar wäre. Wurden alle Angaben in das Array geschrieben, so gibt die Funktion `buildArray()` das Array wieder zurück **(119)** an die aufgerufene Funktion `scan_dir()`.

```
function buildArray($dir, $file, $onlyDir, $type, $allFiles, $pictures) {
   $typeFormat = FALSE;

   foreach ($type as $item) {
      if (strtolower($item) == substr(strtolower($file), -strlen($item)))
         $typeFormat = TRUE;
   }

   if ($allFiles || $typeFormat == TRUE) {
      if (empty ($onlyDir))
         $onlyDir = substr($dir, -strlen($dir), -1);

      $pictures[$dir]['name']['dir'] = $onlyDir;
      $pictures[$dir]['name']['path'] = $dir;
      $pictures[$dir][$file]['file'] = $file;
      $pictures[$dir][$file]['size'] = filesize($dir . $file) / 1024;
      $pictures[$dir][$file]['time'] = filemtime($dir . $file);
   }

   return $pictures;
}
```

Beispiel 7.5: searchFiles.inc.php

function buildSites($pictures)

@param	array	$pictures
@return	string	$ausgabe

Nachdem das Array durch die Funktionen `scan_dir()` und `buildArray()` gebildet wurde, müssen wir im letzten Schritt nur noch die Ausgabe für die Website vorbereiten. An dieser Stelle ist es Ihnen überlassen, ob Sie auf die bestehende Funktion zurückgreifen oder das Array an eine eigene Funktion übergeben.

In einem späteren Beispiel in diesem Buch werden wir dieses Array dafür nutzen, um die Ausgabe nicht als Text, sondern mit Vorschaubildern (Thumbnails) zu erstellen. Wie schon am Beginn dieses Beispiels erklärt wurde, ist die Ausgabe valide zu HTML 4.01 und CSS 2, somit eine Grundvoraussetzung für eine barrierefreie Darstellung.

Folgende CSS-Parameter werden beim Aufbau genutzt:

- <div id="navBar">
- <div id="sectionLinks">
- <h3>
- <ul>
- <li>

Sie können damit das Erscheinungsbild selbst beeinflussen, da die Werte über die CSS-Definitionen im Kopfbereich der Datei searchFiles.php definiert werden. Sie haben als Rückgabewert der Funktion `scan_dir()` das vollständige Abbild Ihrer Verzeichnissuche in Form eines Arrays erhalten.

Dieses Array wird im letzten Schritt an die Funktion `buildSites()` **(53)** übergeben, wo dann als Nächstes der interne Zeiger des Arrays auf sein erstes Element gesetzt wird.

Da unser Array mehrdimensional ist, und wir jedes Element durchlaufen müssen, sehen Sie nachfolgend eine verkürzte Ausgabe des Beispiel-Arrays.

```
Array
(
    [Bilder/Thailand/] => Array
        (
            [name] => Array
            (
                [dir] => Bilder/Thailand/
                [path] => Bilder/Thailand/
        )
            [Hotel.jpg] => Array
            (
                [file] => Hotel.jpg
                [size] => 14.587890625
                [time] => 1142254219
        )
            [Ausflug nach Krabi.jpg] => Array
            (
                [file] => Ausflug nach Krabi.jpg
                [size] => 14.7666015625
                [time] => 1142254220
             )
        )
)
```

Im äußeren Schleifendurchlauf **(58)** werden wir die einzelnen Verzeichnisnamen aus dem Array extrahieren **(59)**, bevor wir dann im inneren Schleifendurchgang das Array zerlegen, das wir zuvor aus `$array` **(58)** ziehen konnten.

Im inneren Schleifendurchgang müssen wir dann lediglich unser Array in seine Keys und Werte splitten **(61)**, wobei unser Wert (`$array1`) wiederum ein Array ist.

Die Auflistung der Dateien ist relativ simpel, wenn man sich den zuvor gezeigten Array-Ausschnitt ein wenig näher betrachtet. Zum Schluss werden die einzelnen Werte formatiert **(64-67)** und danach in die Variable `$ausgabe` **(69-71)** gespeichert. Wurde der innere und äußere Schleifendurchlauf komplett verarbeitet, so wird die Variable `$ausgabe` **(80)** an die aufgerufene Stelle zurückgegeben.

```
53 function buildSites($pictures) {
54    reset($pictures);
55
```

```
  $ausgabe .= '<div id="navBar">' . "\n";
  $ausgabe .= ' <div id="sectionLinks">' . "\n";
  foreach ($pictures as $key => $array) {
    $ausgabe .= '  <h3>' . $pictures[$key]['name']['dir'] . '</h3>' . "\n";
    $ausgabe .= '  <ul>' . "\n";
    foreach ($array as $key2 => $array1) {

      if (!empty ($pictures[$key][$key2]['file'])) {
        $size = number_format($pictures[$key][$key2]['size'], 1, ',', '.');
        $date = date("d.m.Y, H:i:s", $pictures[$key][$key2]['time']);
        $alt = 'Datum: ' . $date . ' / Größe: ' . $size . 'KB';
        $path = $pictures[$key]['name']['path'] . $pictures[$key][$key2]['file'];
        $ausgabe .= '    <li><a href="' . $path . '" target="_blank" title="' . $alt . '">';
        $ausgabe .= $pictures[$key][$key2]['file'];
        $ausgabe .= '</a></li>' . "\n";
      }

    }
    $ausgabe .= '  </ul>' . "\n";
  }

  $ausgabe .= ' </div>' . "\n";
  $ausgabe .= '</div>' . "\n";

  return $ausgabe;
}
```

Beispiel 7.6: searchFiles.inc.php

Unsere Auflistung des Verzeichnisses ist fertig! Anhand der beiden Bilder können Sie die Wirkungsweise für die Überschriften sehen – einmal den kompletten Pfad, das andere Mal nur den Verzeichnisnamen.

Sie finden auf der beiliegenden CD-ROM beide Dateien für dieses Beispiel, sofort einsetzbar. Wir verzichten hier auf die Darstellung der reinen HTML-Datei und ihrer CSS-Definitionen, da diese mehr als eine Seite füllen würde – wertvoller Platz, der für andere Beispiele besser genutzt werden kann.

Wie bereits im Vorfeld erwähnt, sehen Sie hier alles, um auch ohne diese HTML-Seiten arbeiten zu können, da die CSS-Definitionen von Ihnen kommen können und die Klassennamen am Anfang dieses Beispiels bereits erwähnt wurden.

Abbildung 7.2: Ausgabe im Browser: Dateien finden (mit CSS)

7.4 Speichergröße eines Verzeichnisses ermitteln

Systemvoraussetzung

- Linux
- Windows
- PHP 3
- PHP 4
- PHP 5

Datei(en)

`directory_size.php`

Problem

Sie möchten gerne wissen, wie viel Speicher Ihre Dateien in einem bestimmten Verzeichnis oder in allen Verzeichnissen verbrauchen? Das nachfolgende Beispiel erledigt diese Aufgabe. Sie können dabei nur ein Verzeichnis oder auch seine Unterverzeichnisse durchsuchen lassen.

Lösung

Im folgenden Beispiel werden wir ein Programm vorstellen, das entweder den Speicherverbrauch für ein einzelnes Verzeichnis auflistet oder rekursiv auch für die in dem angegebenen Verzeichnis befindlichen Unterverzeichnisse. Je nachdem, wie groß das Datenaufkommen ist, wird der Wert in Kilobyte oder Megabyte ausgegeben.

function dir_size($dir, &$size, $recursive=TRUE)

@param	string	$dir
@param	integer	&$size
@param	bool	$recursive
@return	bool	

Die Funktion `dir_size()` erwartet als Parameter das Verzeichnis (`$dir` - z. B. „Bilder/") von dem aus die Speichergröße ermittelt werden soll, die Variable `$size` als Referenz für die Speicherung der Gesamtgröße in Byte und `$recursive` (FALSE – durchsucht nur das angegebene Verzeichnis; TRUE durchsucht auch alle Unterverzeichnisse).

Nach Aufruf von `scan_dir()` durchläuft die Funktion das aktuelle Verzeichnis **(37)**. Jedes Verzeichnis beginnt mit einem **.** (Punkt) und einem **..** (Punkt Punkt), die auch als „Dateien" eingelesen werden.

Sollte unsere Funktion diese beide Pseudodateien finden **(43)**, so bricht sie den aktuellen Schleifendurchlauf **(42)** ab und fährt mit der nächsten Datei oder dem nächsten Verzeichnis fort.

Sollten Sie bei der Parameterangabe der Funktion **(35)** `$recursive=FALSE` gesetzt haben, werden keine Unterverzeichnisse ausgelesen. Die Überprüfung **(47)** hierfür findet dann ebenfalls in dem Schleifendurchlauf statt. Findet die Funktion im aktuellen Verzeichnis ein weiteres Unterverzeichnis **(52)**, ruft sie sich mit dem Pfad zum Unterverzeichnis als Parameter erneut auf **(35)** und durchläuft dann das Unterverzeichnis.

Findet die Funktion eine Datei **(54)**, so addiert **(55)** sie die Dateigröße zu unserem bisher ermittelten Wert (in Byte). Da wir die Variable `$size` als Referenz übergeben haben, müssen wir diese nicht explizit zurückgeben, da Sie außerhalb dieser Funktion bereits bekannt ist und den Wert vorliegen hat.

```
35 function dir_size($dir, & $size, $recursive = TRUE) {
36 
37    $handle = @ opendir($dir);
38 
39    if (!$handle)
40       return false;
41 
42    while ($file = @ readdir($handle)) {
43       if (eregi("^\.{1,2}$", $file)) {
44          continue;
45       }
46 
47       if (!$recursive && $dir != $dir . $file . "/") {
48          if (is_dir($dir . $file))
49             continue;
50       }
51 
52       if (is_dir($dir . $file)) {
53          dir_size($dir . $file . "/", $size, $recursive);
54       } else {
55          $size += filesize($dir . $file);
56       }
57    }
58 
59    @ closedir($handle);
60 
61 }
```

Beispiel 7.7: directory_size.php

function sizeMath($size)

@param	integer	$size
@return	integer	$size

Die Funktion `sizeMath()` erwartet als Parameter die Größe aller Dateien in Bytes. Wir rechnen in dieser Funktion lediglich die Werte für eine ansprechende Darstellung um. Bei dem übermittelten Wert handelt es sich um Byte, die wir entweder in Kilobyte oder Megabyte umrechnen wollen.

Sollte der Wert größer oder gleich 1 Million sein (**73**), handelt es sich bei der Ausgabe um Megabyte und wir formatieren die Ausgabe so, dass nur noch zwei Stellen hinter dem Komma angezeigt werden (**75**). War der Wert kleiner (**76**), formatieren wir ihn nach Kilobyte (**78**).

Zum Schluss müssen wir nur noch den formatierten Wert an die aufrufende Stelle zurückgeben (**81**).

```
71 function sizeMath($size) {
72
73     if ($size >= 1000000) {
74         $size = $size / 1000000;
75         $size = sprintf("%01.2f", $size) . ' MegaByte';
76     } else {
77         $size = $size / 1000;
78         $size = sprintf("%01.1f", $size) . ' KiloByte';
79     }
80
81     return $size;
82
83 }
```

Beispiel 7.8: directory_size.php

Der restliche Programmcode ist wieder sehr schnell erklärt. Wir setzen zuerst die Variable `$size` (**85**) auf den Wert 0 (Null), die wir innerhalb der Funktion als Referenz übergeben. Wir rufen im nächsten Schritt die Funktion `dir_size()` (**87**) für die Berechnung der Speichergröße auf und übergeben ihr das zu durchsuchende Verzeichnis, `$size` für die Speichergröße und den booleschen Wert „`TRUE`" oder „`FALSE`". Geben Sie „`TRUE`" an, werden auch alle Unterverzeichnisse mit durchsucht, ansonsten nur das aktuelle Verzeichnis.

Wir erhalten von dieser Funktion keinen Rückgabewert, da wir ja die Variable `$size` als Referenz übergeben haben und somit der Wert außerhalb der Funktion bereits mit der Größe vorliegt.

Wir müssen lediglich die Größe formatieren. Dafür geben wir den Wert in Byte an die Funktion `sizeMath()` (**89**) und erhalten als Rückgabewert entweder einen formatierten Wert in Kilobyte oder Megabyte.

```
$size = 0;

dir_size("bilder/", $size, TRUE);

$sizeD = sizeMath($size);

echo $sizeD;
```

Beispiel 7.9: directory_size.php

Ausgabe im Browser

```
476.2 Kilobyte
```

7.5 FlatFile Based Login System

Systemvoraussetzung

- Linux
- Windows
- PHP 3
- PHP 4
- PHP 5

Datei(en)

ffbl_beispiel_sichere_seite.php,
ffbl_beispiel_login_und_logout_seite.php,
Verzeichnisusers

Problem

Ohne Datenbanken geht heutzutage fast gar nichts mehr. Dennoch wollen auch Leute ohne Zugriff auf eine Datenbank eine Möglichkeit finden, gewisse Dinge zu erledigen. So wäre z. B. ein Loginsystem möglich, um einen weiteren Dateidownload zu kontrollieren. Denkbar wäre auch eine Sammlung von Dateien nur für eine bestimmte Person.

Lösung

Das nachfolgende Beispiel ist ein Lösungsansatz von Daniel Kressler. Daniel ist bei SELFPHP nicht mehr wegzudenken. Er hat hier eine Variante erstellt, die Gedankenanstöße geben soll, wie man das File-System nutzen kann.

Das „FlatFile Based Login System" bietet Usern, die keinen Zugriff auf eine Datenbank wie MySQL haben, die Möglichkeit, einen passwortgeschützten Bereich einzurichten.

Es gibt viele Möglichkeiten, wie man ohne Datenbank einen solchen Bereich realisieren kann, jedoch muss man bei einem dateibasierten System immer auf eines achten: die Geschwindigkeit, die hier eines der größten Probleme darstellt.

Wie könnte also ein dateibasiertes Login-Script aussehen, das auch mit Userzahlen jenseits der 10000 klarkommt? Man braucht für ein solches System eine wohl durchdachte Struktur, sie ist der Schlüssel zum Erfolg.

Da die Daten in einer Datei gespeichert werden und nicht in einer komfortablen Datenbank, könnte der Aufbau für eine solche Datei wie folgt aussehen:

- UserID
- UserName
- UserPasswort (MD5)
- UserGroupID

Dateiinhalt:

```
0
Daniel Kressler
e10adc3949ba59abbe56e057f20f883e
2
```

Der Dateiname setzt sich aus einem Teil oder zwei Teilen zusammen:

- Teil Username
- Optionale Dateiendung

Beispielsweise:

```
Daniel%20Kressler.txt
```

Für jeden User müsste eine solche Datei angelegt werden. Vor dem Anlegen der Datei muss eine entsprechende Überprüfung stattfinden, damit kein Username doppelt möglich ist. Mit einer derart strukturierten Datei hat man den großen Vorteil, dass im PHP-Code nicht eine Schleife gebraucht wird, und zwar weder für das Login noch für das Anlegen eines neuen Users.

Auf den Registierungsvorgang wird hier nicht näher eingegangen, da dieser mit einfachen Dateioperationen erledigt werden kann. Außerdem liegt der Sinn dieses Beitrags nur darin, eine Möglichkeit der dateibasierten Userverwaltung vorzustellen. Hier im Buch finden Sie bereits fertige Beispiele, um eine solche Datei zu erstellen bzw. den MD5-Hash zu bilden.

Warum wird keine Schleife benötigt?

Nachdem der User seine Daten (Username/Passwort) im Login-Formular eingegeben und dieses gesendet hat, kann man daraus ganz einfach den Dateinamen erstellen. Der Username wird vorsichtshalber mit `rawurlencode()` maskiert, so dass keine Konflikte mit dem Dateisystem selbst auftreten können, wegen eventuell ungültiger Zeichen im Dateinamen.

Nun kann man noch eine Dateiendung anhängen, was aber keine Pflicht ist. Sollte man die User-Dateien in einem Unterverzeichnis hosten – das bietet sich allein aus Übersichtsgründen an –, so muss der Pfad zu diesem Verzeichnis ebenfalls mit berücksichtigt werden. Der Dateiname wird an den Dateipfad angehängt. Der sich so ergebende String ist ideales Futter für die Funktion `file_exists()`.

Liefert `file_exists()` `FALSE` zurück, dann gibt es den User nicht oder der User hat sich bei der Eingabe verschrieben. Liefert `file_exists()` hingegen `TRUE` zurück, kann man die Datei öffnen und anhand des in der Datei gespeicherten MD5-Hashs diesen mit dem nach der Usereingabe (über das Formular) erstellten Hash vergleichen. Ergibt sich dabei eine Übereinstimmung, kann man alle weiteren Schritte einleiten, um den User einzuloggen.

Wir werden uns jetzt dem Programmcode widmen und uns anschauen, wie der ganze Mechanismus für diese Problemstellung eigentlich funktioniert.

Wir möchten bei diesem Programm nicht nur die Möglichkeit eines Logins geben, sondern auch die eines Logouts. Sollte sich ein bereits eingeloggter User wieder ausloggen wollen, werden alle Sessiondaten (**3-5**) gelöscht. Somit ist der Besucher ausgeloggt und vom System abgemeldet.

Wenn sich allerdings der Besucher einloggt, also seinen Usernamen und sein Passwort eingegeben hat, wird zuerst der mögliche Dateiname inkl. Pfad anhand des Usernamens zusammengesetzt (**13**). Da der Username eventuelle Leerzeichen beinhalten kann, wird er an dieser Stelle mit `rawurlencode()` kodiert. Nachfolgend sehen Sie eine mögliche Kombination aus Pfad und Dateiname.

```
./users/Daniel%20Kresslere.txt
```

Wir prüfen im nächsten Schritt, ob der erstelle Dateiname in unserem Ordner existiert (**15**). Wurde eine Datei gefunden, so können wir mit Sicherheit sagen, dass es den User gibt. Das nachfolgende Array mit den Benutzernamen (**18-20**) dient hier der Anschauung, also was z. B. mit diesem Programm noch angezeigt werden könnte.

Wir müssen allerdings erst überprüfen, ob der angemeldete User sein Passwort richtig eingegeben hat. Wir öffnen also seine Datei und lesen den Inhalt zeilenweise in ein Array ein (**22**).

Sollte das Passwort nicht mit dem Passwort aus der Datei übereinstimmen (**25**), laden wir die aktuelle Seite neu (**29**) und geben eine Fehlermeldung aus. Da wir das Passwort in der Datei verschlüsselt vorliegen haben, müssen wir selbstverständlich auch das gelieferte Passwort verschlüsseln und beide Werte miteinander vergleichen.

Wurde das Passwort richtig eingegeben, können wir die Daten aus der Datei in unsere jeweiligen Session-Daten speichern (**36-47**). Das Array mit den Userdaten enthält dabei folgende Werte:

- uid die User-ID
- uname der Username

- ugid die Usergroup-ID
- ug den Namen für die Usergroup (Zeile **18-20**)

Wir haben jetzt alle Informationen gesammelt und können nun die neue Seite (**49**) laden oder einen Download starten. An dieser Stelle ist es Ihnen erst einmal selbst überlassen, wie Sie weiter verfahren wollen.

```
1  <?php
2  if($_GET['action'] == 'logout'){
3      session_start();
4      session_unset();
5      session_destroy();
6  }
7
8  if(isset($_POST['login'])){
9
10     // Den Dateinamen zusammenbauen und dem Pfad anhaengen.
11     // Das Ergebnis koennte so aussehen:
12     // "./users/Daniel%20Kresslere.txt"
13     $filepath = './users/' . rawurlencode($_POST['username']) . '.txt';
14
15     if(file_exists($filepath)){
16
17     // Array mit Userguppen
18     $usergroups = array(0 => 'Normale User',
19                         1 => 'Mitwirkende',
20                         2 => 'Administratoren');
21
22         $userdata = file($filepath);
23
24         // $userdata[2] enthaelt den Passwort-Hash
25         if(trim($userdata[2]) != md5($_POST['password'])){
26
27             // Hier verweigern Sie den Zutritt.
28
29             header('location: ' . $_SERVER['PHP_SELF'] . '?error');
30
31             exit();
32         }
33
34         session_start();
35
36         // $userdata[0] enthaelt die User ID.
37         $_SESSION['uid'] = trim($userdata[0]);
38
39         // $userdata[1] enthaelt den Username.
40         $_SESSION['uname'] = trim($userdata[1]);
41
42         // $userdata[3] enthaelt die Usergroup ID.
43         $_SESSION['ugid'] = $userdata[3];
44
45         // Mit der Usergroup ID kann man das betreffende
46         // Element im Array "$usergroups" selektieren.
47         $_SESSION['ug'] = $usergroups[$userdata[3]];
48
49         header('location: ffbl_beispiel_sichere_seite.php?' . SID);
```

```
    }else{
        // Hier verweigern Sie den Zutritt ebenfalls.
        header('location: ' . $_SERVER['PHP_SELF'] . '?error');
    }
}else{
?>
```

Beispiel 7.10: ffbl_beispiel_login_und_logout_seite.php

Sie sehen hier den else-Zweig der vorangegangenen Programmcodes. Da er selbsterklärend ist und hauptsächlich aus HTML- und CSS-Definitionen besteht, jedoch hier nicht fehlen sollte, sollte dieser Teil keinerlei Probleme für Sie bereiten.

```
<!DOCTYPE html PUBLIC "-//W3C//DTD XHTML 1.1//EN"
     "http://www.w3.org/TR/xhtml11/DTD/xhtml11.dtd">
<html>
    <head>
        <title>
            FBL-System
        </title>
        <meta http-equiv="content-type"
            content="text/html; charset=ISO-8859-1" />
        <style type="text/css" media="screen">
            <!--
            table{
                font-family: arial, sans-serif;
            }
            .container{
                width: 100%;
                text-align: center;
            }
            .loginform{
                border-width: 10px;
                border-style: solid;
                border-color: #EEEEEE;
                background-color: #FFFFE0;
            }
            .vxhtml{
                border-width: 0px;
                height: 31px;
                width: 88px;
            }
            -->
        </style>
    </head>
    <body>
        <table class="container">
            <tr>
                <td>
                    <table cellpadding="0" cellspacing="0">
                        <tr>
```

```
                            <td>
                                FBL-System<br />
                                <br />
                            </td>
                        </tr>
                    </table>
<?php
// Im Falle einer Falschen Eingabe
if(isset($_GET['error'])){ ?>
                    <table cellpadding="0" cellspacing="0">
                        <tr>
                            <td>
                                Die eingegebenen Daten sind falsch!
                            </td>
                        </tr>
                    </table>
<?php } ?>
                    <form action="<?php echo $_SERVER['PHP_SELF']; ?>" method="post">
                        <table class="loginform" cellpadding="10" cellspacing="0">
                            <tr>
                                <td>
                                    Test Username:<br>
                                    Test Passwort:
                                </td>
                                <td>
                                    USER<br>
                                    TEST<br>
                                </td>
                            </tr>
                            <tr>
                                <td>
                                    Username: 
                                </td>
                                <td>
                                    <input type="text" name="username" size="20" />
                                </td>
                            </tr>
                            <tr>
                                <td>
                                    Passwort: 
                                </td>
                                <td>
                                    <input type="password" name="password" size="20" />
                                </td>
                            </tr>
                            <tr>
                                <td>
                                    <input type="submit" name="login" value="Login"/>
                                </td>
                            </tr>
                        </table>
                    </form>
```

```
                    <p>
                        <a href="http://validator.w3.org/check?uri=referer">
                            <img src="http://www.w3.org/Icons/valid-xhtml11"
                            alt="Valid XHTML 1.1!" class="vxhtml" /></a>
                    </p>
                </td>
            </tr>
        </table>
    </body>
</html>
<?php } ?>
```

Beispiel 7.11: ffbl_beispiel_login_und_logout_seite.php

Der nachfolgende Programmcode ist die Seite, die aufgerufen wird, wenn ein User sich richtig, also mit korrektem Usernamen und Passwort, angemeldet hat. Die Seite ist ebenfalls selbsterklärend, daher werden wir auch nur auf zwei Bereiche ein wenig näher eingehen.

Der eingeloggte User bekommt im Erfolgsfall eine Session-ID zugeteilt, die wir hier lediglich abfragen und, falls existent, als registrierten User sehen (**60**). Sie sollten an dieser Stelle allerdings noch einmal eine Überprüfung durchführen und sich nicht alleine auf die Session-ID verlassen!

Ein nochmaliges Einlesen der Datei mit Überprüfung des Passworts, das Sie auch als Session-Variable speichern könnten, wie Sie es aus dem vorangegangenen Beispiel kennen, wäre hier sinnvoll.

```
1 <?PHP
2 session_start();
3 ?>
4 <!DOCTYPE html PUBLIC "-//W3C//DTD XHTML 1.1//EN"
5      "http://www.w3.org/TR/xhtml11/DTD/xhtml11.dtd">
6 <html>
7     <head>
8         <title>
9             FBL-System
10        </title>
11        <meta http-equiv="content-type"
12            content="text/html; charset=ISO-8859-1" />
13
14        <style type="text/css" media="screen">
15            <!--
16            a:link{
17                color: #AA5522;
18                text-decoration: underline;
19            }
20            a:visited{
21                color: #772200;
22                text-decoration: underline;
23            }
24            a:active{
25                color: #000000;
```

```
                text-decoration: none;
            }
            table{
                font-family: arial, sans-serif;
            }
            .container{
                width: 100%;
                text-align: center;
            }
            .output{
                text-align: left;
                border-width: 10px;
                border-style: solid;
                border-color: #EEEEEE;
                background-color: #FFFFE0;
            }
            .vxhtml{
                border-width: 0px;
                height: 31px;
                width: 88px;
            }
            -->
        </style>
    </head>
    <body>
        <table class="container">
            <tr>
                <td>
                    <table class="output" cellpadding="0" cellspacing="0">
                        <tr>
                            <td>
<?php

// UserID vorhanden, dann Login
if(!empty($_SESSION['uid'])){ ?>
                                <br />
                                Willkommen im sicheren Bereich <?php echo $_SESSION['uname']; ?>!<br />
                                <br />
                                <br />
                                Deine Daten sind...<br />
                                <br />
                                User ID: <?php echo $_SESSION['uid']; ?><br />
                                Usergroup ID: <?php echo $_SESSION['ugid']; ?><br />
                                Groupname: <?php echo $_SESSION['ug']; ?><br />
                                <br />
                                <br />
                                <a href="ffbl_beispiel_login_und_logout_seite.php?action=logout&<?php echo SID; ?>">Logout</a><br />
                                <br />
<?php

```

```
// Keine UserId vorhanden? Dann:
// "Du kommst hier net rein!"
}else{ ?>
                                <br />
                                Du bist nicht eingeloggt!<br />
                                <br />
                                <a href="ffbl_beispiel_login_und_logout_seite.php">Login</a><br />
                                <br />
<?php } ?>
                            </td>
                        </tr>
                    </table>
                    <p>
                        <a href="http://validator.w3.org/check?uri=referer">
                            <img src="http://www.w3.org/Icons/valid-xhtml11"
                            alt="Valid XHTML 1.1!" class="vxhtml" />
                        </a>
                    </p>
                </td>
            </tr>
        </table>
    </body>
</html>
```

Beispiel 7.12: ffbl_beispiel_sichere_seite.php

Sie sollten allerdings das Verzeichnis `users` besonders schützen, indem Sie z. B. eine .htaccess-Datei erstellen und folgenden Code hineinschreiben. Somit kann nicht mehr auf Dateien mit der Endung .txt direkt zugegriffen werden.

```
<Files "*.txt">
Order allow,deny
Deny from all
</Files>
```

Eine weitere Möglichkeit des Schutzes ist das Programm „Passwortschutz für Verzeichnisse“, das Sie im Kapitel 12.1 auf Seite 272 finden.

7.6 Pfadangabe für inkludierte Dateien setzen

Systemvoraussetzung

- Linux
- Windows
- PHP 3
- PHP 4
- PHP 5

Datei(en)

include_files.php

Problem

Stellen Sie sich folgendes Szenario vor: Sie haben eine Datei DateiBuild.php in dem Ordner Verzeichnis2 und möchten aus dem Ordner Verzeichnis1 die Datei Datei1.php inkludieren:

```
|- www
        |-Verzeichnis1
                  Datei1.php
                  Datei2.php
                  Datei3.php
        |-Verzeichnis2
                  DateiBuild.php
```

Das Problem ist allerdings, das die Datei1.php selbst auch Datei2.php und Datei3.php inkludiert. Sobald aber Datei1.php von DateiBuild.php inkludiert wird, würde ein

```
include("Datei2.php");
```

innerhalb der Datei1.php zu einem Fehler führen, da der Pfad fehlerhaft ist. Er müsste theoretisch in diesem Fall folgendermaßen aussehen.

```
include("../Verzeichnis1/Datei2.php");
```

Wir werden Ihnen hier eine kleine Lösung für dieses Problem vorstellen.

Lösung

Die Lösung für dieses Problem liefert uns die Funktion `dirname(__FILE__)`. Sie liefert uns den kompletten Pfad zu sich selbst. Somit ist es möglich, die anderen Dateien ohne Fehler zu inkludieren.

Inhalt der Datei1.php

```
<?PHP
$verzeichnisInclude = dirname(__FILE__) . '/';
include_once($verzeichnisInclude . "Datei2.php");
include_once($verzeichnisInclude . "Datei3.php");
?>
```

Wie Sie sehen, müssen Sie lediglich jeweils den ausgelesenen Verzeichnispfad vor jede zu inkludierende Datei schreiben.

8 Komprimieren/Archivieren/Backups

Inhalt

8.1 Grundlegende Informationen

Die Sicherung von Dateien und ganzen Verzeichnissen sollte für Sie mindestens genauso wichtig sein wie Ihr Internetprojekt selbst. Über die Sicherung von Dateien, Verzeichnissen, Datenbanken oder E-mail-Postfächern machen sich viele erst dann Gedanken, wenn es zu spät ist. Dabei ist die Erstellung von komprimierten oder archivierten Dateien gerade am Shell-Prompt spielend einfach.

Allerdings ist es notwendig, dass Sie den Unterschied zwischen einer komprimierten und einer archivierten Datei kennen. Bei einer archivierten Datei handelt es sich um eine Ansammlung von Dateien und Verzeichnissen, die in die Archivdatei geschrieben wird.

Die Größe der Archivdatei entspricht dabei exakt der Größe aller in ihr gespeicherten Dateien. Bei einer komprimierten Datei werden im Gegensatz zu einer Archivdatei alle in ihr befindlichen Dateien komprimiert. Somit beansprucht diese komprimierte Datei weniger Platz als alle in ihr befindlichen Dateien.

Sie fragen sich jetzt sicherlich, wofür Sie dann eigentlich eine Archivdatei benötigen. Die Antwort ist recht simpel. Zuerst erstellen Sie eine Archivdatei (TAR) mit allen Dateien und Verzeichnissen, um sie dann letztendlich mit Gzip oder Bzip zu komprimieren.

Bevorzugt sollten Sie die Komprimierungstools Bzip2 und Gzip für die Komprimierung nutzen, da sie auf den meisten Unix-Betriebssystemen vorhanden sind. Wollen Sie hingegen die komprimierte Datei zu einem Windows-Betriebssystem übertragen, bietet sich hierfür das Komprimierungstool Zip an.

Achten Sie unbedingt immer darauf, dass Sie Befehle, die Sie über die Shell ausführen, mit `escapeshellcmd()` maskieren. Sie gehen ein sehr hohes Risiko ein, wenn Sie darauf verzichten, da dann willkürliche Befehle durch Benutzereingaben ausgeführt werden können. In dem hier dargestellten Beispiel wurde auf diesen Schutz verzichtet, da dem Skript keine Benutzereingaben übergeben werden.

Außerdem konnten dadurch einige Schritte eingespart werden. Das folgende Beispiel würde nicht funktionieren, wenn es zuvor mit `espaceshellcmd()` maskiert worden wäre:

```
$shellBefehl = "tar -cvf $tarName $implodeFiles && gzip $tarName";
exec($shellBefehl,$var);
```

Nach der Maskierung hätte unser Beispiel folgendermaßen ausgesehen:

```
$shellBefehl = "tar -cvf $tarName $implodeFiles \&\& gzip $tarName";
```

Dieses hätte zur Folge gehabt, dass zwar die Archivdatei erstellt worden wäre, aber keine komprimierte Datei. Sie hätten bei einer Maskierung mit `espaceshellcmd()` die beiden Befehle voneinander trennen müssen.

```
$shellBefehl   = "tar -cvf $tarName $implodeFiles";
$shellBefehl_1 = "gzip $tarName";
exec($shellBefehl,$var);
exec($shellBefehl_1,$var_1);
```

Eine Maskierung mittels `espaceshellcmd()` bei unserem Beispiel, in dem nur *.sql-Dateien komprimiert werden sollen, wird auch so nicht funktionieren:

```
$files[] = 'testordnerSQL/*.sql';
```

Nach der Maskierung wäre unser Sternchen(*) maskiert, und die Aufgabe könnte nicht erfüllt werden.

```
$files[] = 'testordnerSQL/\*.sql';
```

Sie sollten sich also bewusst sein, wann Sie etwas mit `espaceshellcmd()` maskieren und wann nicht. Ein Skript, das keine Benutzereingaben übernimmt und vielleicht hinter einen Verzeichnisschutz liegt (z. B. htaccess), ist relativ sicher. Auch erreicht man eine enorme Sicherheit, indem alle übergebenen Variablen überprüft werden.

Achten Sie im Vorfeld darauf, wie Sie den Pfad zu einer Datei oder zu einem Verzeichnis angeben – das Ergebnis wird je nachdem, wie Sie den Pfad setzen, ein anderes sein. Nehmen wir an, Ihr PHP-Skript zum Komprimieren der Dateien liegt im Verzeichnis

```
/home/user/htdocs/
```

und Sie möchten die Dateien und das Verzeichnis

```
/home/user/htdocs/datei1.txt
/home/user/htdocs/datei2.txt
/home/user/htdocs/datei3.txt
/home/user/htdocs/verzeichnis1
```

komprimieren. Wenn Sie den absoluten Pfad (/home/user/htdocs) vor den Datei- oder Verzeichnisnamen setzen, werden die Verzeichnisnamen und auch ihre Tiefe mit in die Archivdatei gespeichert. Je nachdem, was Sie mit der Archivierung bezwecken, sollten Sie entweder den absoluten oder relativen Pfad setzen.

Bei den folgenden Beispielen wurden insgesamt acht Dateien (reine Textdateien) und zwei Verzeichnisse komprimiert. Anhand der folgenden Tabelle 8.1 auf der nächsten Seite können Sie ablesen, wie weit jeweils die möglichen Methoden die Dateien komprimieren konnten. Gerade bei der Komprimierung von Textfiles bietet sich Bzip2 wegen der blockweisen Komprimierung an – anhand der Tabelle sehen Sie den enormen Unterschied zu den anderen Methoden.

Komprimierungstool	Ursprungsgröße aller Dateien	Komprimierungsgröße aller Dateien	%
Gzip	ca. 880 kb	30.55 kb	96.53
Bzip2	ca. 880 kb	9.53 kb	98.91
Zip	ca. 880 kb	29.70 kb	96.63

Tabelle 8.1: Unterschiedliche Komprimierungen

Zu den Beispielen in diesem Kapitel

Es kann passieren, dass nach Ausführen des Skripts keine Datei erstellt wurde. Dies liegt dann wahrscheinlich daran, dass die erforderlichen Rechte für das Verzeichnis in dem das Skript ausgeführt wurde, nicht richtig gesetzt sind und angepasst werden müssen. Sie müssen dann die Rechte für das Verzeichnis mit Ihrem FTP-Programm folgendermaßen neu setzen:

```
o+rwx
```

r Leserechte
w Schreibrechte
x Recht zum Ausführen

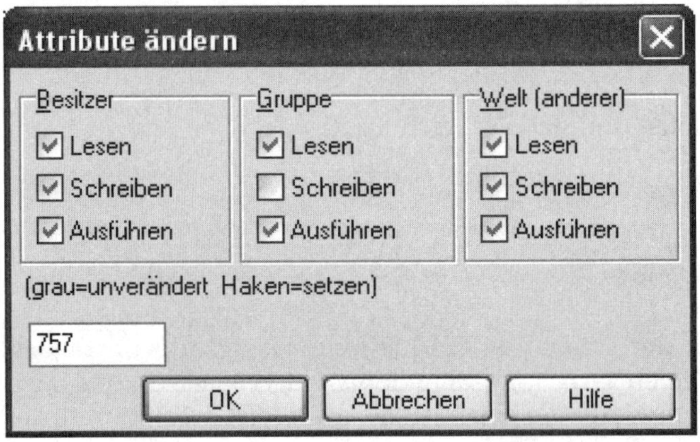

Abbildung 8.1: Rechte

8.2 Dateien und Verzeichnisse mit TAR/Gzip komprimieren

Systemvoraussetzung

- Linux
- PHP 3
- PHP 4
- PHP 5
- TAR
- GZIP

Datei(en)

`gzip.php`

Das Skript archiviert zuerst alle angegebenen Dateien und Verzeichnisse (rekursiv) mit TAR. Erst im zweiten Schritt wird die erzeugte Archivdatei mit Gzip komprimiert und die zuvor erstellte Archivdatei gelöscht. Zur besseren Darstellung wurde bei der Erzeugung des TAR-Archivs die Option „v" gesetzt. Somit wurde gewährleistet, dass die Funktion `exec()` ein Array mit allen archivierten Dateien zurückliefern konnte (siehe Ausgabe).

- -c Erstellt ein neues Archiv
- -f Erstellt eine Archivdatei

Hinweis

Sollte das Skript, nachdem Sie es ausgeführt haben, keine Backupdatei erzeugen, lesen Sie bitte den Text zu Verzeichnisrechten im einleitenden Teil „Grundlegende Informationen" in diesem Kapitel. Höchstwahrscheinlich wird es dann daran liegen, dass Sie nicht die erforderlichen Rechte für dieses Verzeichnis besitzen und diese erst vergeben müssen.

Dieses Beispiel wird neben den beiden Textdateien Testdatei1.txt und Testdatei2.txt das komplette Verzeichnis testordner/ incl. Unterverzeichnissen komprimieren. Weiterhin werden im testordnerSQL/ alle *.sql-Dateien archiviert und komprimiert. Sollten sich in diesem Verzeichnis weitere Unterverzeichnisse mit sql-Dateien befinden, werden diese nicht mit in die Archivdatei aufgenommen.

```
<?PHP
$files[] = 'Testdatei1.txt';
$files[] = 'Testdatei2.txt';
$files[] = 'testordner/';
$files[] = 'testordnerSQL/*.sql';
```

Die in unserem Array `$files` zu sichernden Dateien müssen durch ein Leerzeichen voneinander getrennt werden, damit der Befehl `tar` einwandfrei funktionieren kann. Wir sparen uns einen Schritt und trennen durch && den Archivbefehl `tar` vom Komprimierungsbefehl `gzip`. Wie wir in der Einleitung bereits erklärt haben, verzichten wir hier bewusst auf `espaceshellcmd()`. Zum Schluss führen wir unser Statement mit dem Befehl `exec()` aus und erhalten dank unseres Parameters `v` als Rückgabewert die gesicherten Dateinamen und Verzeichnisse.

```
$implodeFiles = implode(" ", $files);
$tarName = 'backup.tar';
$shellBefehl = "tar -cvf $tarName $implodeFiles && gzip $tarName";
exec($shellBefehl,$var);
print_r($var);
?>
```

Ausgabe im Browser

```
Array
(
    [0] => Testdatei1.txt
    [1] => Testdatei2.txt
    [2] => testordner/
    [3] => testordner/Testdatei4.txt
    [4] => testordner/Testdatei5.txt
    [5] => testordner/Testdatei6.txt
    [6] => testordnerSQL/selfphp_testfile.sql
    [7] => testordnerSQL/selfphp_testfile1.sql
    [8] => testordnerSQL/selfphp_testfile2.sql
)
```

8.3 Dateien und Verzeichnisse mit TAR/Gzip entpacken

Systemvoraussetzung

- Linux
- PHP 3
- PHP 4
- PHP 5
- TAR
- GZIP

Datei(en)

`gunzip.php`

Das Entpacken der zuvor erstellten komprimierten Archivdatei ist ebenso einfach wie das Erstellen. Auch hier wurde die Option „v" nur zur Darstellung genutzt, um als Rückgabewert der Funktion `exec()` ein Array mit den entpackten Dateien zu bekommen.

Liegen die Datei gunzip.php und die komprimierte Archivdatei in einem Verzeichnis, so werden alle Dateien und Verzeichnisse in denselben Ordner entpackt, in dem auch das PHP-Skript liegt. Anders verhält es sich, wenn Sie bei der Erstellung die absoluten Pfadangaben angegeben haben – die Dateien und Verzeichnisse werden dann in ihre ursprünglichen Verzeichnisse zurückkopiert.

Hinweis

Sollte das Skript, nachdem Sie es ausgeführt haben, keine Backupdatei erzeugen, so lesen Sie bitte den Text zu Verzeichnisrechten im einleitenden Teil „Grundlegende Informationen" in diesem Kapitel. Höchstwahrscheinlich wird es dann daran liegen, dass Sie nicht die erforderlichen Rechte für dieses Verzeichnis besitzen und diese erst vergeben müssen.

Sicherlich ist Ihnen aufgefallen, dass wir die komplette Backupdatei nur mit `tar` ansprechen und nicht noch einmal mit `gzip`. Das liegt daran, dass wir durch den Parameter „`-z`" das Archiv direkt durch `gzip` filtern.

Datei: gunzip.php

```
<?PHP
$dateiName    = 'Testdatei.tar.gz';
$shellBefehl = "tar -xzvf $dateiName";
$shellBefehl = escapeshellcmd($shellBefehl);
exec($shellBefehl,$nu);
print_r($nu);
?>
```

Ausgabe

```
Array
(
    [0] => Testdatei1.txt
    [1] => Testdatei2.txt
    [2] => Testdatei3.txt
    [3] => testordner/
    [4] => testordner/Testdatei1.txt
    [5] => testordner/Testdatei2.txt
    [6] => testordner/Testdatei3.txt
)
```

8.4 Dateien und Verzeichnisse mit Bzip2 komprimieren

Systemvoraussetzung

- Linux
- PHP 3
- PHP 4
- PHP 5
- TAR
- BZIP2

Datei(en)

`bzip2.php`

Das Skript archiviert zuerst alle angegebenen Dateien und Verzeichnisse (rekursiv) mit TAR. Erst im zweiten Schritt wird die erzeugte Archivdatei mit BZIP2 komprimiert und die zuvor erstellte Archivdatei gelöscht. Zur besseren Darstellung wurde bei der Erzeugung des TAR-Archivs die Option „v" gesetzt. Somit wurde gewährleistet, dass die Funktion `exec()` ein Array mit allen archivierten Dateien zurückliefern konnte (siehe Ausgabe).

- -c Erstellt ein neues Archiv
- -f Erstellt eine Archivdatei

Hinweis

Sollte das Skript, nachdem Sie es ausgeführt haben, keine Backupdatei erzeugen, lesen Sie bitte den Text zu Verzeichnisrechten im einleitenden Teil „Grundlegende Informationen" in diesem Kapitel. Höchstwahrscheinlich wird es dann daran liegen, dass Sie nicht die erforderlichen Rechte für dieses Verzeichnis besitzen und diese erst vergeben müssen.

Dieses Beispiel wird neben den beiden Textdateien Testdatei1.txt und Testdatei2.txt das komplette Verzeichnis testordner/ inkl. Unterverzeichnissen komprimieren. Weiterhin werden im testordnerSQL/ alle *.sql-Dateien archiviert und komprimiert. Sollten sich in diesem Verzeichnis weitere Unterverzeichnisse mit sql-Dateien befinden, werden diese nicht mit in die Archivdatei aufgenommen.

```
<?PHP
$files[] = 'Testdatei1.txt';
$files[] = 'Testdatei2.txt';
$files[] = 'testordner/';
$files[] = 'testordnerSQL/*.sql';
```

Die in unserem Array `$files` zu sichernden Dateien müssen durch ein Leerzeichen voneinander getrennt werden, damit der Befehl `tar` einwandfrei funktionieren kann. Wir sparen uns einen Schritt und trennen durch && den Archivbefehl `tar` vom Komprimierungsbefehl `bzip2`. Wie wir in der Einleitung bereits erklärt haben, verzichten wir hier bewusst auf `espaceshellcmd()`. Zum Schluss führen wir unser Statement mit dem Befehl `exec()` aus und erhalten dank unseres Parameters `v` als Rückgabewert die gesicherten Dateinamen und Verzeichnisse.

```
$implodeFiles = implode({" ", $files);
$tarName      = 'backup.tar';
$shellBefehl  = "tar -cvf $tarName $implodeFiles && bzip2 $tarName";
exec($shellBefehl,$var);
print_r($var);
?>
```

Ausgabe im Browser

```
Array
(
    [0] => Testdatei1.txt
    [1] => Testdatei2.txt
    [2] => testordner/
    [3] => testordner/Testdatei4.txt
    [4] => testordner/Testdatei5.txt
    [5] => testordner/Testdatei6.txt
    [6] => testordnerSQL/selfphp_testfile.sql
    [7] => testordnerSQL/selfphp_testfile1.sql
    [8] => testordnerSQL/selfphp_testfile2.sql
)
```

8.5 Dateien und Verzeichnisse mit Bzip2 entpacken

Systemvoraussetzung

- Linux
- PHP 3
- PHP 4
- PHP 5
- TAR
- BZIP2

Datei(en)

`bzip2unzip.php`

Das Entpacken der zuvor erstellten komprimierten Archivdatei ist ebenso einfach wie das Erstellen. Auch hier wurde die Option „`v`" nur zur Darstellung genutzt, um als Rückgabewert der Funktion `exec()` ein Array mit den entpackten Dateien zu bekommen.

Liegen die Datei bzip2unzip.php und die komprimierte Archivdatei in einem Verzeichnis, so werden alle Dateien und Verzeichnisse in denselben Ordner entpackt, in dem auch das PHP-Skript liegt. Anders verhält es sich, wenn Sie bei der Erstellung die absoluten Pfadangaben angegeben haben – die Dateien und Verzeichnisse werden dann in ihre ursprünglichen Verzeichnisse zurückkopiert.

Hinweis

Sollte das Skript, nachdem Sie es ausgeführt haben, keine Backupdatei erzeugen, lesen Sie bitte den Text zu Verzeichnisrechten im einleitenden Teil „Grundlegende Informationen" in diesem Kapitel. Höchstwahrscheinlich wird es dann daran liegen, dass Sie nicht die erforderlichen Rechte für dieses Verzeichnis besitzen und diese erst vergeben müssen.

Sicherlich ist Ihnen aufgefallen, dass wir die komplette Backupdatei nur mit `tar` ansprechen und nicht noch einmal mit `bzip2`. Das liegt daran, dass wir durch den Parameter „`-j`" das Archiv direkt durch `bzip2` filtern.

```
<?PHP
$dateiName   = 'backup.tar.bz2';
$shellBefehl = "tar -xjvf $dateiName";
$shellBefehl = escapeshellcmd($shellBefehl);
exec($shellBefehl,$nu);
print_r($nu);
?>
```

Ausgabe im Browser

```
Array
(
    [0] => Testdatei1.txt
    [1] => Testdatei2.txt
    [2] => testordner/
    [3] => testordner/Testdatei4.txt
    [4] => testordner/Testdatei5.txt
    [5] => testordner/Testdatei6.txt
    [6] => testordnerSQL/selfphp_testfile.sql
    [7] => testordnerSQL/selfphp_testfile1.sql
    [8] => testordnerSQL/selfphp_testfile2.sql
)
```

8.6 Dateien und Verzeichnisse mit ZIP komprimieren

Systemvoraussetzung

- Linux
- PHP 3
- PHP 4
- PHP 5
- ZIP

Datei(en)

zip.php

Das Skript komprimiert alle angegebenen Dateien und Verzeichnisse und speichert diese in einer Zip-Datei im gleichen Verzeichnis wie die PHP-Datei. Die erzeugte Zip-Datei eignet sich gerade für den Einsatz unter einem Windows-Betriebssystem.

Hinweis

Sollte das Skript, nachdem Sie es ausgeführt haben, keine Backupdatei erzeugen, lesen Sie bitte den Text zu Verzeichnisrechten im einleitenden Teil „Grundlegende Informationen“ in diesem Kapitel. Höchstwahrscheinlich wird es dann daran liegen, dass Sie nicht die erforderlichen Rechte für dieses Verzeichnis besitzen und diese erst vergeben müssen.

Dieses Beispiel wird neben den beiden Textdateien Testdatei1.txt und Testdatei2.txt das komplette Verzeichnis testordner/ incl. Unterverzeichnissen komprimieren. Weiterhin werden im testordnerSQL/ alle *.sql-Dateien archiviert und komprimiert. Sollten sich in diesem Verzeichnis weitere Unterverzeichnisse mit sql-Dateien befinden, so werden diese nicht mit in die Archivdatei aufgenommen.

```
<?PHP
$files[] = 'Testdatei1.txt';
$files[] = 'Testdatei2.txt';
$files[] = 'testordner/';
$files[] = 'testordnerSQL/*.sql';
?>
```

Die in unserem Array `$files` zu sichernden Dateien müssen durch ein Leerzeichen voneinander getrennt werden, damit der Befehl `zip` einwandfrei funktioniert. Wie wir in der Einleitung bereits erklärt haben, verzichten wir hier bewusst auf `espaceshellcmd()`. Zum Schluss führen wir unser Statement mit dem Befehl `exec()` aus und erhalten dank unseres Parameters `v` als Rückgabewert die gesicherten Dateinamen und Verzeichnisse inkl. prozentualer Angabe der Komprimierungsrate.

```
$implodeFiles = implode({" ", $files);
$tarName      = 'backup.zip';
$shellBefehl  = "zip -r $tarName $implodeFiles";
exec($shellBefehl,$var);
print_r($var);
?>
```

Ausgabe im Browser

```
Array
(
    [0] =>   adding: Testdatei1.txt (deflated 100%)
    [1] =>   adding: Testdatei2.txt (deflated 100%)
    [2] =>   adding: testordner/ (stored 0%)
    [3] =>   adding: testordner/Testdatei4.txt (deflated 100%)
    [4] =>   adding: testordner/Testdatei5.txt (deflated 100%)
    [5] =>   adding: testordner/Testdatei6.txt (deflated 100%)
    [6] =>   adding: testordnerSQL/selfphp_testfile.sql (deflated 88%)
    [7] =>   adding: testordnerSQL/selfphp_testfile1.sql (deflated 88%)
    [8] =>   adding: testordnerSQL/selfphp_testfile2.sql (deflated 88%)
)
```

8.7 Dateien und Verzeichnisse mit ZIP entpacken

Systemvoraussetzung

- Linux
- PHP 3
- PHP 4
- PHP 5
- ZIP

Datei(en)

`unzip.php`

Das Entpacken der zuvor erstellten komprimierten Zip-Datei ist ebenso einfach wie das Erstellen. Liegen die Datei unzip.php und die komprimierte Zip-Datei in einem Verzeichnis, so werden alle Dateien und Verzeichnisse in denselben Ordner entpackt, in dem auch das PHP-Skript liegt.

Anders verhält es sich, wenn Sie bei der Erstellung die absoluten Pfadangaben angegeben haben – die Dateien und Verzeichnisse werden dann in ihre ursprünglichen Verzeichnisse zurückkopiert.

Hinweis

Sollte das Skript, nachdem Sie es ausgeführt haben, keine Backupdatei erzeugen, lesen Sie bitte den Text zu Verzeichnisrechten im einleitenden Teil „Grundlegende Informationen“ in diesem Kapitel. Höchstwahrscheinlich wird es dann daran liegen, dass Sie nicht die erforderlichen Rechte für dieses Verzeichnis besitzen und diese erst vergeben müssen.

```
<?PHP
$tarName     = 'backup.zip';
$shellBefehl = "unzip $tarName";
$shellBefehl = escapeshellcmd($shellBefehl);
exec($shellBefehl,$nu);
print_r($nu);
?>
```

Ausgabe im Browser

```
Array
(
    [0] => Archive:  backup.zip
)
```

8.8 MySQL-Backup über die Shell

Systemvoraussetzung

- Linux
- PHP 4 >= 4.3.0
- PHP 5
- MySQL
- Sed (Stream-Editor)
- wahlweise ZIP
- BZIP2
- TARGZ

Datei(en)

`backupDB.php`

Problem

Sicherlich kennen Sie das Problem oder wurden in Ihrer Zeit als Programmierer das ein oder andere Mal mit dieser Situation konfrontiert: Man verlangt von Ihnen ein aktuelles Backup der MySQL-Datenbank, da sämtliche Datenbankinhalte weg sind. Jetzt ist guter Rat teuer, vor allem dann, wenn nur sehr selten oder unregelmäßig Backups der Datenbanken durchgeführt wurden.

Stellen Sie sich den möglichen finanziellen Schaden vor, der entstehen kann, wenn alle Daten unwiderruflich weg sind – das passiert schneller, als Ihnen lieb ist, und immer genau dann, wenn man es am wenigsten gebrauchen kann.

Hinweis

Sollte das Skript, nachdem Sie es ausgeführt haben, keine Backupdatei erzeugen, lesen Sie bitte den Text zu Verzeichnisrechten im einleitenden Teil „Grundlegende Informationen“ in diesem Kapitel. Höchstwahrscheinlich wird es dann daran liegen, dass Sie nicht die erforderlichen Rechte für dieses Verzeichnis besitzen und diese erst vergeben müssen.

Gewöhnen Sie sich an, regelmäßige Backups durchzuführen und diese nach Datum und Uhrzeit zu speichern. So werden Sie in der Lage sein, bestimmte Backups zu einem bestimmten Ereignis liefern zu können. Eine schöne Vorstellung, aber an der Umsetzung hapert es sehr oft – entweder wurden nie Backups erstellt oder das letzte Backup ist drei Monate alt.

Lösung

Das nachfolgende Beispiel realisiert ein MySQL-Backup Ihrer Datenbank über die Shell, komprimiert die Backupdatei wahlweise als ZIP, BZIP2 oder TARGZ und speichert die fertige Backupdatei mit einem Datum-/Zeitstempel auf Ihrem Server. Sie können diese Backupdatei weiterbearbeiten, z. B. per FTP auf einen entfernten Backup-Server spielen oder die Backupdatei per E-Mail versenden.

Zum Schutz bei einem späteren Einlesen der Backupdatei wird beim Erstellen des Backups eine Log-Datei angelegt, die eine Prüfsumme für eine Integritätsprüfung ermittelt und speichert. Vor dem Einlesen kann man nun überprüfen, ob es sich um die Original-Backupdatei handelt.

Konfiguration

Vervollständigen Sie die benötigten Parameter in der Konfiguration mit den Werten für Ihre MySQL-Datenbank. Sie sollten unbedingt für die Backup-Dateien ein eigenes Verzeichnis anlegen, damit nicht versehentlich andere gepackte Dateien mit gelöscht werden.

Die Integritätsprüfung der einzelnen Backupdateien benötigen Sie erst wieder beim Einlesen der Dateien in die Datenbank. Vielleicht möchten Sie ja die Backups auf einen entfernten FTP-Server speichern, diese dann bei Bedarf automatisch wieder holen und einlesen. Beim Einlesen wird dann überprüft, ob es sich um die Originaldatei handelt.

```
<?PHP
//Datenbank Hostname oder IP
$self_config['dbhost']          = 'localhost';
//Datenbank Username
$self_config['dbuser']          = 'dbo152878808';
//Datenbank Passwort
$self_config['dbpassword']      = 'kvUWmu4Y';
//Datenbank Name
$self_config['dbname']          = 'db152878808';
//ZIP-Format ('zip' , 'bzip2' , 'targz')
$self_config['zipformat']       = 'zip';
//Datei-Präfix der Backupdateien
$self_config['praefix']         = $self_config['dbname'];
// Backupverzeichnis
$self_config['dir']             = 'backup/';
// Alte Backups nach x Tagen löschen
// Löscht alle Backups, die älter als der angegebene Wert sind!
$self_config['delete']          = 14;
// Integritätsprüfung vornehmen? - TRUE / FALSE
// Wird beim spaeteren Einlesen der Backupdatei genutzt
$self_config['checkfile']       = TRUE;
// Name der Log-Datei für Integritätsprüfung
$self_config['logfile']         = 'logfile.log';
```

Beispiel 8.1: backupDB.php

Hier beginnt der eigentliche Programmcode. Sie sollten den Code nur dann ändern, wenn Sie wirklich wissen, was Sie tun. Sie sollten sich bewusst sein, dass der Programmcode nicht nur Löschfunktionen, sondern auch Shell-Befehle enthält. Sollten Sie diesem Programmcode Benutzereingaben übergeben, prüfen Sie diese genau, bevor diese Eingaben eventuell an die Shell mit übergeben werden und Schaden anrichten könnten!

```
$zip_format['zip']  = 'zip';
$zip_format['bzip2']= 'tar.bz2';
$zip_format['targz']= 'tar.gz';
```

Backupverzeichnis erstellen

Um das direkte Auslesen des Verzeichnisses zu verhindern, wird hier das Backupverzeichnis auf das Recht 700 gesetzt. Dieses stellt einen Schutz Ihrer Backupdateien dar.

```
if(!is\_dir(\$self\_config[{\textquotesingle}dir{\textquotesingle}]))
   mkdir($self_config['dir'], 0700);
```

Dateinamen bilden

Der Dateiname wird aus dem Datenbanknamen, gefolgt von dem aktuellen Datum und der Uhrzeit gebildet.

> Beispiel $dateiName: db152878808_2006-03-07_08-49-48.sql
>
> Beispiel $tarName: db152878808_2006-03-07_08-49-48.tar.bz2

```
$timeBackup    = date("Y-m-d_H-i-s");
$dateiName     = $self_config['dir'] . $self_config['praefix'] . '_' . ⤶
$timeBackup . '.sql';
$tarName       = $self_config['dir'] . $self_config['praefix'] . '_' . ⤶
$timeBackup;
$crcpraefix    = $self_config['praefix'] . '_' . $timeBackup . '.';
```

Überprüfung, ob Sed installiert ist

Hier findet lediglich eine Überprüfung statt, ob Sed auf Ihrem Server installiert ist. Sollte das nicht der Fall sein, so wird die Backupdatei mit Kommentarzeilen gespeichert. Da eine MySQL-Datei sehr groß werden kann, ist es ratsam, die Kommentarzeilen nicht über PHP entfernen zu lassen, sondern dies von einer geeigneten Serversoftware erledigen zu lassen.

```
$sedinstall = TRUE;
exec("whereis sed",$whereis);
if($whereis[0] == "sed:")
   $sedinstall = FALSE;
```

Backup der Datenbank

Führt das Backup der Datenbank aus. MySQL hat die Angewohnheit seine eigenen erstellten Kommentare in einem Dump beim Einlesen als Fehler zu interpretieren. Aus diesem Grund entfernen wir die Kommentare mit SED.

`sed "s/^--.*$//"`

Somit kann unser Backup wieder ohne Probleme eingelesen werden. Der Dump wird in das aktuelle Backupverzeichnis kopiert und nach dem Komprimiervorgang gelöscht.

> Z. B. als db152878808_2006-03-07_08-49-48.sql

Beispiel der Kommentarzeilen

```
-- MySQL dump 10.10
--
-- Host: localhost    Database: db152878808
-- ------------------------------------------------------
-- Server version4.0.25-standard
```

```
$mysqlDump   = 'mysqldump ';
$mysqlDump  .= $self_config['dbname'] . ' ';
$mysqlDump  .= '--host="' . $self_config['dbhost'] . '" ';
$mysqlDump  .= '--user="' . $self_config['dbuser'] . '" ';
$mysqlDump  .= '--password="' . $self_config['dbpassword'] . '" ';
if($sedinstall)
   $mysqlDump .= '| sed "s/^--.*$//" > ' . $dateiName;
else
   $mysqlDump .= '> ' . $dateiName;
exec($mysqlDump);
```

Backupdateien komprimieren

Man komprimiert die zuvor erstellte Dump-Datei (*.sql) und speichert diese in das in der Konfiguration angegebene Format (zip, bzip2 oder tar.gz).

- -j filtert das Archiv durch bzip2
- -z filtert das Archiv durch gzip
- -c erstellt ein neues Archiv

- -f erstellt eine Archivdatei

```
if($self_config['zipformat'] == "zip")
{
   $tarName    .= '.' . $zip_format[$self_config['zipformat']];
   $shellBefehl = "zip -r $tarName $dateiName";
   exec($shellBefehl);
}
   else if($self_config['zipformat'] == "bzip2")
{
   $tarName    .= '.' . $zip_format[$self_config['zipformat']];
   $shellBefehl = "tar -jcf $tarName $dateiName && bzip2 $tarName";
   exec($shellBefehl);
}
else
{
   $tarName    .= '.' . $zip_format[$self_config['zipformat']];
   $shellBefehl = "tar -zcf $tarName $dateiName && gzip $tarName";
   exec($shellBefehl);
}
```

Löscht man dann die zuvor erstellte nicht komprimierte Backupdatei (*.sql),

```
unlink($dateiName);
```

geht man das komplette Backupverzeichnis durch und löscht alle Backups, die älter als x Tage sind – der Wert für die Tage wird in der Konfiguration festgelegt.

```
$fileEnd = $zip_format[$self_config['zipformat']];
foreach($zip_format as $fileEnd)
{
   foreach (glob($self_config['dir']."*".$fileEnd) as $filename)
   {
      $fileDate = (time() - filectime($filename))/60/60/24;
   if ($fileDate > $self_config['delete'])
      unlink($filename);
   }
}
```

Die Integritätsprüfung erstellt anhand der komprimierten Backupdatei eine Prüfsumme (MD5-Code) und speichert den 32 Zeichen langen Hexadezimalwert in die Log-Datei. Vor dem Einlesen in die Datenbank kann anhand dieses Wertes geprüft werden, ob es sich um die Original-Backupdatei handelt.

Form der Backupdatei

```
db152878808_2006-03-07_08-49-48.tar.bz2|
11d63563dd055a9314f30b4f46893401

db152878808_2006-03-08_17-26-51.tar.bz2|
89d9d2a2103ea24885de8c3a639b40ec
```

```
if($self_config['checkfile'])
{
    $crc = md5_file($tarName);
    $crcString = $crcpraefix . $zip_format[$self_config['zipformat']] . '|' ⤸
    . $crc . "\n";
    $fp = fopen($self_config['logfile'],"a");
    fputs($fp,$crcString);
    fclose($fp);
}
?>
```

8.9 MySQL-Backup in Datenbank einspielen

Systemvoraussetzung

- Linux
- PHP 4 >= 4.3.0
- PHP 5
- MySQL
- Sed (Stream-Editor)
- wahlweise ZIP
- BZIP2
- TARGZ

Datei(en)

`backupImportDB.php`

Dieses Skript ist das Gegenstück zu dem zuvor gezeigten Beispiel eines Datenbank-Backups. Das Programm liest die von Ihnen erstellten und komprimierten Backups wieder zurück in die bestehende Datenbank. Bitte beachten Sie, dass bestehende gleiche Tabellen, die sich in der zu ersetzenden Datenbank befinden, überschrieben werden.

Hinweis

Sollte das Skript, nachdem Sie es ausgeführt haben, keine Backupdatei erzeugen, lesen Sie bitte den Text zu Verzeichnisrechten im einleitenden Teil „Grundlegende Informationen“ in diesem Kapitel. Höchstwahrscheinlich wird es dann daran liegen, dass Sie nicht die erforderlichen Rechte für dieses Verzeichnis besitzen und diese erst vergeben müssen.

Konfiguration

Vervollständigen Sie die benötigten Parameter in der Konfiguration mit den Werten für Ihre MySQL-Datenbank. Sollten Sie mit dem zuvor erklärten MySQL-Backup-Beispiel eine Integritätsprüfung beim Erstellen der Backups aktiviert haben, können Sie die einzulesende Backupdatei auf ihre „Herkunft" überprüfen. Anhand des MD5-Codes in der Log-Datei kann die einzulesende Backupdatei verglichen werden – wichtig ist hierbei allerdings, dass es sich um den Originalnamen der Datei handelt.

```
<?PHP
//Datenbank Hostname oder IP
$self_config['dbhost'] = 'localhost';
//Datenbank Username
$self_config['dbuser'] = 'dbo152878808';
//Datenbank Passwort
$self_config['dbpassword'] = 'kvUWmu4Y';
//Datenbank Name
$self_config['dbname'] = 'db152878808';
//ZIP-Format ('zip' , 'bzip2' , 'targz')
$self_config['zipformat'] = 'zip';
//Name der Backupdatei
$self_config['backupfile'] = 'db152878808_2006-03-10_16-53-42.zip';
// Backupdatei nach Import löschen? - TRUE / FALSE
$self_config['backupdelete'] = FALSE;
// Entpackte SQL-Datei nach Import löschen? - TRUE / FALSE
$self_config['sqlfiledelete'] = FALSE;
// Backupverzeichnis
$self_config['dir'] = 'backup/';
// Integritätsprüfung vornehmen? - TRUE / FALSE
// Wird beim Einlesen der Backupdatei in die Datenbank genutzt
$self_config['integritaet'] = TRUE;
// Name der Log-Datei für Integritätsprüfung
$self_config['logfile'] = 'logfile.log';
```

Hier beginnt der eigentliche Programmcode. Sie sollten den Code nur dann ändern, wenn Sie wirklich wissen, was Sie tun. Sie sollten sich bewusst sein, dass der Programmcode nicht nur Löschfunktionen, sondern auch Shell-Befehle enthält. Sollten Sie diesem Programmcode Benutzereingaben übergeben, so prüfen Sie diese genau, bevor die Eingaben eventuell an die Shell mit übergeben werden und Schaden anrichten!

```
$zip_format['zip']   = 'zip';
$zip_format['bzip2'] = 'tar.bz2';
$zip_format['targz'] = 'tar.gz';
$compressFile = $self_config['dir'] . $self_config['backupfile'];
$checkCompressFile = TRUE;
```

Integritätsprüfung

Sie überprüft anhand des Logfiles, ob es sich um die original erstellte Backupdatei handelt. Das soll gewährleisten, dass die einzulesende Datei nicht manipuliert oder beim Senden beschädigt wurde. Sollte es sich um die Originaldatei handeln, so wird `$checkCompressFile` auf `TRUE` gesetzt.

```
if($self_config['integritaet'])
{
   $checkCompressFile = FALSE;
   $handle = fopen ($self_config['logfile'],"r");
   while (($data = fgetcsv ($handle, 1000, "|")) !== FALSE)
   {
      if($data[0] == $self_config['backupfile'])
      {
         if(md5_file($compressFile) == rtrim($data[1]))
         $checkCompressFile = TRUE;
      }
   }
   fclose ($handle);
}
```

Backupdateien dekomprimieren

Dekomprimiert die zuvor erstellte Backupdatei in eine SQL-Datei und löscht danach, je nach Angabe in der Konfiguration, die komprimierte Backupdatei.

- -x entpackt die Datei
- -d dekomprimieren
- -c in die Standard Ausgabe schreiben

```
if($self_config['zipformat'] == "zip")
{
   $tarName     .= '.' . $zip_format[$self_config['zipformat']];
   $shellBefehl = "unzip -x $compressFile";
   exec($shellBefehl);
}
else if($self_config['zipformat'] == "bzip2")
{
   $shellBefehl = "bzip2 -cd $compressFile | tar -xf -";
   exec($shellBefehl);
}
else
{
   $tarName    .= '.' . $zip_format[$self_config['zipformat']];
   $shellBefehl = "gzip -cd $compressFile | tar -xf -";
   exec($shellBefehl);
}
$pattern = '/'.$zip_format[$self_config['zipformat']].'/';
$sqlFile = @preg_replace($pattern,"",$compressFile) . 'sql';
if($self_config['backupdelete'])
   @unlink($compressFile);
```

Backupimport der Datenbank

Führt den Backupimport aus und spielt den Inhalt zurück in die Datenbank. Je nach Angabe in der Konfigurationsdatei wird danach die *.sql-Datei gelöscht.

```
if(@file_exists($sqlFile) && $checkCompressFile == TRUE)
{
    $mysqlDump= 'mysql ';
    $mysqlDump.= '--host="' . $self_config['dbhost'] . '" ';
    $mysqlDump.= '--user="' . $self_config['dbuser'] . '" ';
    $mysqlDump.= '--password="' . $self_config['dbpassword'] . '" ';
    $mysqlDump.= $self_config['dbname'] . ' < ' . $sqlFile;
    exec($mysqlDump);
}
if($self_config['sqlfiledelete'])
    @unlink($sqlFile);
?>
```

9 Dies & Das

Inhalt

9.1 Eindeutige IDs erzeugen

Systemvoraussetzung

- Linux
- Windows
- PHP 3
- PHP 4
- PHP 5

Datei(en)

`uniqid.php`

Problem

Sie benötigen eine eindeutige ID, um z. B. Bilder oder Dateien zu speichern, die über ein Webformular gesendet wurden? Diese Variante bietet sich an, um Missbrauch vorzubeugen. Somit kann eine Datei, die über ein Formular gesendet wurde, nicht einfach aufgerufen werden, da sie ja nicht unter dem originalen Dateinamen, sondern unter der ID gespeichert wird.

Lösung

Mit `uniqid()` kann man eine eindeutige ID erstellen lassen. Dabei basiert die erstellte ID auf der aktuellen Zeit in Mikrosekunden. Der boolesche Parameter „`TRUE`" sorgt dafür, dass am Ende der ID ein zusätzlicher LCG-Wert angehängt wird, und somit die ID noch eindeutiger wird.

Zum Schluss wird zusätzlich aus der ID mit MD5 ein 32 Zeichen langer hexadezimaler Wert erzeugt. Diese ID sollte wirklich einmalig sein und sogar auf anderen Rechnern nicht mehr vorkommen können.

```
<?PHP
echo md5(uniqid(rand(), TRUE));
?>
```

Ausgabe im Browser

```
94b3031e72ec907d2b1432d893d5f25f
```

9.2 Metatags auslesen

Systemvoraussetzung

- Linux
- Windows
- PHP 3 >= 3.0.4
- PHP 4
- PHP 5

Datei(en)

`get_meta_tags.php`

Problem

Sie möchten die Metatags einer fremden Website oder einer Seite auf Ihrem Webserver auslesen und für weitere Vorgänge nutzen?

Lösung

Mit `get_meta_tags()` kann man sich alle Metatags aus einer Datei oder von einer URL in ein Array ausgeben lassen. Sie können dann wie gewohnt auf dieses Array zugreifen oder sich dieses einfach in einer foreach-Schleife ausgeben lassen.

```
<?PHP
$tags = get_meta_tags('http://www.selfphp.de/');
print_r($tags);
?>
```

Ausgabe im Browser

```
Array
(
    [description] => SELFPHP: Befehlsreferenz - Tutorial - Forum ...   ⤸
    f&uuml;r PHP Einsteiger und professionelle Entwickler
    [keywords] => SELFPHP, Befehlsreferenz, Praxisbuch, MySQL, Forum, ⤸
    Werbung, Start-Up
    [author] => Damir Enseleit, mail@selfphp.de
    [dc_contributer] => Damir Enseleit, mail@selfphp.de
    [dc_publisher] => Damir Enseleit, mail@selfphp.de
    [dc_date] => 2005-11-01T00:00:00+01:00
    [dc_identifier] => http://www.selfphp.de/index.php
    [dc_language] => de
    [dc_rights] => editorial/index.php
    [self_firstdate] => 2005-11-01T00:00:00+01:00
    [self_version] => 2
    [self_pagetype] => Ordner
    [self_path] => SELFPHP == index.php
    [robots] => all
)
```

9.3 Umrechnung Byte/Kilobyte/Megabyte – Byte/Kibibyte/Mebibyte

Systemvoraussetzung

- Linux
- Windows
- PHP 3
- PHP 4
- PHP 5

Datei(en)

`size_format.php`

Problem

Täglich sehen wir auf Webseiten Dateien zum Download, bei denen die Dateigröße nicht angegeben wird. Gerade diese Information ist für sehr viele Besucher wichtig und sollte auch neben jeder Datei stehen. Wie Sie die Größe einer Datei erhalten, sollte kein Problem darstellen – Sie nutzen ja dafür die Funktion `filesize()`.

Diese Größe erhalten Sie aber in Byte zurück. Für Sie ist das vielleicht eine Zahl, mit der Sie umgehen können, für viele Besucher ist sie aber nicht aussagekräftig genug. Sie sollten also die Größe jeweils in die entsprechende Darstellung formatieren.

Aber gerade hier entstehen schon die ersten Probleme. Nehme ich für meine Darstellung Kilobyte und Megabyte oder Kibibyte und Mebibyte, und wie ist eigentlich der Umrechnungsfaktor? Waren das jetzt 1000 oder 1024, und was gehört zu wem? 1000 zu Kibi oder 1000 zu Kilo?

Wie Sie sehen, gibt es einiges zu berücksichtigen. Es ist aber sehr wichtig welches Präfix (z. B. Kibi oder Kilo) Sie für Ihre Darstellung der Dateigröße nehmen. Je nachdem kommen unterschiedliche Größen heraus, und durch eine falsche Bezeichnung kann es passieren, dass es bei einer Rückrechnung mit einem korrekten Wert zu einer fehlerhaften Ausgabe kommt! Wir werden uns im Anschluss um dieses Problem kümmern. In Zukunft lassen Sie die Formatierung einfach durch die nachfolgende Funktion erledigen, da diese Ihnen die komplette Arbeit abnimmt.

Lösung

Zuerst sollten wir uns kurz die Begriffserklärung anschauen. Wir werden in diesem Buch nicht die komplette Bedeutung aufzeigen, sondern sie nur an einem Beispiel kurz erläutern.

Wir sprechen in der Informatik sehr oft von Bit und Byte, wenn es um Daten geht, also Speicherverbrauch, Übertragungsgeschwindigkeit oder z. B. Festplattengröße.

Wenn die Werte größer werden, rechnen wir sie um und fügen die Präfixe Kilo (kBit/kByte), Mega (MBit/MByte), Giga (GBit/GByte), Tera (TBit/TByte) etc. vor die Maßeinheit. Verwirrung entsteht, wenn man einen Wert angibt, dabei aber die falsche Maßeinheit benutzt.

Von Kilobyte bis Yottabyte

- 1 Kilobyte (kB) sind 1000 Byte (10^3 Byte)
- 1 Megabyte (MB) sind 1.000.000 Byte (10^6 Byte)
- 1 Gigabyte (GB) sind 1.000.000.000 Byte (10^9 Byte)
- 1 Terabyte (TB) sind 1.000.000.000.000 Byte (10^{12} Byte)
- 1 Petabyte (PB) sind 1.000.000.000.000.000 Byte (10^{15} Byte)
- 1 Exabyte (EB) sind 1.000.000.000.000.000.000 Byte (10^{18} Byte)
- 1 Zettabyte (ZB) sind 1.000.000.000.000.000.000.000 Byte (10^{21} Byte)
- 1 Yottabyte (YB) sind 1.000.000.000.000.000.000.000.000 Byte (10^{24} Byte)

Von Kibibyte bis Yobibyte

- 1 Kibibyte (KiB) sind 1024 Byte (2^{10} Byte)
- 1 Mebibyte (MiB) sind 1.048.576 Byte (2^{20} Byte)
- 1 Gibibyte (GiB) sind 1.073.741.824 Byte (2^{30} Byte)
- 1 Tebibyte (TiB) sind 1.099511628**E**+12 Byte (2^{40} Byte)
- 1 Pebibyte (PiB) sind 1.125899907 **E**+15 Byte (2^{50} Byte)
- 1 Exbibyte (EiB) sind 1.152921505 **E**+18 Byte (2^{60} Byte)
- 1 Zebibyte (ZiB) sind 1.180591621 **E**+21 Byte (2^{70} Byte)
- 1 Yobibyte (YiB) sind 1.20892582 **E**+24 Byte (2^{80} Byte)

Achtung: KB ist nicht gleich kB. Häufig wird zur Unterscheidung von Kilobyte und Kibibyte jeweils der erste Buchstabe anders geschrieben.

- kB = Kilobyte
- KB = Kibibyte

Wir wollen aber an dieser Stelle nicht weiter auf dieses Thema eingehen. Achten Sie jedenfalls darauf, dass Sie bei Berechnungen die richtige Einheit angeben. Gerade Festplattenhersteller nutzen sehr gerne den Umrechnungsfaktor 1000, da dadurch die gewonnene Zahl wesentlich größer wird und somit der Eindruck entsteht, dass es sich um eine Festplatte mit größerer Kapazität handelt. Diese Vorgehensweise ist nicht unüblich, man nutzt hier die Unwissenheit der Käufer aus!

function binary_multiples($size, $praefix=true, $short= true)

@param	integer	$size
@param	bool	$praefix
@param	bool	$short
@return	float	$size

Die Funktion `binary_multiples()` erwartet als Parameter die umzurechnende Größe in Byte, den auszugebenden Präfix als booleschen Wert (`TRUE` berechnet durch den Faktor 1000 [für z. B. kB], `FALSE` berechnet durch den Faktor 1024 [für z. B. KiB]) und als letzten Parameter die Schreibweise (`TRUE` = Kurzschreibweise und `FALSE` = Langschreibweise).

Je nachdem, welches Format Sie für die Ausgabe haben möchten, wird in den jeweiligen Zweigen verleitet. Wollen Sie z. B. Byte in Megabyte umrechnen, wird der erste Zweig (**39**) und danach der nächste Zweig (**45**) abgearbeitet. Als Umrechnungsfaktor dient dann die Zahl 1000.

Wollen Sie hingegen Byte in Mebibyte umrechnen, wird der äußere else-Zweig (**61**) abgearbeitet und anschließend der innere else-Zweig (**67**). Als Umrechnungsfaktor wird dann die Zahl 1024 herangezogen.

Das eigentliche Kernstück dieser Funktion ist allerdings die Berechnung. Da wir Byte in eine größere Maßeinheit umrechnen wollen, müssen wir den Bytewert so lange durch den Umrechnungsfaktor dividieren (**90**), bis letztendlich die richtige Maßeinheit gefunden wird. Wir sehen uns das anhand eines Beispiels genauer an.

Die Ausgangslage sind 1099511627776 Byte, und wir nehmen für die Berechnung den Umrechnungsfaktor 1024.

```
1099511627776 Bytes
1099511627776 / 1024 = 1073741823 Kibibyte
1073741823 / 1024    = 1048575.999 Mebibyte
1048575.999 / 1024   = 1023. 999999 Gibibyte
1023. 999999 / 1024  = 0.99 Tebibyte
```

Als Ergebnis haben wir also 0.99 Tebibyte. Da allerdings in unserem Beispiel Rundungsfehler enthalten sind, ist der tatsächliche Wert genau 1 Tebibyte.

Unsere WHILE-Schleife (**88**) läuft also so lange, bis der umgerechnete Wert kleiner als der Umrechnungsfaktor ist. Zusätzlich darf die Variable `$x` nicht größer sein als die Menge der Arrayinhalte von den jeweiligen Namen ($norm).

Bei jedem Schleifendurchlauf erhöhen (**91**) wir `$x`, sodass wir nachher direkt mit diesem Wert den jeweiligen Namen aus dem Array (**94**) nehmen können. Zusätzlich formatieren wir zum Schluss unseren gefundenen Wert (**94**) und kürzen ihn auf zwei Stellen. Wir müssen danach lediglich den formatierten Wert an die aufrufende Stelle zurückgeben (**96**).

```
36 function binary_multiples($size, $praefix=true, $short= true)
37 {
38
39  if($praefix === true)
40  {
41   if($short === true)
42   {
43    $norm = array('B', 'kB', 'MB', 'GB', 'TB', 'PB', 'EB', 'ZB', 'YB');
44   }
45   else
46   {
47    $norm = array('Byte',
48           'Kilobyte',
49           'Megabyte',
50           'Gigabyte',
51           'Terabyte',
52           'Petabyte',
53           'Exabyte',
54           'Zettabyte',
55           'Yottabyte'
56           );
57   }
58
59   $factor = 1000;
60  }
61  else
```

```
{
 if($short === true)
 {
  $norm = array('B', 'KiB', 'MiB', 'GiB', 'TiB', 'PiB', 'EiB', 'ZiB', 'YiB');
 }
 else
 {
  $norm = array('Byte',
         'Kibibyte',
         'Mebibyte',
         'Gibibyte',
         'Tebibyte',
         'Pebibyte',
         'Exbibyte',
         'Zebibyte',
         'Yobibyte'
         );
 }

 $factor = 1024;

}

$count = count($norm) -1;

$x = 0;
while ($size >= $factor && $x < $count)
{
 $size /= $factor;
 $x++;
}

 $size = sprintf("%01.2f", $size) . ' ' . $norm[$x];

 return $size;

}
```

Beispiel 9.1: size_format.php

Der folgende Programmcode muss nicht erklärt werden, sondern dient hier lediglich als Beispiel für unsere Ausgabe. Wir durchlaufen einfach ein Array mit einer Vielzahl von Byte-Werten und lassen uns diese formatiert ausgeben.

```
<pre>
<?php

$test = array(1024,
        1048576,
        1073741824,
        1099511627776,
        1125899906842624,
        1152921504606846976,
        1180591620717411303424,
        1208925819614629174706176
```

```
        );

echo "Kurzform\n";
echo "--------\n";
for($x=0;$x<count($test);$x++)
{
 echo binary_multiples($test[$x]) . "\n";
}
echo "\n";

echo "Langform\n";
echo "--------\n";
for($x=0;$x<count($test);$x++)
{
 echo binary_multiples($test[$x],true,false) . "\n";
}
echo "\n";

echo "Kurzform\n";
echo "--------\n";
for($x=0;$x<count($test);$x++)
{
 echo binary_multiples($test[$x],false) . "\n";
}
echo "\n";

echo "Langform\n";
echo "--------\n";
for($x=0;$x<count($test);$x++)
{
 echo binary_multiples($test[$x],false,false) . "\n";
}
echo "\n";

?>
</pre>
```

Beispiel 9.2: size_format.php

Ausgabe im Browser

```
Kurzform
--------
1.02 kB
1.05 MB
1.07 GB
1.10 TB
1.13 PB
1.15 EB
1.18 ZB
1.21 YB
Langform
--------
1.02 Kilobyte
```

```
1.05 Megabyte
1.07 Gigabyte
1.10 Terabyte
1.13 Petabyte
1.15 Exabyte
1.18 Zettabyte
1.21 Yottabyte
Kurzform
--------
1.00 KiB
1.00 MiB
1.00 GiB
1.00 TiB
1.00 PiB
1.00 EiB
1.00 ZiB
1.00 YiB
Langform
--------
1.00 Kibibyte
1.00 Mebibyte
1.00 Gibibyte
1.00 Tebibyte
1.00 Pebibyte
1.00 Exbibyte
1.00 Zebibyte
1.00 Yobibyte
```

Wie Sie sehen, haben Sie jetzt eine sehr schöne Funktion, um in Zukunft jeden Bytewert in einer anderen Darstellung zu präsentieren.

9.4 Vorschaubilder erstellen

Systemvoraussetzung

- Linux
- Windows
- PHP 4 >= 4.0.6
- PHP 5
- GD-Lib

Datei(en)

`create_thumb.php`

Problem

Gerade wenn Sie eine Webseite mit sehr vielen Bildern besitzen, sollten Sie darauf achten, dass Sie jeweils Vorschaubilder anzeigen und nicht die originalen Bilder. In der Regel schauen sich Ihre Besucher nicht alle Bilder an, müssen aber warten, bis alle Bilder geladen sind.

Je nach Größe Ihrer Bilder kann dieser Prozess eine Weile dauern. Nicht zu unterschätzen ist auch der entstehende Traffic, der zu Ihren Lasten geht.

Wir zeigen Ihnen in diesem Beispiel eine Lösung auf, wie Sie aus JPG-, PNG- und GIF-Bildern kleine Vorschaubilder erzeugen.

Lösung

Wir wollen hier zeigen, wie Sie aus einer großen Bilddatei ein Vorschaubild erstellen. Dabei achten wir darauf, dass die Proportionen beibehalten werden.

function resizePicture($file, $width, $height)

@param	string	$file
@param	integer	$width
@param	string	$height
@return	bool	

Die Funktion `resizePicture()` erwartet als Parameter die Bilddatei (`$file`), die maximal mögliche Bildbreite (`$width`) und die maximal mögliche Bildhöhe (`$height`). Im ersten Schritt überprüfen wir, ob die übergebene Datei existiert (**6**) und brechen die Funktion ab (**7**), falls dies nicht der Fall ist.

Wir schicken dann einen Header (**9**) zum Browser, sodass er die Information bekommt, dass im Anschluss ein JPG-Bild übertragen wird. Für unsere weiteren Berechnungen und Kontrollmechanismen benötigen wir noch Informationen über das bestehende Bild (**11**). Wir ermitteln also mit `getimagesize()` folgende Bildinformationen, die wir als Array erhalten.

- Breite des Bildes
- Höhe des Bildes
- Grafik-Typ - 1 = GIF, 2 = JPG, 3 = PNG, 4 = SWF
- HTML-Zeichenkette - "height=xx width=xx"

Wir fragen jetzt im nächsten Schritt ab, um welchen Dateityp es sich handelt.

```
3 function resizePicture($file, $width, $height)
4 {
5
6  if(!file_exists($file))
7   return false;
8
9  header('Content-type: image/jpeg');
10
11  $info = getimagesize($file);
12
13  if($info[2] == 1)
14  {
15   $image = imagecreatefromgif($file);
16  }
17  elseif($info[2] == 2)
18  {
19   $image = imagecreatefromjpeg($file);
20  }
21  elseif($info[2] == 3)
22  {
23   $image = imagecreatefrompng($file);
24  }
25  else
26  {
27    return false;
28  }
29
30  if ($width && ($info[0] < $info[1]))
31  {
32   $width = ($height / $info[1]) * $info[0];
33  }
34  else
35  {
36   $height = ($width / $info[0]) * $info[1];
37  }
38
39  $imagetc = imagecreatetruecolor($width, $height);
40
41  imagecopyresampled($imagetc, $image, 0, 0, 0, 0, $width, $height, $info[0], $info[1]);
42
```

```
imagejpeg($imagetc, null, 100);

}
```

Beispiel 9.3: create_thumb.php

Der eigentliche Aufruf für die Erzeugung der Bilder ist relativ simpel. Zunächst benötigen wir den Pfad zum Bild oder den Dateinamen (**47**), die maximale Bildbreite (**49**) sowie die maximale Bildhöhe (**50**). Mit all diesen Informationen können Sie die Funktion `resizePicture()` aufrufen (**52**) und das Bild erstellen lassen.

```
47 $file = 'vorschaubilder/Tux.png';
48
49 $width = 100;
50 $height = 50;
51
52 resizePicture($file, $width, $height);
```

Beispiel 9.4: create_thumb.php

Falls Sie das Programm über eine Website aufrufen und nicht einzeln, sollten Sie das Programm am besten folgendermaßen starten. So wird das Bild direkt als Vorschaubild in Ihre Webseite eingebunden.

```
<img src="create_thumb.php?file=Tux.png">
```

Sie müssen dann allerdings den Aufruf der Funktion folgendermaßen anpassen:

```
<?PHP
$width = 300;
$height = 200;
resizePicture($_GET['file'], $width, $height);
?>
```

Nachfolgend sehen Sie drei Bilder, die mit diesem Programmcode erzeugt wurden. Dabei kann davon ausgegangen werden, dass sogar bei dem kleinsten Bild die Qualität noch recht gut ist und es somit als Thumbnail herhalten kann.

Abbildung 9.1: Originalgröße: 685 x 476 Vorschaubildgröße: 100 x 69

Abbildung 9.2: Originalgröße: 685 x 476 Vorschaubildgröße: 200 x 138

Abbildung 9.3: Originalgröße: 685 x 476 Vorschaubildgröße: 300 x 208

10 CURL – Die Verbindung zur Außenwelt

Inhalt

10.1 Grundlegende Informationen

Wir wollen Ihnen in diesem Kapitel zeigen, wie Sie mit der Bibliothek libcurl mit anderen Servern in Verbindung treten. Dabei haben Sie bereits eine große Auswahl an verschiedenen Protokollen für die Verbindung zu den anderen Servern. Folgende Protokolle werden in dieser Bibliothek unterstützt:

- http
- https
- ftp
- gopher
- telnet
- dict
- file
- ldap

Darüber hinaus unterstützt diese Bibliothek folgende Methoden:

- HTTPS-Zertifikate
- HTTP POST
- HTTP PUT
- Upload von Dateien unter Benutzung von FTP
- HTTP-Uploads über Formulare
- Proxys
- Cookies
- Authentifikation mit Benutzername und Passwort

Um zu testen, ob auf Ihrem Server die CURL-Bibliothek installiert ist, erstellen Sie eine PHP-Datei mit folgendem Inhalt und rufen diese Datei im Browser auf.

```
<?PHP
phpinfo();
?>
```

Sollte die CURL-Bibliothek installiert sein, finden Sie auf der Seite einen Eintrag (siehe Abbildung 10.1 auf der nächsten Seite) in folgender Form (Versionen von libcurl können hier variieren):

Falls Sie als Testserver einen Windows-Rechner benutzen, müssen Sie die Dateien libeay32.dll und ssleay32.dll aus dem PHP-DLL-Verzeichnis in das system32-Verzeichnis von Windows kopieren. Weiterhin müssen Sie folgenden Eintrag in Ihrer php.ini-Datei auskommentieren.

curl

CURL support	enabled
CURL Information	libcurl/7.13.2 OpenSSL/0.9.6c zlib/1.2.1

Abbildung 10.1: curl

```
extension=php_curl.dll
```

Sie müssen danach lediglich noch Ihren Webserver neu starten und sehen dann in Ihrer phpinfo()-Ausgabe die zuvor gezeigte Ausgabe für die CURL-Installation.

Sie können sich jederzeit ein Array mit den aktuellen Informationen der letzten CURL-Anfrage zurückgeben lassen. Im Beispiel FTP-Upload mit CURL sehen Sie so ein Array. Dieses kann oft sehr nützlich sein, um sich eventuell bei einem Upload z. B. die durchschnittliche Übertragungsgeschwindigkeit anzeigen zu lassen.

Sie sehen nachfolgend ein Beispiel-Array und im Anschluss daran die Erklärung zu den einzelnen Feldern.

Inhalt des Arrays $info

```
Array
(
    [url] => ftp://ftp3782637:km63TgD@nureinbeispiel4.de:21/www/curlftp/ ↲
    pecl-5.1.2-Win32.zip
    [http_code] => 0
    [header_size] => 0
    [request_size] => 0
    [filetime] => -1
    [ssl_verify_result] => 0
    [redirect_count] => 0
    [total_time] => 0.79
    [namelookup_time] => 0
    [connect_time] => 0.011
    [pretransfer_time] => 0.126
    [size_upload] => 1708643
    [size_download] => 0
    [speed_download] => 0
    [speed_upload] => 2162839.2405063
    [download_content_length] => 0
    [upload_content_length] => 1708643
    [starttransfer_time] => 0.126
    [redirect_time] => 0
)
```

Bedeutung der Felder

CURLINFO_EFFECTIVE_URL
die letzte abgearbeitete URL

CURLINFO_HTTP_CODE
der letzte empfangene HTTP-Code

CURLINFO_FILETIME
die Zeit in Sekunden für den Empfang des Dokuments (-1, wenn die Zeit nicht bekannt ist)

CURLINFO_TOTAL_TIME
die Dauer der letzten Transferzeit in Sekunden

CURLINFO_NAMELOOKUP_TIME
die Zeit in Sekunden, um den Hostnamen aufzulösen

CURLINFO_CONNECT_TIME
die Zeit in Sekunden für den Verbindungsaufbau

CURLINFO_PRETRANSFER_TIME
die Zeit in Sekunden zwischen dem Start und dem Beginn des Empfangs

CURLINFO_STARTTRANSFER_TIME
die Zeit in Sekunden bis zur ersten Byte-Übertragung

CURLINFO_REDIRECT_TIME
die Zeit in Sekunden bis zum eigentlichen Transferbeginn

CURLINFO_SIZE_UPLOAD
die Anzahl der Byte bei einem Upload

CURLINFO_SIZE_DOWNLOAD
die Anzahl der Byte bei einem Download

CURLINFO_SPEED_DOWNLOAD
die durchschnittliche Download-Geschwindigkeit

CURLINFO_SPEED_UPLOAD
die durchschnittliche Upload-Geschwindigkeit

CURLINFO_HEADER_SIZE
die Gesamtgröße aller empfangenen Header

CURLINFO_REQUEST_SIZE
die Gesamtgröße aller Abfragen (momentan nur bei HTTP)

CURLINFO_SSL_VERIFYRESULT
das Ergebnis der SSL-Zertifikatsüberprüfung, erfordert das Setzen von `CURLOPT_SSL_VERIFYPEER`

CURLINFO_CONTENT_LENGTH_DOWNLOAD
holt das Content-Length-Feld aus dem HTTP-Header beim Download

CURLINFO_CONTENT_LENGTH_UPLOAD
die festgesetzte Größe bei einem Upload

CURLINFO_CONTENT_TYPE
holt das Content-Type-Feld aus dem HTTP-Header beim Download (NULL, Header wurde nicht gesendet)

10.2 Server oder Webseite auf Online/Offline testen

Systemvoraussetzung

- Linux
- Windows
- PHP 4 >= 4.0.3
- PHP 5
- CURL-Bibliothek

Datei(en)

`ping_site.php`, `formStyle.css`

Problem

Sie bieten ein Linkverzeichnis auf Ihrer Webseite an und müssen immer wieder einmal feststellen, dass URLs nicht erreichbar sind. Das ist sehr ärgerlich, denn Ihre Besucher verbinden dies oft mit dem Gedanken, dass Ihre Seite nicht aktuell ist und Sie sich nicht um den Inhalt kümmern.

Wer möchte schon gerne, dass irgendjemand so etwas über einen denkt? Natürlich niemand! Wir werden uns deshalb dieses Problems annehmen.

Lösung

Die Lösung besteht einfach darin, dass bei jedem Seitenaufruf alle Links zuerst getestet und nur angezeigt werden, wenn sie online sind. Aus diesem Grund speichern wir unsere Verbindungen in einem Array und prüfen diese dann nacheinander.

Je nach Ergebnis wird das Array um die Werte „`TRUE`" oder „`FALSE`" erweitert. Bei der späteren Ausgabe werden dann nur die Server verlinkt, die auch erreichbar waren. Zusätzlich wird ein farbiges Bild angezeigt, nicht erreichbare Webseiten erhalten ein graues Bild.

function pingSite($webserver)

@param array $webserver **@return** array $webserver

Die Funktion `pingSite()` erwartet als Parameter ein Array mit allen zu prüfenden Servern bzw. Webseiten. Im ersten Schritt durchlaufen wir das komplette Array (**36**) mit den verschiedenen zu prüfenden URLs. Wir initialisieren (**39**) anhand einer URL aus dem Array zuerst eine neue Session und setzen im nächsten Schritt einen Time-Out-Wert (**41**) für diese Verbindung fest.

Dieser Wert sorgt dafür, dass alle nachfolgenden CURL-Funktionen in dieser Zeit abgearbeitet werden müssen. Wird die Zeit überschritten, so endet die Verbindung. Sie können hier ruhig einen kleineren Wert einstellen, da die kommenden Aktionen nicht viel Zeit benötigen werden.

Da wir lediglich den Status der zu prüfenden Webseite abfragen wollen und uns die eventuelle Fehlermeldung nicht interessiert, setzen wir den Parameter (**43**) für die Fehlermeldungen auf 1. Sollten Sie die Fehlermeldungen allerdings benötigen, müssen Sie hier einen Wert von 0 (Null) eintragen. Sie erhalten dann jeweils im Fehlerfall, wenn der HTTP-Code größer ist als 300, einen Fehlertext geliefert.

Wir müssen jetzt noch den Transfermodus berücksichtigen. Die angepingte Webseite soll ja nicht in unserer Seite inkludiert, sondern nur abgefragt werden. Aus diesem Grund setzen wir den Parameter (**45**) für den Transfer auf 1. Wenn Sie hier eine 0 (Null) eingeben, wird neben Ihrer Seite auch die Seite des entfernten Hosts angezeigt!

Wir haben jetzt lediglich die Parameter gesetzt, müssen diese aber noch ausführen (**47**). Aus diesem Grund sollten alle Parameter vorher gesetzt werden, damit die initialisierte Session durch den Befehl `curl_exec()` (**47**) ausgeführt werden kann.

Sollte der Server oder die Webseite nicht erreichbar sein, erhalten wir als Rückgabewert entweder „TRUE“ (**53**) oder „FALSE“ (**49**). Wir speichern das Ergebnis „TRUE“ (**55**) oder „FALSE“ (**51**) in unser bestehendes Array, schließen die Verbindung (**58**) zum geprüften Server und geben das Array an unsere aufrufende Stelle zurück (**62**).

```
33 function pingSite($webserver)
34 {
35
36    foreach ($webserver as $key => $host)
37  {
38
39   $fp = curl_init($host['url']);
40
```

```
41     curl_setopt($fp,CURLOPT_TIMEOUT,10);
42
43     curl_setopt($fp,CURLOPT_FAILONERROR,1);
44
45     curl_setopt($fp,CURLOPT_RETURNTRANSFER,1);
46
47     curl_exec($fp);
48
49     if (curl_errno($fp) != 0)
50     {
51      $webserver[$key]['status'] = false;
52     }
53     else
54     {
55      $webserver[$key]['status'] = true;
56     }
57
58     curl_close($fp);
59
60   }
61
62   return $webserver;
63
64 }
```

Beispiel 10.1: ping_site.php

Nachfolgend sind nur noch ein paar Konfigurationsparameter zu setzen. Wir benötigen zum einen ein Bild für die Online-Variante (**66**), zum anderen ein Bild (**67**), falls der Server oder die Webseite nicht zu erreichen war.

Die eigentlichen zu prüfenden URLs brauchen Sie dann nur in das jeweilige Array eintragen (**69, 70**). Statt des Namens können Sie hier auch die URL angeben. Falls Ihre URLs aus einer Datenbank kommen, können Sie diese bequem über eine WHILE-Schleife in das Array eintragen lassen.

Wir müssen jetzt zur Überprüfung unser komplettes Array an die Funktion `pingSite()` übergeben (**81**). Als Rückgabewert erhalten wir das modifizierte Array mit den Statusergebnissen „TRUE“ oder „FALSE“.

Wir durchlaufen dann dieses Array (**92**) und fragen jeweils den Status ab (**94**). War die aktuelle Verbindung erfolgreich, also die Seite online, so springen wir in den else-Zweig (**100**), verlinken die URL und zeigen unser farbiges Bildsymbol an (siehe Ausgabe). War die Verbindung nicht erfolgreich (**94**), verlinken wir die URL nicht und zeigen zusätzlich ein graues Bildsymbol an.

```
66 $pictureOnline = 'sonne_1.pnp';
67 $pictureOffline = 'sonne_0.png';
68
69 $webserver[0]['name'] = 'SELFPHP';
70 $webserver[0]['url'] = 'http://www.selfphp.de';
71
72 $webserver[1]['name'] = 'SELFPHP Funktionsreferenz';
73 $webserver[1]['url'] = 'http://www.selfphp.de/funktionsreferenz/index.php';
74
```

```
$webserver[2]['name'] = 'SELFPHP Forum';
$webserver[2]['url'] = 'http://www.selfphp.de/forumXXL';

$webserver[3]['name'] = 'SELFPHP Download';
$webserver[3]['url'] = 'http://downloads.selfphp.de/?file=selfphp_3.0_.tar.gz';

$webserver = pingSite($webserver);
?>
<html>
<head>
<title>Downloads</title>
<meta http-equiv="Content-Type" content="text/html; charset=iso-8859-1">
<link href="formStyle.css" rel="stylesheet" type="text/css">
</head>

<body>
<?PHP
foreach ($webserver as $key => $host)
{
   if(!$host['status'])
   {
    echo '<img src="sonne_0.png"  align="absmiddle">  ';
    echo 'Name: ' . $host['name'] . ' ';
    echo '(Offline: ' . $host['url'] . ')<br><br>';
   }
   else
   {
    echo '<img src="sonne_1.png"  align="absmiddle">  ';
    echo '<a href="'.$host['url'].'" target="_blank">' . $host['name'] . '</a> ';
    echo '<br><br>';
   }
}

?>
</body>
</html>
```

Beispiel 10.2: ping_site.php

Wie Sie sehen, haben wir jetzt eine sehr schöne Darstellung unserer Downloadseite. Ihre Besucher werden es zu schätzen wissen und „klicken“ nicht mehr ins Leere, falls eine Seite nicht erreichbar ist.

Ausgabe im Browser

Leider können hier im Buch nur Graustufen angezeigt werden. Sollten Sie das Beispiel im Browser aufrufen, so wäre die dritte Grafik (offline und nicht verlinkt) in Graustufen, alle anderen Grafiken in Farbe dargestellt.

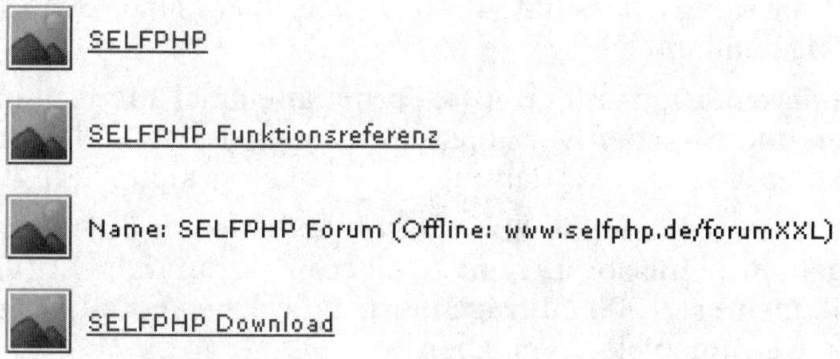

Abbildung 10.2: Ping-Seite

10.3 Webformulare automatisiert ausfüllen

Systemvoraussetzung

- Linux
- Windows
- PHP 4 >= 4.0.3
- PHP 5
- CURL-Bibliothek

Datei(en)

`curl_form.php`, `curl_formular.php`, `curlForm.sql`

Problem

Wir haben Ihnen in einem vorangegangenen Beispiel (Captcha) gezeigt, wie man den Unterschied zwischen einem Mensch und einer Maschine erkennt. Wir wollen Ihnen im Folgenden demonstrieren, wie jemand, ohne auf Ihrer Webseite gewesen zu sein, eines Ihrer Formulare beliebig oft ausfüllen kann.

Ein einziges Mal muss man dazu aber doch auf die Webseite, um sich den Quellcode des Formulars anzuschauen. Danach läuft aber alles automatisiert.

Lösung

Die Lösung hierfür ist sehr trivial. Wir müssen lediglich unser vorheriges Beispiel ein wenig modifizieren, und schon können wir uns überall eintragen.

Voraussetzung dafür ist allerdings, dass das entfernte Formular keinen Schutz wie zum Beispiel Captcha beinhaltet.

Alles, was wir machen müssen, ist, dass entfernte Formular einmal aufzurufen, den Quellcode zu öffnen und nach den Variablen zu schauen. Diese Variablen und die URL zum Formular ersetzen wir dann in unserem Programm. Fertig!

Bevor wir anfangen, den Programmcode zu erklären, möchte ich Ihnen ein paar Worte vorweg sagen. Bitte missbrauchen Sie dieses Programm nicht für illegale Zwecke, um z. B. mehrere 1000 Einträge in irgendwelchen Formularen wie Foren, Gästebücher, Gewinnspiele zu machen.

Sie wissen schließlich nicht, was auf der Gegenseite mitprotokolliert wird! Wenn man Ihre Verbindung zurückverfolgen kann, müssen Sie eventuell mit empfindlichen Strafen rechnen! Dieses Programm soll Schwachstellen in Ihren eigenen Formularen aufdecken, nicht Schwachstellen anderer Formulare!

Ich möchte Sie deshalb an dieser Stelle nochmals ausdrücklich darauf hinweisen, diesen Programmcode nur auf Ihre eigenen Formulare anzuwenden!

function curlStart($domain, $var)

@param	string	$domain
@param	string	$var
@return	bool	$send

Die Funktion `curlStart()` erwartet als Parameter zum einen die URL zum Formular und zum anderen die Variablen, die übermittelt werden sollen.

Wir initialisieren (**36**) anhand der URL zuerst eine neue Session und setzen im nächsten Schritt einen Time-Out-Wert (**38**) für diese Verbindung fest. Dieser Wert sorgt dafür, dass alle nachfolgenden CURL-Funktionen in dieser Zeit abgearbeitet werden müssen.

Wird die Zeit überschritten, so endet die Verbindung. Sie können hier ruhig einen kleineren Wert einstellen, da die kommenden Aktionen nicht viel Zeit benötigen.

Da wir lediglich die Variablen absetzen wollen und uns die eventuelle Fehlermeldung nicht interessiert, setzen wir den Parameter (**40**) für die Fehlermeldungen auf 1. Sollten Sie die Fehlermeldungen allerdings benötigen, müssen Sie hier einen Wert von 0 (Null) eintragen. Sie erhalten dann jeweils im Fehlerfall, wenn der HTTP-Code größer ist als 300, einen Fehlertext geliefert.

Wir müssen jetzt noch den Transfermodus berücksichtigen. Die angepingte Webseite soll ja nicht in unserer Seite inkludiert, sondern nur abgefragt werden. Aus diesem Grund setzen wir den Parameter (**42**) für den Transfer auf 1. Wenn Sie hier eine 0 (Null) eingeben, so wird neben Ihrer Seite auch die Seite des entfernten Hosts angezeigt!

Im nächsten Schritt überprüfen wir, ob der Funktion überhaupt eine Variable übermittelt wurde. Falls ja, so wird für die Übermittlung der Variablen die POST-Methode (**45**) und anschließend der String für die Übermittlung der Variablen gesetzt (**46**). Bei der Übermittlung per POST wird das Verfahren „application/x-www-form-urlencoded“ genutzt.

Wir haben jetzt lediglich die Parameter gesetzt, müssen diese aber noch ausführen (**49**). Aus diesem Grund sollten alle Parameter vorher gesetzt werden, damit die initialisierte Session durch den Befehl `curl_exec()` (**49**) ausgeführt werden kann.

Sollte der Server oder die Webseite nicht erreichbar sein, erhalten wir als Rückgabewert entweder „TRUE“ (**53**) oder „FALSE“ (**51**). Wir speichern das Ergebnis „TRUE“ (**54**) oder „FALSE“ (**52**) in eine Variable, schließen die Verbindung (**57**) zum Server und geben die Variable an unsere aufrufende Stelle zurück (**59**).

```
34 function curlStart($domain, $var = false) {
35
36    $fp = curl_init($domain);
37
38    curl_setopt($fp, CURLOPT_TIMEOUT, 10);
39
40    curl_setopt($fp, CURLOPT_FAILONERROR, 1);
41
42    curl_setopt($fp, CURLOPT_RETURNTRANSFER, 1);
43
44    if ($var != false) {
45       curl_setopt($fp, CURLOPT_POST, 1);
46       curl_setopt($fp, CURLOPT_POSTFIELDS, $var);
47    }
48
49    curl_exec($fp);
50
51    if (curl_errno($fp) != 0) {
52       $send = FALSE;
53    } else {
54       $send = TRUE;
55    }
56
57    curl_close($fp);
58
59    return $send;
60
61 }
```

Beispiel 10.3: curl_form.php

Der restliche Teil ist relativ simpel und schnell erklärt. Sie müssen im ersten Schritt die vollständige URL zum Formular angeben (**63**). Weiterhin benötigen wir noch die Variablen (**64**). Wenn Sie sich den unten stehenden HTML-Quellcode anschauen, so finden Sie dort zwei Variablen.

- vorname
- name

Um den Variablen einen Wert zuweisen zu können, müssen Sie ein Gleichheitszeichen setzen:

```
vorname=Damir
name=Enseleit
```

Da wir aber nur ein String benötigen, müssen wir die einzelnen Variablen voneinander trennen. Hierfür dient ebenfalls die GET-Schreibweise, und wir trennen diese mit dem kaufmännischen UND (&).

Hier im Beispiel haben wir dann 50-mal den Aufruf unserer Funktion durchgeführt (**67**). Innerhalb von ein paar wenigen Sekunden wurden 50 Einträge in der Datenbank gespeichert.

```
63 $formURL = 'http://www.nureinbeispiel4.de/curl_formular.php';
64 $var = 'vorname=Damir&name=Enseleit';
65
66 for ($x = 0; $x < 50; $x++) {
67    $send = curlStart($formURL, $var);
68 }
```

Beispiel 10.4: curl_form.php

Wie bereits erwähnt, benötigen Sie nur die Formularnamen und die URL zu dem Formular. Der nachstehende Quellcode der HTML-Seite dient dabei der Veranschaulichung.

Quellcode der fremden Formular-Seite

```
<html>
<head>
<title>Webformulare automatisiert ausfüllen lassen</title>
<meta http-equiv="Content-Type" content="text/html; charset=iso-8859-1">
<link href="formStyle.css" rel="stylesheet" type="text/css">
</head>

<body>
<form name="form1" method="post" action="curl_formular.php">
<table width="100%" border="0" cellspacing="0" class="table">
  <tr>
    <td width="7%">Vorname</td>
    <td width="93%">
      <input name="vorname" type="text" class="inputField" value="<?PHP echo $_POST['vorname']; ?>">
    </td>
  </tr>
  <tr>
    <td>Name</td>
    <td><input name="name" type="text" class="inputField" value="<?PHP echo $_POST['name']; ?>"></td>
```

```
  </tr>
  <tr>
    <td> </td>
    <td><input name="Submit" type="submit" class="button" value="Abschicken
    "></td>
  </tr>
</table>
</form>
</body>
</html>
```

Beispiel 10.5: curl_formular.php

10.4 Benutzer-/Passwort-Authentifikation mit CURL

Systemvoraussetzung

- Linux
- Windows
- PHP 4 >= 4.0.3
- PHP 5
- curl-Bibliothek

Datei(en)

`curl_auth.php`

Problem

Sie haben bereits im vorangegangenen Beispiel gesehen, wie Sie ein Formular mittels CURL-Funktionen automatisiert ausführen. Was ist aber, wenn dieses Formular hinter einem passwortgeschützten Bereich liegt?

Wir werden in diesem Beispiel aufzeigen, wie Sie wiederum mit den CURL-Funktionen dieses kleine Problem lösen.

Lösung

Wir nehmen unsere bereits bekannte Funktion aus dem vorherigen Beispiel und erweitern sie für die Aufnahme eines Usernamens und eines Passworts für ein geschütztes Verzeichnis. Da wir bereits im vorherigen Kapitel den Programmcode beschrieben haben, werden wir hier nur die Neuerungen erklären.

function curlStart($domain, $var)

@param	string	$domain
@param	string	$var
@param	string	$user
@param	string	$pass
@return	bool	$send

Der Funktion `curlStart()` werden zwei zusätzlich Variablen übermittelt, damit die CURL- Funktionen diese an die aufrufende Seite übermitteln können. Wir überprüfen innerhalb der Funktion, ob ein Username und Passwort übermittelt wurden (**44**). Falls ja, so setzen wir die weitere Option `CURLOPT_USERPASSWD` (**45**) und können jetzt die Abfrage senden.

```
34 function curlStart($domain, $var = false, $user = false, $pass = false) {
35
36    $fp = curl_init($domain);
37
38    curl_setopt($fp, CURLOPT_TIMEOUT, 10);
39
40    curl_setopt($fp, CURLOPT_FAILONERROR, 1);
41
42    curl_setopt($fp, CURLOPT_RETURNTRANSFER, 1);
43
44    if ($user != false || $pass != false) {
45       curl_setopt($fp, CURLOPT_USERPWD, $user . ":" . $pass);
46    }
47
48    if ($var != false) {
49       curl_setopt($fp, CURLOPT_POST, 1);
50       curl_setopt($fp, CURLOPT_POSTFIELDS, $var);
51    }
52
53    curl_exec($fp);
54
55    if (curl_errno($fp) != 0) {
56       $send = FALSE;
57    } else {
58       $send = TRUE;
59    }
60
61    curl_close($fp);
62
63    return $send;
64
65 }
```

Beispiel 10.6: curl_auth.php

Wir haben hier als Beispiel den Programmcode des vorangegangenen Beispiels herangezogen. So wäre es z. B. auch möglich, verschiedene Seiten mit unterschiedlichen Zugangsdaten anzusteuern. Sie müssen lediglich den Usernamen und das Passwort für jede Abfrage übermitteln.

```
$formURL = 'http://www.nureinbeispiel4.de/curl_formular.php';
$var = 'vorname=Damir&name=Enseleit';
$user = 'Damir';
$passwd = 'Enseleit';

for ($x = 0; $x < 50; $x++) {
   $send = curlStart($formURL, $var, $user, $passwd);

}
```

Beispiel 10.7: curl_auth.php

10.5 FTP-Upload mit CURL

Systemvoraussetzung

- Linux
- Windows
- PHP 4 >= 4.0.3
- PHP 5
- CURL-Bibliothek

Datei(en)

`curl_upload.php`

Problem

Sie haben bereits in einem vorangegangenen Kapitel gesehen, wie Sie ein Backup Ihrer Datenbank oder von Dateien in Ihrem Webordner erstellen können. Sicherlich möchten Sie aber diese Backups nicht auf dem gleichen Server speichern, sondern auf einem entfernten Backup-Server.

Die Frage ist nur, wie man die Backupdatei auf dem anderen Server sichert. Das nachfolgende Beispiel erledigt genau diese Aufgabe. Sie können also beide Programme kombinieren und erhalten dadurch eine vollständige Backup-Lösung.

Lösung

Wir werden in unserem Beispiel ein Backup (Upload) einer Datei auf einen anderen Server realisieren. Der Kapitelbezeichnung CURL gemäß werden wir dabei ausschließlich die CURL-Funktionen nutzen.

Hier im Beispiel geht es zunächst nur um die Realisierung des Uploads und seiner Ausgaben. In einem späteren Beispiel werden Sie sehen, wie eine Komplettlösung aussehen könnte, also Upload, Download und Speicherung der Info-Daten in einer Datenbank.

function curlUpload($ftp, $ftpFile)

@param	array	$ftp
@param	string	$ftpFile
@return	array	$info

Die Funktion `curlUpload()` erwartet als Parameter zum einen ein Array mit den Verbindungswerten (Host, Pfad, neuer Dateiname, FTP-Benutzername, FTP-Passwort) und zum anderen die Datei, die per Upload auf den anderen Server kopiert werden soll.

Zuerst öffnen (**35**) wir die Datei, die wir später auf den anderen Server kopieren werden. Die übermittelten Verbindungswerte aus unserem Array müssen wir im Anschluss daran zu einem Verbindungsstring zusammenfügen (**36**). Der Aufbau dieses Strings unterliegt einer Norm, die eingehalten werden muss.

```
ftp://BENUTZERNAME:PASSWORT@HOST:PORT/DateiMitPfadangabe
```

Nachfolgend sehen Sie ein Beispiel für den zusammengesetzten String.

```
ftp://ftp3782637:km63TgD@nureinbeispiel4.de:21/www/curlftp/pecl-
5.1.2-Win32.zip
```

Bei der Pfadangabe ist eines zu beachten. Die Pfadangabe beginnt in Ihrem Document-Root (wie bei Ihrem FTP-Programm auch). Sollte also Ihre Webpräsenz im Ordner

```
/kunden/27356282/www/htdocs
```

liegen, und Sie möchten die Datei meinBackup.zip in dem Ordner

```
/kunden/27356282/www/htdocs/backups
```

speichern, so müssen Sie folgende Pfadangabe benutzen:

```
/backups/meinBackup.zip
```

Wir initialisieren wieder unsere CURL-Session (**38**) und setzen anhand des Handle im weiteren Verlauf die Parameter (**40-44**) für die Verbindung. Zuerst setzen wir den Parameter (**40**) mit unserer URL, um überhaupt eine Verbindung zu dem entfernten Server zu erhalten. Da wir ja einen Upload durchführen wollen und keine Seite abfragen, müssen wir den Transfermodus (**41**) für diese Verbindung deaktivieren (ungleich 0 setzen).

Im nächsten Schritt bereiten wir PHP darauf vor (**42**), dass es sich bei dieser Verbindung um einen Upload handelt, um im nächsten Schritt (**43**) die Datei für den Upload zu übergeben. Der letzte zu setzende Parameter bestimmt die Dateigröße der Upload-Datei. Die Größe müssen wir PHP vor dem Upload mitteilen (**44**).

Da alle Parameter gesetzt sind, können wir jetzt den Upload starten (**46**) und erhalten als Rückgabe (**48**) alle Informationen (wie zu Beginn des Kapitels beschrieben) in einem Array geliefert. Wir schließen die CURL-Verbindung (**50**) und geben das Array (**52**) an die aufrufende Stelle zurück.

```
33 function curlUpload($ftp, $ftpFile) {
34
35     $fp = fopen($ftpFile, "r");
36     $url = "ftp://" . $ftp['user'] . ":" . $ftp['passwd'] . "@" . $ftp['host'] . ":21" . $ftp['pfad'] . $ftp['file'];
37
38     $handle = curl_init();
39
40     curl_setopt($handle, CURLOPT_URL, $url);
41     curl_setopt($handle, CURLOPT_RETURNTRANSFER, 1);
42     curl_setopt($handle, CURLOPT_UPLOAD, 1);
43     curl_setopt($handle, CURLOPT_INFILE, $fp);
44     curl_setopt($handle, CURLOPT_INFILESIZE, filesize($ftpFile));
45
46     $result = curl_exec($handle);
47
48     $info = curl_getinfo($handle);
49
50     curl_close($handle);
51
52     return $info;
53
54 }
```

Beispiel 10.8: curl_upload.php

function makeInfoUpload($info)

@param	array	$info
@return	array	$infoF

Die Funktion `makeInfoUpload()` erwartet als Parameter das vollständige Array mit den Informationen der zuletzt abgearbeiteten CURL-Sitzung. Wir rechnen in dieser Funktion lediglich die Werte für eine ansprechende Darstellung um. Zuerst formatieren wir die durchschnittliche Übertragungsgeschwindigkeit.

Bei diesem Wert handelt es sich um Byte/Sekunde, die wir entweder in Kilobyte oder Megabyte umrechnen wollen.

Sollte der Wert größer oder gleich 1 Million sein (**65**), so handelt es sich bei der Ausgabe um Megabyte und wir formatieren die Ausgabe so, dass nur noch zwei Stellen hinter dem Komma angezeigt werden (**67**). War der Wert kleiner (**68**), formatieren wir ihn nach Kilobyte (**70**).

Genauso verfahren wir mit der Dateigröße (**73**). Sollte der Wert größer oder gleich 1 Million sein (**73**), formatieren wir ihn nach Megabyte (**75**), ansonsten nach Kilobyte (**78**).

Zum Schluss müssen wir nur noch die komplette Uploadzeit formatieren (**81**), um danach das neue Array mit den formatierten Zeiten und Größen (**83**) an die aufrufende Stelle zurückgeben zu können.

```
63 function makeInfoUpload($info) {
64
65    if ($info['speed_upload'] >= 1000000) {
66       $speed = $info['speed_upload'] / 1000000;
67       $infoF['speed_upload'] = sprintf("%01.2f", $speed) . ' MegaByte/s';
68    } else {
69       $speed = $info['speed_upload'] / 1000;
70       $infoF['speed_upload'] = sprintf("%01.1f", $speed) . ' KiloByte/s';
71    }
72
73    if ($info['size_upload'] >= 1000000) {
74       $speed = $info['size_upload'] / 1000000;
75       $infoF['size_upload'] = sprintf("%01.2f", $speed) . ' MegaByte/s';
76    } else {
77       $speed = $info['size_upload'] / 1000;
78       $infoF['size_upload'] = sprintf("%01.1f", $speed) . ' KiloByte/s';
79    }
80
81    $infoF['total_time'] = sprintf("%01.1f", $info['total_time']) . ' Sek.';
82
83    return $infoF;
84
85 }
```

Beispiel 10.9: curl_upload.php

Die restliche PHP-Datei besteht hauptsächlich aus Parametern und den Funktionsaufrufen. Sie müssen folgende Parameter für die Verbindung aufführen:

- FTP-Benutzername (**87**)
- FTP-Passwort (**88**)
- HOST (**89**)
- Pfad (**90**), ausgehend vom Document-Root
- Datei (**91**) Pfadangabe inkl. dem neuen Dateinamen
- Uploaddatei (**92**), die zu kopierende Datei

Sind alle Parameter gesetzt, können Sie den Upload starten (**94**) und erhalten als Rückgabewert ein Array mit den Informationen der CURL-Verbindung. Sie können nachfolgend noch die Informationen formatieren (**96**), da die Werte in Byte vorliegen und die Zeiten ebenfalls nicht formatiert sind.

```
87 $ftp['user'] = 'ftp1042434-test';
88 $ftp['passwd'] = 'up24TzF';
89 $ftp['host'] = 'nureinbeispiel4.de';
90 $ftp['pfad'] = '/www/';
91 $ftp['file'] = 'curlftp/pecl-5.1.2-Win32.zip';
92 $ftpFile = 'pecl-5.1.2-Win32.zip';
93
94 $info = curlUpload($ftp, $ftpFile);
95
96 $infoF = makeInfoUpload($info);
97
98 echo 'Dateigröße: ' . $infoF['size_upload'] . '<br>';
99 echo 'Geschwindigkeit: ' . $infoF['speed_upload'] . '<br>';
100 echo 'Gesamtzeit: ' . $infoF['total_time'] . '<br><br>';
101 print_r($info);
```

Beispiel 10.10: curl_upload.php

Wie Sie sehen, war der Upload auch hier relativ einfach. Die Informationen könnten Sie z. B. in eine Datenbank speichern und statistisch auswerten. Zusätzlich können Sie die Datei mit einem CronJob verknüpfen, der dann täglich die Backupdatei auf dem Backup-Server speichert. Sie werden später in diesem Buch eine derartige Lösung vorgestellt bekommen.

Ausgabe im Browser

Dateigröße: 1.71 Megabyte/s

Geschwindigkeit: 2.43 Megabyte/s

Gesamtzeit: 0.7 Sek.

10.6 FTP-Download mit CURL

Systemvoraussetzung

- Linux
- Windows
- PHP 4 >= 4.0.3
- PHP 5
- curl-Bibliothek

Datei(en)

`curl_download.php`

Problem

Sie haben im vorherigen Beispiel gesehen, wie ein Upload mit CURL funktioniert. Jetzt müssen wir auch das Gegenstück dazu haben, also den Download, der unsere Backupdatei wieder auf unseren Server zurückkopiert.

Lösung

Im Wesentlichen gleicht der Download dem Upload, allerdings müssen einige Parameter verändert werden, damit die Datei wieder auf unserem Server gespeichert werden kann. Beim Upload haben wir bewusst eine Ausgabe unterdrückt, da wir die Daten von unserem Server zu einem Backup-Server transportieren wollten.

Bei einem Download hingegen ist das anders, hier wollen wir eine Datei von einem entfernten Server auf unseren Server transportieren, also müssen wir die Ausgabe zulassen und das Ergebnis in eine Datei schreiben.

function curlDownload($ftp, $ftpFile)

@param	array	$ftp
@param	string	$ftpFile
@return	array	$info

Die Funktion `curlDownload()` erwartet als Parameter ein Array mit den Verbindungswerten (Host, Pfad, neuer Dateiname, FTP-Benutzername, FTP-Passwort) und den Dateinamen für die Speicherung der Datei auf dem eigenen Server.

Zuerst öffnen (**35**) wir die Datei, die wir später auf unseren Server schreiben werden. Hier müssen Sie beachten, dass Sie diese Datei im Schreibmodus (w) öffnen. Die übermittelten Verbindungswerte aus unserem Array müssen wir im Anschluss daran zu einem Verbindungsstring zusammenfügen (**36**). Da hier immer wieder Fehler gemacht werden, erklären wir noch einmal den Aufbau dieses Strings.

```
ftp://BENUTZERNAME:PASSWORT@HOST:PORT/DateiMitPfadangabe
```

Nachfolgend sehen Sie ein Beispiel für den zusammengesetzten String:

```
ftp://ftp3782637:km63TgD@nureinbeispiel4.de:21/www/curlftp/pecl-
5.1.2-Win32.zip
```

Bei der Pfadangabe ist eines zu beachten: Die Pfadangabe beginnt in Ihrem Document-Root (wie bei Ihrem FTP-Programm auch). Sollte also Ihre Webpräsenz im Ordner

```
/kunden/27356282/www/htdocs
```

liegen, und Sie möchten die Datei meinBackup.zip aus dem Ordner

```
/kunden/27356282/www/htdocs/backups
```

für den Download holen, so müssen Sie folgende Pfadangabe benutzen:

```
/backups/meinBackup.zip
```

Wir initialisieren wieder unsere CURL-Session (**38**) und setzen anhand des Handle im weiteren Verlauf die Parameter (**40-43**) für die Verbindung. Zuerst setzen wir den Parameter (**40**) mit unserer URL, um überhaupt eine Verbindung zu dem entfernten Server zu erhalten.

Da wir dieses Mal ein Download durchführen wollen, also eine Ausgabe benötigen, müssen wir den Transfermodus (**41**) für diese Verbindung aktivieren (auf 0 setzen).

Im nächsten Schritt bereiten wir PHP darauf vor (**42**), dass es sich bei dieser Verbindung um einen Download handelt, indem wir den Wert wieder auf 0

(Null) setzen. Jetzt müssen wir lediglich den Handle für unsere Datei, in die wir schreiben wollen, angeben (43).

Da alle Parameter gesetzt sind, können wir jetzt den Download starten (**45**) und erhalten als Rückgabe (**47**) alle Informationen (wie in Kapitel 10.1 auf Seite 232 beschrieben) in einem Array geliefert. Wir schließen die CURL-Verbindung (**49**) und geben das Array (**51**) an die aufrufende Stelle zurück.

```
33 function curlDownload($ftp, $ftpFile) {
34
35     $fp = fopen($ftpFile, "w");
36     $url = "ftp://" . $ftp['user'] . ":" . $ftp['passwd'] . "@" . $ftp['host↩
       '] . ":21" . $ftp['pfad'] . $ftp['file'];
37
38     $handle = curl_init();
39
40     curl_setopt($handle, CURLOPT_URL, $url);
41     curl_setopt($handle, CURLOPT_RETURNTRANSFER, 0);
42     curl_setopt($handle, CURLOPT_UPLOAD, 0);
43     curl_setopt($handle, CURLOPT_FILE, $fp);
44
45     $result = curl_exec($handle);
46
47     $info = curl_getinfo($handle);
48
49     curl_close($handle);
50
51     return $info;
52
53 }
```

Beispiel 10.11: curl_download.php

function makeInfoDownload($info)

@param	array	$info
@return	array	$infoF

Die Funktion `makeInfoDownload()` erwartet als Parameter das vollständige Array mit den Informationen der zuletzt abgearbeiteten CURL-Sitzung. Wir rechnen in dieser Funktion lediglich die Werte für eine ansprechende Darstellung um. Zuerst formatieren wir die durchschnittliche Übertragungsgeschwindigkeit. Bei diesem Wert handelt es sich um Byte/Sekunde, die wir entweder in Kilobyte oder Megabyte umrechnen wollen.

Sollte der Wert größer oder gleich 1 Million sein (**64**), handelt es sich bei der Ausgabe um Megabyte, und wir formatieren die Ausgabe so, dass nur noch zwei Stellen hinter dem Komma angezeigt werden (**66**). War der Wert kleiner (**67**), formatieren wir ihn nach Kilobyte (**68**).

Genauso verfahren wir mit der Dateigröße (**72**). Sollte der Wert größer oder gleich 1 Million sein (**72**), formatieren wir ihn nach Megabyte (**74**), ansonsten nach Kilobyte (**77**).

Zum Schluss müssen wir nur noch die komplette Downloadzeit formatieren (**80**), um danach das neue Array mit den formatierten Zeiten und Größen (**82**) an die aufrufende Stelle zurückgeben zu können.

```
62 function makeInfoDownload($info) {
63
64    if ($info['speed_download'] >= 1000000) {
65       $speed = $info['speed_download'] / 1000000;
66       $infoF['speed_download'] = sprintf("%01.2f", $speed) . ' MegaByte/s';
67    } else {
68       $speed = $info['speed_download'] / 1000;
69       $infoF['speed_download'] = sprintf("%01.1f", $speed) . ' KiloByte/s';
70    }
71
72    if ($info['size_download'] >= 1000000) {
73       $speed = $info['size_download'] / 1000000;
74       $infoF['size_download'] = sprintf("%01.2f", $speed) . ' MegaByte/s';
75    } else {
76       $speed = $info['size_download'] / 1000;
77       $infoF['size_download'] = sprintf("%01.1f", $speed) . ' KiloByte/s';
78    }
79
80    $infoF['total_time'] = sprintf("%01.1f", $info['total_time']) . ' Sek.';
81
82    return $infoF;
83
84 }
```

Beispiel 10.12: curl_download.php

Die restliche PHP-Datei besteht hauptsächlich aus Parametern und den Funktionsaufrufen. Sie müssen folgende Parameter für die Verbindung aufführen:

- FTP-Benutzername (**86**)
- FTP-Passwort (**87**)
- HOST (**88**)
- Pfad (**89**), ausgehend vom Document-Root
- Datei (**90**) Pfadangabe inkl. dem neuen Dateinamen
- Name der Download-Datei (**91**), die gespeichert werden soll

Sind alle Parameter gesetzt, können Sie den Download starten (**93**) und erhalten als Rückgabewert ein Array mit den Informationen der CURL-Verbindung. Sie können nachfolgend noch die Informationen formatieren (**95**), da die Werte in Byte vorliegen und die Zeiten ebenfalls nicht formatiert sind.

```
86 $ftp['user'] = 'ftp1042434-test';
87 $ftp['passwd'] = 'up24TzF';
88 $ftp['host'] = 'nureinbeispiel4.de';
```

```
$ftp['pfad'] = '/www/';
$ftp['file'] = 'curlftp/pecl-5.1.2-Win32.zip';
$ftpFile = 'pecl-5.1.2-Win32.zip';

$info = curlDownload($ftp, $ftpFile);

$infoF = makeInfoDownload($info);

echo 'Dateigröße: ' . $infoF['size_download'] . '<br>';
echo 'Geschwindigkeit: ' . $infoF['speed_download'] . '<br>';
echo 'Gesamtzeit: ' . $infoF['total_time'] . '<br><br>';
print_r($info);
```

Beispiel 10.13: curl_download.php

Ausgabe im Browser

Dateigröße: 1.71 Megabyte/s

Geschwindigkeit: 286.6 Kilobyte/s

Gesamtzeit: 6.0 Sek.

11 PHP & Shell

Inhalt

11.1 Verzeichnis rekursiv kopieren

Systemvoraussetzung

- Linux
- PHP 3
- PHP 4
- PHP 5

Datei(en)

`copyShellFolder.php`

Problem

Ein komplettes Verzeichnis inkl. Unterverzeichnissen zu kopieren, gehört zu den häufigen Aufgaben, die auf einem Webserver zu erledigen sind. So könnte z. B. bei einem Forums-Update das alte Verzeichnis gesichert werden, sodass in Fehlerfall schnell das alte Forum wieder online gestellt wird.

Lösung

Wir möchten Ihnen diesmal eine andere und wesentlich schnellere Lösung zeigen. Das Programm basiert auf PHP mit Anbindung an die Shell. Wir werden also den kompletten Kopiervorgang nicht durch PHP abwickeln, sondern durch die nachfolgende, sehr kleine Funktion.

function copyShellFolder($source, $dest)

@param	string	$source
@param	string	$dest
@return	mixed	

Die Funktion `copyShellFolder()` erwartet als Parameter zum einen das zu kopierende Verzeichnis (`$source`), zum anderen das Zielverzeichnis (`$dest`). Im ersten Schritt überprüfen wir (**34**), ob es sich bei dem übergebenen und zu kopierenden Verzeichnis um ein existentes Verzeichnis handelt. Falls es das Verzeichnis nicht geben sollte, brechen wir an dieser Stelle die Funktion ab und geben als Rückgabewert „`FALSE`“ zurück (**35**).

Sollte das Verzeichnis existieren, bauen wir den String für unseren Kopiervorgang zusammen (**37**). Der String für unseren Kopiervorgang baut sich wie folgt auf:

- `cp` Der Kopierbefehl
- `-R` Rekursiv kopieren, also auch Unterverzeichnisse
- `-v` Ausgabe erzeugen, zeigt den Kopiervorgang in einem Array an
- `$source` Quellverzeichnis
- `$dest` Zielverzeichnis

Nachdem wir den String zusammengesetzt haben, können wir im nächsten Schritt den Befehl ausführen (**39**) und erhalten, falls wir den Schalter „v" angegeben haben, als Rückgabe (**41**) ein Array mit den kopierten Dateien und Verzeichnissen.

```
32 function copyShellFolder($source, $dest) {
33
34    if (!is_dir($source))
35       return false;
36
37    $shellBefehl = "cp -Rv $source $dest";
38
39    exec($shellBefehl, $var);
40
41    return $var;
42
43 }
```

Beispiel 11.1: copyShellFolder.php

Sie müssen hier lediglich das Quellverzeichnis (**45**) und das Zielverzeichnis (**47**) setzen, um dann im späteren Schritt die Funktion ausführen (**49**) zu können. Als Rückgabewert erhalten Sie (Schalter „v") ein Array mit den kopierten Dateien und Verzeichnissen.

```
45 $source = 'backup3/';
46
47 $dest = 'backup4/';
48
49 $var = copyShellFolder($source, $dest);
50
51 print_r($var);
```

Beispiel 11.2: copyShellFolder.php

Ausgabe im Browser

```
Array
(
    [0] =>  'backup3/' -> 'backup4/backup3'
    [1] =>  'backup3/9levuh_1137603141.jpg' -> 'backup4/backup3/9 ⤸
    levuh_1137603141.jpg'
    [2] =>  'backup3/bs9tyo_1137603275.jpg' -> 'backup4/backup3/ ⤸
    bs9tyo_1137603275.jpg'
    [3] =>  'backup3/fihedp_1137603349.jpg' -> 'backup4/backup3/ ⤸
    fihedp_1137603349.jpg'
    [4] =>  'backup3/che.gif' -> 'backup4/backup3/che.gif'
    [5] =>  'backup3/logo.gif' -> 'backup4/backup3/logo.gif'
    [6] =>  'backup3/u_blau.gif' -> 'backup4/backup3/u_blau.gif'
    [7] =>  'backup3/.jpg' -> 'backup4/backup3/.jpg'
    [8] =>  'backup3/gif' -> 'backup4/backup3/gif'
    [9] =>  'backup3/gif/Testdatei1.txt' -> 'backup4/backup3/gif/Testdatei1 ⤸
    .txt'
    [10] => 'backup3/gif/Testdatei2.txt' -> 'backup4/backup3/gif/Testdatei2 ⤸
    .txt'
    [11] => 'backup3/jpg' -> 'backup4/backup3/jpg'
    [12] => 'backup3/jpg/Testdatei1.txt' -> 'backup4/backup3/jpg/Testdatei1 ⤸
    .txt'
    [13] => 'backup3/pdf' -> 'backup4/backup3/pdf'
    [14] => 'backup3/glob1.php' -> 'backup4/backup3/glob1.php'
    [15] => 'backup3/glob2.php' -> 'backup4/backup3/glob2.php'
)
```

11.2 Verzeichnis rekursiv löschen

Systemvoraussetzung

- Linux
- PHP 3
- PHP 4
- PHP 5

Datei(en)

`deleteShellFolder.php`

Problem

Im vorangegangenen Beispiel haben Sie gesehen, wie ein komplettes Verzeichnis inkl. Unterverzeichnissen kopiert wurde. Jetzt fehlt uns noch das Gegenstück, also ein Verzeichnis inkl. aller Unterverzeichnisse zu löschen.

Lösung

Wir werden bei diesem Beispiel wieder direkt mit der Shell arbeiten, da auch hier dieser Vorgang sehr schnell arbeiten wird und der Sourcecode wie im vorangegangenen Beispiel kurz ist.

function deleteShellFolder($source)

> **@param** string $source **@return** mixed

Die Funktion `deleteShellFolder()` erwartet als einzigen Parameter das zu löschende Verzeichnis (`$source`). Im ersten Schritt überprüfen wir (**34**), ob es sich bei dem übergebenen und zu löschenden Verzeichnis um ein existentes Verzeichnis handelt. Falls es das Verzeichnis nicht geben sollte, brechen wir an dieser Stelle die Funktion ab und geben als Rückgabewert „`FALSE`" zurück (**35**).

Sollte das Verzeichnis existieren, bauen wir den String für unseren Löschvorgang zusammen (**37**). Der String für unseren Kopiervorgang baut sich wie folgt auf.

- `rm` Der Löschbefehl
- `-R` Rekursiv löschen, also auch Unterverzeichnisse
- `-v` Ausgabe erzeugen, zeigt den Löschvorgang in einem Array an
- `$source` Quellverzeichnis

Nachdem wir den String zusammengesetzt haben, können wir im nächsten Schritt den Befehl ausführen (**39**) und erhalten, falls wir den Schalter „v" angegeben haben, als Rückgabe (**41**) ein Array mit den gelöschten Dateien und Verzeichnissen.

```
32 function deleteShellFolder($source) {
33
34     if (!is_dir($source))
35         return false;
36
37     $shellBefehl = "rm -Rv $source";
38
39     exec($shellBefehl, $var);
40
41     return $var;
42
43 }
```

Beispiel 11.3: deleteShellFolder.php

Sie müssen hier lediglich das zu löschende Verzeichnis angeben (**45**), um dann im späteren Schritt die Funktion ausführen **(47)** zu können. Als Rückgabewert erhalten Sie (Schalter „v") ein Array mit den gelöschten Dateien und Verzeichnissen.

```
45 $source = 'backup4/';
46
47 $var = deleteShellFolder($source);
48
49 print_r($var);
```

Beispiel 11.4: deleteShellFolder.php

Ausgabe im Browser

```
Array
(
    [0] => removing all entries of directory 'backup4'
    [1] => removing 'backup4/9levuh_1137603141.jpg'
    [2] => removing 'backup4/bs9tyo_1137603275.jpg'
    [3] => removing 'backup4/fihedp_1137603349.jpg'
    [4] => removing 'backup4/che.gif'
    [5] => removing 'backup4/logo.gif'
    [6] => removing 'backup4/u_blau.gif'
    [7] => removing all entries of directory 'backup4/.jpg'
    [8] => removing the directory itself: 'backup4/.jpg'
    [9] => removing all entries of directory 'backup4/gif'
    [10] => removing 'backup4/gif/Testdatei1.txt'
    [11] => removing 'backup4/gif/Testdatei2.txt'
    [12] => removing the directory itself: 'backup4/gif'
    [13] => removing all entries of directory 'backup4/jpg'
    [14] => removing 'backup4/jpg/Testdatei1.txt'
    [15] => removing the directory itself: 'backup4/jpg'
    [16] => removing all entries of directory 'backup4/pdf'
    [17] => removing the directory itself: 'backup4/pdf'
    [18] => removing 'backup4/glob1.php'
    [19] => removing 'backup4/glob2.php'
    [20] => removing the directory itself: 'backup4'
)
```

11.3 Datei in mehrere Dateien aufsplitten

Systemvoraussetzung

- Linux
- PHP 3
- PHP 4
- PHP 5

Datei(en)

splitShellFile.php

Problem

Gerade wenn Sie sehr große Dateien in mehrere Dateien aufsplitten wollen, stoßen Sie sehr oft an Grenzen, die durch Ihren Webhoster festgelegt wurden. Oftmals ist der zugewiesene Arbeitsspeicher nicht ausreichend groß und die eingelesene Datei führt dann zu einem Abbruch des aktuellen Skripts. Sehr schnell kann es auch passieren, dass die Skriptlaufzeit bei großen Dateien überschritten wird und auch hier das Skript abbricht.

Aber dennoch gibt es Situationen, in denen Sie Dateien (z. B. Logfiles) aufsplitten müssen. Wir werden im Nachfolgenden ein Beispiel aufzeigen, das Dateien über die Shell splittet. Diese Lösung arbeitet wesentlich schneller, als wenn Sie die Datei mit PHP einlesen und zerteilen.

Lösung

Unsere hier vorgestellte Lösung zerlegt eine einzelne Datei in mehrere Dateien. Dabei haben Sie die Wahl, ob Sie die Datei nach bestimmten Zeilen oder nach Byte splitten wollen. Zusätzlich besteht die Möglichkeit, ein Präfix vor die gesplitteten Dateien zu setzen.

function splitShellFolder($file,$split="byte",$sum=1000, $prefix="")

@param	string	$file
@param	string	$split
@param	integer	$sum
@param	string	$prefix
@return	bool	

Die Funktion `splitShellFile()` erwartet als Parameter den zu splittenen Dateinamen (`$file`), die Variante zum Splitten (Byte – splittet nach x-Byte, jeder andere Wert nach x-Zeilen), die Summe der Zeilen oder Byte, nach der gesplittet werden soll (`$sum`), und als letzten Parameter das Präfix (`$prefix`), das jeder Datei vorangestellt wird.

Im ersten Schritt überprüfen wir, ob die zu splittene Datei existiert (**37**) und beenden im Fehlerfall unsere Funktion (**38**). Sollte die Datei existieren, überprüfen wir zuerst, wie die Datei gesplittet werden soll.

Soll die Datei nach Byte gesplittet werden (**40**), bauen wir den String für den Shell-Befehl zusammen (**41**) und schreiben die Byte-Zahl, nach der die Datei getrennt werden soll, mit in unseren Shell-String. Falls nach Zeilen gesplittet werden soll (**42**), erstellen wir auch hier den String (**43**) und schreiben die Zeilenzahlen mit in den Shell-String.

Der String für unseren Splitvorgang baut sich wie folgt auf:

- `split` Der Befehl zum Splitten
- `--bytes` Splittet die Datei nach jeweils x Byte
- `--lines` Splittet die Datei nach jeweils x Zeilen
- `$file` Die zu splittende Datei
- `$prefix` Das Präfix für die gesplitteten Dateien

Nachdem wir den String für unseren Shell-Befehl zusammengestellt haben, können wir ihn zur Ausführung bringen (**46**). Sollte das Splitten erfolgreich gewesen sein, finden Sie jetzt in Ihrem Verzeichnis die aufgeteilten Dateien.

```
35 function splitShellFile($file, $split = "byte", $sum = 1000, $prefix = "") ⤸
   {
36 
37    if (!file_exists($file))
38       return false;
39 
40    if ($split == "byte") {
41       $shellBefehl = "split --bytes=$sum $file $prefix";
42    } else {
43       $shellBefehl = "split --lines=$sum $file $prefix";
44    }
45 
46    exec($shellBefehl);
47 
48    return true;
49 
50 }
```

Beispiel 11.5: splitShellFile.php

Sie müssen lediglich den zu splittenden Namen angeben und die Parameter für die Split-Optionen setzen. Hier in diesem Beispiel sollte eine Datei mit 1000 Zeilen in jeweils eine Datei zu 100 Zeilen aufgeteilt werden. Als Präfix wurde jeder Datei der String „explode_“ vorangestellt.

```
<?
$file = 'split.txt';
$var = splitShellFile($file,"lines",100,"explode_");
?>
```

Ausgabe im FTP-Programm

Datei split.txt (Inhalt 1.000 Zeilen) aufgeteilt in jeweils 100 Zeilen.

↑Name	Erw.	Grösse	Datum	Attr.
[..]		<DIR>	00.00.1980 00:00	----
explode_aa		13.000	23.04.2006 11:27	-644
explode_ab		13.000	23.04.2006 11:27	-644
explode_ac		13.000	23.04.2006 11:27	-644
explode_ad		13.000	23.04.2006 11:27	-644
explode_ae		13.000	23.04.2006 11:27	-644
explode_af		13.000	23.04.2006 11:27	-644
explode_ag		13.000	23.04.2006 11:27	-644
explode_ah		13.000	23.04.2006 11:27	-644
explode_ai		13.000	23.04.2006 11:27	-644
explode_aj		12.999	23.04.2006 11:27	-644
split	txt	129.999	05.04.2006 13:04	-644
splitShellFile	php	1.226	23.04.2006 11:27	-644

Abbildung 11.1: Ausgabe im FTP-Programm

Im zweiten Beispiel sollte die gleiche Datei nach exakt 20 kB gesplittet werden. Als Präfix wurde jeder Datei der String „byte_20kB_" vorangestellt.

```
$file = 'split.txt';

$var = splitShellFile($file, "byte", 20000, "byte_20kB_");
```

Beispiel 11.6: splitShellFile.php

Ausgabe im FTP-Programm

Datei split.txt (Inhalt 1.000 Zeilen) aufgeteilt in jeweils 20kB Dateien.

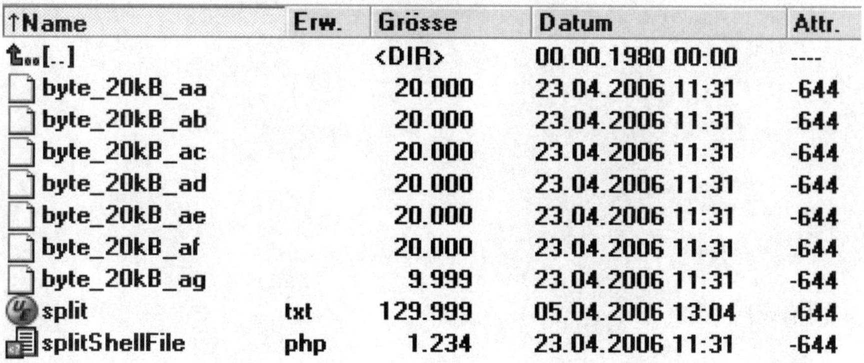

↑Name	Erw.	Grösse	Datum	Attr.
[..]		<DIR>	00.00.1980 00:00	----
byte_20kB_aa		20.000	23.04.2006 11:31	-644
byte_20kB_ab		20.000	23.04.2006 11:31	-644
byte_20kB_ac		20.000	23.04.2006 11:31	-644
byte_20kB_ad		20.000	23.04.2006 11:31	-644
byte_20kB_ae		20.000	23.04.2006 11:31	-644
byte_20kB_af		20.000	23.04.2006 11:31	-644
byte_20kB_ag		9.999	23.04.2006 11:31	-644
split	txt	129.999	05.04.2006 13:04	-644
splitShellFile	php	1.234	23.04.2006 11:31	-644

Abbildung 11.2: Ausgabe im FTP-Programm (20kB-Dateien)

11.4 Suchen in Dateien

Systemvoraussetzung

- Linux
- PHP 3
- PHP 4
- PHP 5

Datei(en)

`searchShellFile.php`

Problem

Sie möchten in Verzeichnissen bzw. in Dateien nach bestimmten Wörtern oder Wortgruppen suchen? Diese Problemstellung gehört wohl zu einer der schwersten Aufgaben in der Programmierung.

Es fängt alleine damit an, das Verzeichnis rekursiv zu durchlaufen, die Dateien zu öffnen, nach den Suchwörtern zu suchen und letztendlich die Ausgabe zu formatieren. Leider ist es aber manchmal doch nötig, solche Operationen durchzuführen.

Wir werden Ihnen hier eine Lösung auf Shell-Basis zeigen, mit der Sie ohne Probleme eine Volltextsuche auf Ihrer Webseite programmieren.

Lösung

Bei der hier gezeigten Lösung greifen wir auf „`grep`" zu, ein sehr mächtiges Tool für Suchoperationen. Wir werden Ihnen hier einige Optionen und reguläre Ausdrücke auflisten, sodass Sie später selbst die Suchmechanismen anpassen können. Der Shell-Befehl ist dabei folgendermaßen aufgebaut:

```
grep [OPTION]... PATTERN [FILE] ...
```

Anhand eines Beispiels sehen Sie, wie der Befehl mit Optionen und einer rekursiven Verzeichnissuche aufgebaut sein könnte.

```
grep -cH --directories=recurse 'Suchwörter' verzeichnis/
```

Wichtige Optionen

- **-i, --ignore-case**
  Groß- und Kleinschreibung werden nicht unterschieden.
- **-w, --word-regexp**
  Das Suchmuster muss ein einzelnes Wort sein (also kein Bestandteil eines anderen Wortes).
- **-s, --no-messages**
  Unterdrückt die Fehlerausgaben (Standardfehler); sinnvoll bei Skripten
- **-v, --invert-match**
  Zeigt alle Zeilen an, die das Muster nicht enthalten
- **-n, --line-number**
  Zeigt die Zeilennummer an, in der das Muster gefunden wurde
- **-H, --with-filename**
  Zeigt die Namen von Verzeichnissen und Dateien, in den das Muster gefunden wurde
- **-l, --files-with-matches**
  Nur Anzeige der Namen der Dateien, in denen das Muster gefunden wurde
- **-B, --before-context=NUM**
  Zeigt »Anzahl« Zeilen an, die vor der Zeile mit dem Muster liegen
- **-A, --after-context=NUM**
  Zeigt »Anzahl« Zeilen an, die der Zeile mit dem Muster folgen

Eine vollständige Liste aller Optionen erhalten Sie, wenn Sie das folgende Skript auf Ihrem Server ausführen.

```
<?PHP
exec("grep --help", $var);
foreach($var as $help)
{
   echo $help . '<br>';
}
?>
```

Sie können mit grep nicht nur nach einem Wort suchen, sondern auch mit regulären Ausdrücken arbeiten. Im Folgenden sehen Sie einen Überblick über die Möglichkeiten, die Ihnen dabei zur Verfügung stehen.

Reguläre Ausdrücke

^ (grep, egrep)	Beginn einer Zeile
$ (grep, egrep)	Ende einer Zeile
. (grep, egrep)	Genau ein beliebiges Zeichen
*** (grep, egrep)**	Beliebig viele des vorangegangenen Zeichens

[] (grep, egrep)	Ein Zeichenbereich – anstelle von Zeichen können hier vordefinierte Klassen von Zeichen verwendet werden: [:alnum:], [:alpha:], [:cntrl:], [:digit:], [:graph:], [:lower:], [:print:], [:punct:], [:space:], [:upper:], und [:xdigit:].
[^] (grep, egrep)	Kein Zeichen aus dem Bereich
\< (grep)	Am Wortanfang nach dem Muster suchen
\> (grep)	Am Wortende nach dem Muster suchen
\(..\) (grep)	Eingeschlossenes Muster speichern, auf das man später über \1 zugreifen kann. Sie können bis zu neun Muster speichern.
z\{x\} (grep)	x-faches Auftreten des Zeichens z
z\{x,y\} (grep)	mindestens x-, maximal y-maliges Auftreten des Zeichens z
+ (egrep)	Das vorangegangene Zeichen muss mindestens einmal auftreten
? (egrep)	Das vorangegangene Zeichan darf höchstens einmal auftreten
x|y (egrep)	Das Zeichen „x“ oder „y“
(abc|xyz) (egrep)	Eine Zeichenkette „abc“ oder „xyz“. Die runden Klammern sind nicht zwingend notwendig und können entfallen.

function copyShellFolder($source, $search)

- **@param** string $source
- **@param** string $search
- **@return** array

Die Funktion `copyShellFolder()` erwartet als Parameter zum einen eine Datei oder ein ganzes Verzeichnis, zum anderen das Suchwort oder den regulären Ausdruck. Den Shell-Befehl können Sie mit den Optionen und dem regulären Ausdruck so erweitern, dass er Ihren Bedürfnissen entspricht.

In unserem Beispiel haben wir die Optionen **i** (ignoriert Groß- und Kleinschreibung), **H** (zeigt den Verzeichnisnamen und die Datei mit den Suchtreffern an) und die rekursive Verzeichnissuche genommen.

```
32 function copyShellFolder($source, $search) {
33
34    $shellBefehl = "grep -cH --directories=recurse '$search' $source";
35
36    exec($shellBefehl, $var);
37
38    return $var;
39
40 }
```

Beispiel 11.7: searchShellFile.php

Der Aufruf der Funktion ist mit wenigen Konfigurationsparametern erledigt. Wir benötigen zum einen eine Datei (**42**) oder ein ganzes Verzeichnis (**43**) und zum anderen das Suchwort (**45**) oder den regulären Ausdruck. Als Rückgabewert erhalten wir ein Array mit den Suchtreffern (**47**).

```
42 //$source = 'grep.txt';
43 $source = 'grep/';
44
45 $search = 'Sie';
46
47 $var = copyShellFolder($source, $search);
48
49 print_r($var);
```

Beispiel 11.8: searchShellFile.php

Die Ausgabe im Browser zeigt für unser Beispiel, dass die Suche in insgesamt drei Dateien zum Erfolg geführt hat. Wir haben durch unsere Optionen jetzt den Dateinamen sowie die Suchtreffer jeder einzelnen Datei in einem Array vorliegen.

Ausgabe im Browser

```
Array
(
    [0] => grep/grep.txt:12
    [1] => grep/grep_1.txt:9
    [2] => grep/verz/grep_2.txt:12
)
```

12 Verschlüsselung/Prüfsummen

Inhalt

12.1 Passwortschutz für Verzeichnisse

Systemvoraussetzung

- Linux
- Windows
- PHP 3
- PHP 4
- PHP 5

Datei(en)

`crypt.php`

Problem

Sicherlich kennen Sie das kleine, aber immer wiederkehrende Problem: Sie wollen einfach auf die Schnelle ein komplettes Verzeichnis mit einer .htaccess-Datei schützen. Die meisten Webhoster bieten in Ihren Konfigurationsmenüs oftmals eine Möglichkeit, bestimmte Verzeichnisse zu schützen.

Nehme ich mich aber selbst als Beispiel, stelle ich fest, dass ich meist keine Lust habe, mich erst einmal in das System meines Providers einzuloggen, diesen Service aufzurufen und zum Schluss durch eine Menge an Verzeichnissen zu wandern, bis ich endlich das Erstellen eines Passworts erledigt habe. Es mag zwar keine Stunden dauern, aber zehn bis fünfzehn Minuten nimmt die Aktion schon in Anspruch.

Wirklich toll wäre es, einfach eine PHP-Datei mit FTP auf den Server zu legen, diese dann im Browser aufzurufen und den Verzeichnisschutz in vollem Umfang fertig eingerichtet vorzufinden.

Lösung

Die Lösung hierfür ist sehr einfach und erfordert noch nicht einmal viel Aufwand. Den Programmierer des Programms kostete es zwar etwas Zeit, Sie als Käufer dieses Buches dürfen sich über das fertige Skript auf der CD-ROM freuen.

Wie benutzen für die Realisierung die PHP-Funktion `crypt()`. `crypt()` ist eine Einweg-String-Verschlüsselung (Hashbildung) und liefert uns ein Passwort auf Grundlage von DES, das nur mit sehr großem technischem Aufwand wieder entschlüsselt werden kann. Allerdings wird dabei das Passwort nicht wirklich entschlüsselt, sondern mit einer Brute-Force-Attacke geknackt.

Brute-Force-Attacken sind Versuche eines Programms, dass verschlüsselte Passwort zu knacken, indem alle möglichen Kombinationen von Buchstaben, Sonderzeichen und Zahlen ausprobiert werden.

Sie sollten daher niemals Passwörter verwenden, die zu kurz sind oder nur aus Kleinbuchstaben etc. bestehen. Auch sind Passwörter wie z. B. Namen, Vornamen, Tiernamen etc. nicht sicher, da es Wörterbücher für Brute-Force-Attacken gibt.

Sie sollten immer Passwörter nutzen, die keinen Sinn ergeben und nur schwer zu knacken sind, also aus mehr als nur sechs Zeichen bestehen. Dieses nur am Rande, denn das Thema Passwörter und Brute-Force-Attacken in seiner ganzen Bandbreite würde ein ganzes Buch füllen.

function make_htaccess($user, $authName, $passwdFile ="")

@param	string	$user
@param	string	$authName
@param	string	$passwdFile
@return	void	

Die Function `make_htaccess()` erwartet als Parameter den Benutzernamen (`$user`), den Logintext (`$authName`), sobald das Loginfenster sichtbar wird, und als optionalen Parameter den kompletten Pfad (`$passwdFile`) zu Ihrer Datei .htpasswd (ohne abschließenden Slash).

Zuerst findet eine Überprüfung (**40**) statt, ob Sie ein Verzeichnis zu der Datei .htpasswd angegeben haben. Sollte die Variable leer sein, wird die Datei in dem Verzeichnis erstellt, in dem auch der Verzeichnisschutz gilt (und in dem auch die Datei crypt.php liegt).

Bei einer leeren Variable wird nunmehr das aktuelle Arbeitsverzeichnis (**41**) in die Variable gespeichert. Im nächsten Schritt wird der Inhalt der Datei .htaccess aufgebaut (**43-46**) und mit den Werten (Benutzername, Logintext und Pfad zur .htpasswd) der einzelnen Variablen gefüllt.

Im aktuellen Arbeitsverzeichnis, also dort, wo auch der Verzeichnisschutz erstellt werden soll, wird die Datei .htaccess erstellt (**48-50**). Sollte nun ein Benutzer dieses Verzeichnis lesen wollen, wird Ihr Webserver zuerst die Datei .htaccess einlesen und feststellen, dass dieses Verzeichnis geschützt ist.

Der Webserver wird daraufhin ein Loginfenster öffnen und nach Benutzernamen und Passwort fragen. Die durch den Benutzer eingegebenen Daten wird der Webserver mit den Daten in der Datei .htpasswd vergleichen und bei erfolgreichen Logindaten das Verzeichnis freigeben.

```
38 function make_htaccess($user, $authName, $passwdFile = "") {
39
40    if (empty ($passwdFile))
41       $passwdFile = dirname(__FILE__);
42
43    $access .= 'AuthType Basic' . "\n";
44    $access .= 'AuthName "' . $authName . '"' . "\n";
45    $access .= 'AuthUserFile ' . $passwdFile . '/.htpasswd' . "\n";
46    $access .= 'require user ' . $user . "\n";
47
48    $handle = fopen(".htaccess", "w");
49    fputs($handle, $access);
50    fclose($handle);
51
52 }
```

Beispiel 12.1: crypt.php

function make_htpasswd($user, $passwd, $passwdFile ="")

@param	string	$user
@param	string	$passwd
@param	string	$passwdFile
@return	void	

Die Function `make_htpasswd()` erwartet als Parameter den Benutzernamen (`$user`), das Passwort (`$passwd`) und als optionalen Parameter den kompletten Pfad (`$passwdFile`) zu Ihrer Datei .htpasswd (ohne abschließenden Slash).

Zuerst findet eine Überprüfung (**68**) statt, ob Sie ein Verzeichnis zu der Datei .htpasswd angegegeben haben. Sollte die Variable leer sein, so wird die Datei in dem Verzeichnis erstellt, in dem auch der Verzeichnisschutz gilt (und in dem auch die Datei crypt.php liegt). Bei einer leeren Variable wird nunmehr das aktuelle Arbeitsverzeichnis (**69**) in die Variable gespeichert.

Im nächsten Schritt wird das im Klartext übergebene Passwort mit `crypt()` verschlüsselt. Dieses erzeugte und verschlüsselte Passwort ist nicht mehr entschlüsselbar und kann nur mit sehr hohem technischem Aufwand herausgefunden werden. Der Benutzername und das verschlüsselte Passwort werden mit einem Doppelpunkt voneinander getrennt in eine Variable (**72**) gespeichert, damit dies im letzten Schritt in der Datei gespeichert (**74-76**) werden kann.

Zur Speicherung benutzen wir den Parameter „a“, der unsere Kombination aus Benutzernamen und Passwort in einer Datei anhängt. Sie möchten sicherlich nur eine .htpasswd verwalten, aber verschiedene Verzeichnisse schützen. Durch diesen Parameter ist dies möglich, da existierende Passwörter in der Datei .htpasswd bestehen bleiben.

```
function make_htpasswd($user, $passwd, $passwdFile = "") {

   if (empty ($passwdFile))
      $passwdFile = dirname(__FILE__);

   $passwd = crypt($passwd);
   $htpasswd = $user . ':' . $passwd . "\n";

   $handle = fopen($passwdFile . '/.htpasswd', "a");
   fputs($handle, $htpasswd);
   fclose($handle);

}
```

Beispiel 12.2: crypt.php

Bevor Sie beide Funktionen aufrufen, müssen Sie lediglich einen Konfigurationsparameter wie z. B. Benutzername, Passwort, Logintext und den Pfad zur Datei .htpasswd setzen. Falls Sie bereits eine bestehende Passwortdatei auf Ihrem Server haben, so müssen Sie lediglich die Funktion `make_htaccess()` (**92**) aufrufen und auf Ihre bestehende Passwortdatei verlinken.

```
80 // Den Benutzernamen für den Login
81 $user = 'Damir';
82
83 // Das Passwort für den Login
84 $passwd = 'meinPasswort';
85
86 // Der Text, der angezeigt wird wenn das Login-Fenster geöffnet wird.
87 $authName = 'Meine geschütztes Verzeichnis';
88
89 //Den kompletten Pfad zu der Datei .htpasswd, ohne abschließenden Slash (/)
90 $passwdFile = '';
91
92 make_htaccess($user, $authName, $passwdFile);
93 make_htpasswd($user, $passwd, $passwdFile);
94
95 // unlink("crypt.php");
```

Beispiel 12.3: crypt.php

Inhalt der Datei .htaccess

```
AuthType Basic
AuthName "Mein geschütztes Verzeichnis"
AuthUserFile /homepages/16/d147850360/htdocs/verz/.htpasswd
require user Damir
```

Inhalt der Datei .htpasswd

```
Damir:$1$abqjYKHv$sUIR4CbV4zRG27oENNvbX1
```

Wie Sie sehen, war die Lösung relativ simpel. Das Programm könnte aber natürlich weiter ausgebaut werden. Z. B. könnten Sie am Schluss der Datei noch folgenden Befehl ausführen:

```
unlink("crypt.php");
```

Die Datei würde sich dann, nachdem der Verzeichnisschutz erstellt wurde, selbst löschen. Dies hätte den Vorteil, dass Sie das nicht noch per FTP erledigen müssten.

12.2 Zyklische Redundanzprüfung (CRC)

Systemvoraussetzung

- Linux
- Windows
- PHP 4 >= 4.3.0
- PHP 5

Datei(en)

`crc.php`

Problem

Stellen Sie sich folgendes Szenario vor: Sie erstellen täglich ein Backup Ihrer Datenbank und speichern die Backupdatei auf einen entfernten Backup-Server. Dieser Vorgang passiert täglich und automatisch, sodass Sie dem Backup ohne weiteres vertrauen und es jederzeit wieder in Ihre Datenbank einspielen würden.

Sicherlich kennen Sie das Sprichwort „Vertrauen ist gut, Kontrolle ist besser“, das Sie auch hier niemals vergessen sollten. Die Backupdatei mag vielleicht beim Erstellen noch in Ordnung gewesen sein, kann aber eventuell beim Übertragen auf dem Backup-Server Schaden genommen haben. Außerdem kann es passieren, dass beim Download vom Backup-Server zu Ihrem Server irgendetwas passiert ist, und die Datei nicht vollständig übertragen wurde.

Die Datei könnte auch manipuliert sein, aber davon gehen wir erst einmal nicht aus. Dies würde auch durch die zyklische Redundanzprüfung nicht einwandfrei gelöst werden können – dafür benötigen Sie kryptografische Hash-Funktionen wie z. B. `md5()`.

Lösung

Die Lösung kann hier nur eine zyklische Redundanzprüfung (CRC) sein. Dabei handelt es sich um ein Verfahren zur Bestimmung eines Prüfwerts für Daten, um Fehler z. B. bei einer Übertragung zum oder vom Backup-Server erkennen zu können. Wie gehen in unserem Fall davon aus, dass die Datei nicht von einer anderen Person manipuliert wurde, sondern beschränken uns auf eine beschädigte Datei.

Das Beispiel erstellt für jede zu prüfende Datei eine sfv-Datei.

Inhalt der sfv-Datei

```
; Erstellt von SELFPHP CRC
; 02.04.2006 19:00:55
;
pecl-5.1.2-Win32.zip 4353f886
```

In unserem Beispiel wurde die Prüfsumme wie folgt erstellt:

Zu prüfende Datei: pecl-5.1.2-Win32.zip

CRC-Prüfsumme: 4353f886

Die ersten drei Zeilen sind nur Kommentarzeilen, die beinhalten, wer die Datei erstellt hat und wann sie erstellt wurde. Die vierte Zeile ist das eigentliche Kernstück der Datei. Zum einen beinhaltet sie den Dateinamen unserer zu prüfenden Datei, zum anderen die Prüfsumme als hexadezimale Repräsentation. Beide Werte sind lediglich mit einem Leerzeichen voneinander getrennt.

Diese Datei ist so aufgebaut, dass sie z. B. auch mit dem Programm Total Commander oder DF CrcSfv zur Prüfung Ihrer Dateien genutzt werden kann. Sie finden das Freeware-Programm DF CrcSfv auf der beiliegenden CD-ROM im Ordner Extra.

function createCRC($file)

> **@param** string $file
> **@return** bool

Die Funktion `createCRC()` erwartet als einzigen Parameter den Dateinamen für die Prüfsummenerstellung. Dies könnte z. B. eine Backupdatei sein. Im ersten Schritt wird überprüft (**34**), ob die angegebene Datei existiert. Sollte die Prüfung erfolgreich sein, so wird der komplette Dateiinhalt in eine Variable gelesen (**36**). Sollte Ihre PHP-Version die Funktion `file_get_contents()` nicht unterstützen, können Sie an dieser Stelle die Datei auch mit `fread()` einlesen.

Die erste Wahl sollte aber immer `file_get_contents()` sein, da gerade bei sehr großen Dateien der Performancegewinn enorm ist. Aus der zuvor eingelesenen Datei erstellen wir jetzt mit `crc32()` die Prüfsumme (**38**) und speichern den Wert mittels `dechex()` (Dezimal zu Hexadezimal) als hexadezimale Repräsentation in unsere Variable `$crc` (**38**).

Jetzt müssen wir lediglich den Inhalt unserer sfv-Datei aufbauen (**40-43**). Wichtig ist hierbei, dass wir nur den Dateinamen (**43**) in die sfv-Datei speichern. Daher extrahieren wir mit `basename()` den Dateinamen aus unserem eventuellen Pfad. Getrennt von einem Leerzeichen wird unsere Prüfsumme in hexadezimaler Darstellung mit in die Datei gespeichert. Zum Schluss wird eine neue sfv-Datei erstellt (**45-47**), die als Dateinamen unseren ursprünglichen

Dateinamen der Backupdatei hat und als Dateiendung sfv enthält.

```
function createCRC($file) {
   if (file_exists($file)) {

      $content = file_get_contents($file);

      $crc = dechex(crc32($content));

      $crcText .= "; Erstellt von SELFPHP CRC\n";
      $crcText .= "; " . date("d.m.Y H:i:s") . "\n";
      $crcText .= ";\n";
      $crcText .= basename($file) . " " . $crc . "\n";

      $handle = fopen($file . ".sfv", "w");
      fputs($handle, $crcText);
      fclose($handle);

      return true;

   }

   return false;

}
```

Beispiel 12.4: crc.php

function checkCRC($file)

@param string $file
@return bool

Die Function `checkCRC()` erwartet als einzigen Parameter den Dateinamen der sfv-Datei. Diese beinhaltet unseren Dateinamen für die zu prüfende Datei sowie die Prüfsumme an sich. Wieder überprüfen wir zuerst, ob die sfv-Datei vorhanden ist (**67**), bevor wir sie einlesen (**68**). Die Funktion `file()` liest unsere sfv-Datei zeilenweise in ein Array ein.

Da wir wissen, dass unsere Zeile an der vierten Position ist und somit im Array den Index 3 hat, ist es nun kein Problem, den Wertebereich auszulesen. Wir trennen also unsere Zeile anhand des Leerzeichens mit der Funktion `explode()` (**69**) und erhalten als Ergebnis ein Array mit zwei Einträgen.

Im Index 0 (Null) des Arrays befindet sich unser Dateiname und im Index 1 (Eins) unsere Prüfsumme. Nachdem wir überprüft haben, ob die Backupdatei vorhanden ist (**71**), können wir jetzt den kompletten Inhalt der Backupdatei mit `file_get_contents()` (wahlweise auch mit `fread()`) in die Variable `$content` (**72**) einlesen.

Wieder errechnen wir die Prüfsumme der Datei (**73**) und vergleichen sie (**75**) mit der Prüfsumme aus unserer sfv-Datei. Wichtig ist hierbei allerdings, dass die Prüfsumme aus der sfv-Datei in hexadezimaler Darstellung vorliegt, hingegen aber die gerade erstellte Prüfsumme in dezimaler Darstellung. Daher konvertieren wir (75) die Prüfsumme aus der sfv-Datei mit `hexdec()` in eine dezimale Darstellung.

Sollte der Vergleich erfolgreich sein, so wird die Funktion TRUE zurückliefern, also dass die Datei nicht beschädigt ist, ansonsten FALSE.

```
65 function checkCRC($file) {
66
67    if (file_exists($file)) {
68       $sfvString = file($file);
69       $sfv = explode(" ", $sfvString[3]);
70
71       if (file_exists($sfv[0])) {
72          $content = file_get_contents($sfv[0]);
73          $crc = crc32($content);
74
75          if ($crc == hexdec($sfv[1]))
76             return true;
77          else
78             return false;
79       }
80    }
81
82    return false;
83
84 }
```

Beispiel 12.5: crc.php

Bei der Überprüfung ist es völlig egal, welchen Dateityp Sie überprüfen möchten. Sie sollten allerdings die sfv-Dateien an einem sicheren Ort aufbewahren, da diese die Prüfsummen enthalten. Sie könnten mit dieser zyklischen Redundanzprüfung z. B. auch Ihre Website bereichern und Dateien zum Download anbieten, dazu die passende sfv-Datei. Ihre Besucher wären dann in der Lage, z. B. mit DF CrcSfv die Datei selbst zu überprüfen.

```
// Name der Datei
$fileCRC = 'pecl-5.1.2-Win32.zip';

// Name der sfv-Datei
$fileSFV = 'pecl-5.1.2-Win32.zip.sfv';

if (createCRC($fileCRC))
   echo 'sfv-Datei wurde erstellt<br>';

if (checkCRC($fileSFV))
   echo 'Datei ist unbeschädigt<br>';
else
   echo 'Datei ist beschädigt.';
```

Beispiel 12.6: crc.php

Das Beispiel zeigt, wie man mit wenig Aufwand eine fast sichere Überprüfung vornimmt. Wie aber bereits erwähnt, ist es lediglich für beschädigte Dateien wirklich sinnvoll. Ein Schutz ist nicht gewährleistet! Sie werden aber in einem folgenden Beispiel sehen, wie diese Lücke geschlossen werden kann.

Die Darstellung der Ausgabe können Sie selbst beeinflussen. Je nachdem erhalten Sie von den Funktionen entweder TRUE bei Erfolg oder FALSE bei Misserfolg zurückgeliefert.

```
sfv-Datei wurde erstellt Datei ist unbeschädigt
```

12.3 Kryptografische Hash-Funktionen (MD5)

Systemvoraussetzung

- Linux
- Windows
- PHP 4 >= 4.2.0
- PHP 5

Datei(en)

`md5.php`

Problem

Sie haben im vorangegangenen Beispiel gesehen, wie Prüfsummen von Dateien erstellt werden können. Diese Methode ist allerdings nur für die Übermittlung von Daten geeignet, also ob sie vollständig übertragen wurden.

Wenn Sie einen wirklichen Schutz benötigen, also hundertprozentig sicher sein wollen, dass Ihre Dateien nicht manipuliert wurden, müssen Sie auf eine kryprografische Hash-Funktion wie z. B. MD5 zurückgreifen.

Sicher ist Ihnen das ein oder andere Mal aufgefallen, dass Webseitenbetreiber, die eine Software zum Download anbieten, in Klammern einen MD5-Code mit angeben. Hierbei handelt es sich um die Prüfsumme – der Webseitenbetreiber will damit sicher gehen, dass jede Person, die diese Datei besitzt (auch wenn Sie nicht direkt von der eigenen Website, sondern von einem Mirror geladen wurde), auch wirklich die originale Datei vorliegen hat und keine manipulierte Datei, die z. B. einen Virus enthält.

Lösung

Wie erwähnt müssen wir bei dieser Problemstellung auf die kryprografische Hash-Funktion zurückgreifen. In unserem Beispiel werden wir daher mittels MD5 (Message Digest Algorithm 5) eine derartige Prüfsumme erstellen.

MD5 ist eine weit verbreitete kryptografische Hash-Funktion, die einen 128-Bit-Hash-Wert erzeugt. Wie auch im vorherigen Beispiel werden wir jeweils für eine Datei eine Prüfsummendatei erzeugen, allerdings müssen Sie diese Prüfsumme online neben oder unter Ihrer Downloaddatei selbst einpflegen. Die erstellten Dateien sind lediglich für Sie, damit Sie jederzeit die MD5-Prüfsumme zur Hand haben.

Natürlich könnten Sie auch die sfv-Datei mit der Prüfsumme zum Download anbieten, in der Regel wird es aber nicht gemacht. Mit der Prüfsumme von Ihrer Webseite kann man jetzt Ihre Software von einem beliebigen Server weltweit downloaden und überprüfen, ob es sich um die original von Ihnen erstellte Datei handelt.

Inhalt der .md5.sfv-Datei

```
; Erstellt von SELFPHP MD5
; 03.04.2006 06:59:33
;
pecl-5.1.2-Win32.zip 09571722fd44bec411a64eca8ca383ae
```

In unserem Beispiel wurde die Prüfsumme wie folgt erstellt:

Zu prüfende Datei: pecl-5.1.2-Win32.zip

MD5-Prüfsumme: 09571722fd44bec411a64eca8ca383ae

Die ersten drei Zeilen sind nur Kommentarzeilen, die beinhalten, wer die Datei erstellt hat und wann sie erstellt wurde. Die vierte Zeile ist das eigentliche Kernstück der Datei. Zum einen beinhaltet sie den Dateinamen unserer zu prüfenden Datei und zum anderen die MD5-Prüfsumme als hexadezimale Repräsentation. Beide Werte sind lediglich mit einem Leerzeichen voneinander getrennt.

function createMD5($file)

@param	string	$file
@return	mixed	

Die Function `createMD5()` erwartet als einzigen Parameter den Dateinamen für die Prüfsummenerstellung. Diese könnte z. B. eine ausführbare Datei sein, also z. B. ein Setupprogramm für Ihre Software.

Im ersten Schritt wird überprüft (**34**), ob die angegebene Datei existiert. Sollte die Prüfung erfolgreich sein, wird anhand der Funktion `md5_file()` (**36**) direkt eine MD5-Prüfsumme erstellt. Alternativ könnten Sie hier auch mit der Funktion `md5()` arbeiten, dieses erfordert aber ein paar Programmzeilen mehr bei der Erstellung der Prüfsumme.

Im nächsten Schritt erstellen wir unsere sfv-Datei mit den Informationen (**38-41**) für eine spätere Prüfsummenvalidierung. Wichtig ist hierbei, dass wir nur den Dateinamen (**41**) in die sfv-Datei speichern. Daher extrahieren wir mit `basename()` den Dateinamen aus unserem eventuellen Pfad.

Getrennt von einem Leerzeichen wird unsere MD5-Prüfsumme in hexadezimaler Darstellung mit in die Datei gespeichert. Zum Schluss erstellen wir eine neue sfv-Datei (**43-45**), die als Dateinamen unseren ursprünglichen Dateinamen und als Dateiendung md5.sfv enthält. Die Funktion gibt bei Erfolg die MD5-Prüfsumme zurück (**47**), ansonsten `FALSE`.

```
33 function createMD5($file) {
34    if (file_exists($file)) {
35 
36       $md5 = md5_file($file);
37 
38       $crcText .= "; Erstellt von SELFPHP MD5\n";
39       $crcText .= "; " . date("d.m.Y H:i:s") . "\n";
40       $crcText .= ";\n";
41       $crcText .= basename($file) . " " . $md5 . "\n";
42 
43       $handle = fopen($file . ".md5.sfv", "w");
44       fputs($handle, $crcText);
45       fclose($handle);
46 
47       return $md5;
48 
49    }
50 
51    return false;
52 
53 }
```

Beispiel 12.7: md5.php

function checkMD5($file)

@param	string	$file
@return	mixed	

Die Funktion `checkMD5()` erwartet als einzigen Parameter den Dateinamen der md5.sfv-Datei. Diese beinhaltet den Dateinamen für die zu prüfende Datei sowie die MD5-Prüfsumme. Wieder überprüfen wir zuerst, ob die md5.sfv-Datei vorhanden ist (**65**), bevor wir diese einlesen (**67**). Die Funktion `file()` liest unsere sfv-Datei zeilenweise in ein Array ein.

Da wir wissen, dass unsere Zeile an der vierten Position ist und somit im Array den Index 3 hat, ist es jetzt kein Problem, den Wertebereich auszulesen. Wir trennen also unsere Zeile anhand des Leerzeichen mit der Funktion `explode()` (**68**) und erhalten als Ergebnis ein Array mit zwei Einträgen.

Im Index 0 (Null) des Arrays befindet sich unser Dateiname und im Index 1 (Eins) unsere MD5-Prüfsumme. Nachdem wir überprüft haben, ob die zu prüfende Datei vorhanden ist (**10**), können wir jetzt direkt mit der Funktion `md5_file()` die Prüfsumme der angegebenen Datei erstellen und in die Variable `$md5` (**72**) einlesen.

Wir vergleichen (**74**) im nächsten Schritt die gerade erstellte MD5-Prüfsumme mit der Prüfsumme aus unserer md5.sfv-Datei. Obwohl die Funktion `md5_file()` einen String zurückgibt, würde der direkte Vergleich scheitern. Aus diesem Grund setzen wir explizit die gerade erstellte Prüfsumme mit `settype()` auf „string" und prüfen die beiden Werte.

Sollte der Vergleich erfolgreich sein, wird die Funktion `TRUE` zurückliefern, also dass die Datei nicht beschädigt ist, ansonsten `FALSE`.

```
63 function checkMD5($file) {
64
65    if (file_exists($file)) {
66
67       $sfvString = file($file);
68       $sfv = explode(" ", $sfvString[3]);
69
70       if (file_exists($sfv[0])) {
71
72          $md5 = md5_file($sfv[0]);
73
74          if (settype($md5, "string") == $sfv[1])
75             return true;
76          else
77             return false;
78
79       }
80
81    }
82
83    return false;
84
85 }
```

Beispiel 12.8: md5.php

Bei der Überprüfung ist es völlig egal, welchen Dateityp Sie überprüfen möchten. Sie sollten allerdings die md5.sfv-Dateien an einem sicheren Ort aufbewahren, da diese die Prüfsummen enthalten. Jeder Besucher Ihrer Webseite, vorausgesetzt Sie listen die MD5-Prüfsumme bei Ihren Downloads mit auf, kann jetzt selbst prüfen, ob es sich bei der Datei um die original erstellte Datei handelt.

```
// Name der Datei
$fileCRC = 'pecl-5.1.2-Win32.zip';

// Name der sfv-Datei
$fileSFV = 'pecl-5.1.2-Win32.zip.md5.sfv';

$md5Sum = createMD5($fileCRC);
echo $md5Sum . '<br>';

if (checkMD5($fileSFV))
   echo 'Datei ist unbeschädigt<br>';
else
   echo 'Datei ist beschädigt.';
```

Beispiel 12.9: md5.php

Wie Sie sehen, kann man mit wenig Aufwand eine sichere Überprüfung vornehmen. Sie können die Darstellung der Ausgabe selbst beeinflussen. Je nachdem erhalten Sie von den Funktionen entweder `TRUE` bei Erfolg, die Prüfsumme oder `FALSE` bei Misserfolg zurückgeliefert.

```
09571722fd44bec411a64eca8ca383ae Datei ist unbeschädigt
```

12.4 Bit-Shifting

Systemvoraussetzung

- Linux
- Windows
- PHP 3
- PHP 4
- PHP 5

Datei(en)

`bitshifting.php`

Problem

Wie kann man eine einfache Verschlüsselung mit PHP realisieren, wenn bestimmte Servervoraussetzungen nicht für eine richtige Verschlüsselung ausreichend sind? Wie sicher sind dann diese Daten?

Lösung

Ich möchte eines vorwegnehmen. Sie sollten mit diesem Beispiel keine wichtigen Daten verschlüsseln, da der Schutz nicht ausreichend ist. Wir zeigen Ihnen hier nur einen Ansatz, wie und was man mit Bit-Verschiebung erreichen kann. Sie werden sehen, dass dieser Ansatz nicht nur für Verschlüsselungen herhalten, sondern sehr viele andere Anwendungsgebiete abdecken kann.

Das folgende Programm ist ebenfalls von Daniel Kressler, der für Sie hier den Programmcode für das Bit-Shifting erstellt und beschrieben hat.

function BitShifting($str_Input)

@param	string	$file
@return	mixed	

Im Einzelnen macht die Funktion nichts anderes, als dass sie jeden Buchstaben in seinen Binärwert umwandelt und die 8 Bits (1 Bit = 1 Ziffer (0/1)) in ihrer Anordnung ändert. Das führt dazu, dass der daraus resultierende Binärwert, umgewandelt in das darstellbare Zeichen, unlesbar wird.

Eine kleine Besonderheit an dieser Funktion ist, dass zum Verschlüsseln und zum Entschlüsseln ein und dieselbe Funktion genutzt wird. Das wurde erreicht, indem die Bitanordnung in einer logischen Ordnung steht. Ein Beispiel (mit Beispielwerten):

Bei der Verschlüsselung Bit von Position 3 auf Position 0 verschieben:

```
0...1... wird zu 1...0...
```

Beim Entschlüsseln verschieben sich die Bits in gleicher Ordnung:

```
1...0... wird zu 0...1...
```

Somit ist die Original-Ordnung wiederhergestellt. Bitte beachten Sie, dass die Positionsnummern der Bits mit 0 beginnen, sprich Bit 1 hat Position 0, Bit 2 hat Position 1, Bit 3 hat Position 2 usw., bis Bit 8, das Position 7 innehat.

An dieser Stelle möchte ich ausdrücklich darauf hinweisen, dass diese Bit-Shifting NICHT sicher genug ist, um sicherheitsrelevante Daten zu chiffrieren. Dafür müsste die Funktion um Einiges erweitert werden. Hier dient sie nur als Denkanstoß!

Wir widmen uns nun dem Programmcode und schauen, wie er aufgebaut ist. Die Funktion Bit-Shifting erwartet als einzigen Parameter einen String, den wir im nächsten Schritt (**6**) auf seinen Inhalt hin überprüfen. Falls es sich dabei um keinen String handeln sollte, geben wir eine Fehlermeldung zurück an die aufrufende Stelle und beenden die Funktion.

War der Inhalt ein String, so zählen (**10**) wir die Länge des Stringinhalts und speichern diese in unsere Variable. Wir definieren im Vorfeld unsere Variable (**12**), um dort später unseren String zu speichern, den wir mit dem Bit-Shifting verändert haben. Wir durchlaufen dann für jedes Zeichen in unserem String die FOR-Schleife (**14**) und setzen das jeweilige Bit.

Anhand einer Aufzählung schauen wir uns nun die einzelnen Schritte an, da im Fließtext die Vorgehensweise schwerer zu verstehen ist.

Zeile 16 Den Dezimalwert eines Zeichens holen
Zeile 19 Dezimalwert in Binärwert konvertieren
Zeile 21 Ist der Binärwert nicht 8 Bit „lang“, wird so oft eine 0 vor den Binärwert gehängt, bis der Binärwert 8 Bit hat.
Zeile 23 Bit von Position 3 auf Position 0 verschieben
Zeile 26 Bit von Position 4 auf Position 1 verschieben und dem vorigen Bit anhängen
Zeile 29 Bit von Position 2 auf Position 6 verschieben und an den vorigen Bit hängen
Zeile 32 Bit von Position 0 auf Position 3 verschieben und an den vorigen Bit hängen

Zeile 35 Bit von Position 1 auf Position 4 verschieben und an den vorigen Bit hängen
Zeile 38 Bit von Position 7 auf Position 5 verschieben und an den vorigen Bit hängen
Zeile 41 Bit von Position 6 auf Position 2 verschieben und an den vorigen Bit hängen
Zeile 44 Bit von Position 5 auf Position 7 verschieben und an den vorigen Bit hängen
Zeile 47 Binärwert von $str_bits nach Dezimal konvertieren
Zeile 49 Dezimalwert in Zeichen umwandeln

Zum Schluss müssen wir lediglich unseren verschlüsselten String an die aufrufende Stelle zurückgeben (**52**).

```
4  function BitShifting($str_Input) {
5
6     if (!is_string($str_Input)) {
7        return 'Fatal error: Argument <i>$str_Input</i> ist nicht vom Typ String!';
8     }
9
10    $int_Lenght = strlen($str_Input);
11
12    $str_Output = '';
13
14    for ($i = 0; $i < $int_Lenght; $i++) {
15
16       $int_Char = ord($str_Input {
17          $i });
18
19       $str_CharBin = decbin($int_Char);
20
21       $str_CharBinary = str_pad($str_CharBin, 8, 0, STR_PAD_LEFT);
22
23       $str_Bits = $str_CharBinary {
24          3 };
25
26       $str_Bits .= $str_CharBinary {
27          4 };
28
29       $str_Bits .= $str_CharBinary {
30          6 };
31
32       $str_Bits .= $str_CharBinary {
33          0 };
34
35       $str_Bits .= $str_CharBinary {
36          1 };
37
38       $str_Bits .= $str_CharBinary {
39          7 };
40
41       $str_Bits .= $str_CharBinary {
42          2 };
```

```
        $str_Bits .= $str_CharBinary {
           5 };

        $int_CharNew = bindec($str_Bits);

        $str_Output .= chr($int_CharNew);
    }

    return $str_Output;

}
```

Beispiel 12.10: bitshifting.php

Der Aufruf der Funktion für das Bit-Shifting ist eher unspektakulär. Sie müssen lediglich den zu verschlüsselnden String an die Funktion Bit-Shifting() (**58**) übergeben. Genauso verhält es sich mit dem Entschlüsseln. Hier wird ebenfalls der verschlüsselte String an die Funktion übermittelt.

```
56 $str_String = 'Daniel Kressler';
57
58 $str_Encrypted = BitShifting($str_String);
59
60 $str_Decrypted = BitShifting($str_Encrypted);
61
62 echo 'String verschl&uuml;sselt: <b>', $str_Encrypted, '</b>', "\n<br>\n", ➘
'String entschl&uuml;sselt: <b>', $str_Decrypted, '</b>';
```

Beispiel 12.11: bitshifting.php

Wie Sie sehen, haben wir hier eine einfache und schnelle Art der Verschlüsselung erstellt. Diese Verschlüsselung kann ohne weiteres für unwichtige Daten genutzt werden. Sollten Sie allerdings sensible Daten verschlüsseln wollen, können Sie auf das Beispiel „Rijndael" hier im Buch zurückgreifen. Dieser Programmcode, der in einem späteren Kapitel beschrieben wird, ist für sensible Daten geeignet und ausgelegt.

Ausgabe im Browser

String verschlüsselt: k?N'K?lK#
String entschlüsselt: Daniel Kressler

12.5 Symmetrische Textverschlüsselung mit Rijndael (AES)

Systemvoraussetzung

- Linux
- Windows
- PHP 4 >= 4.3.0
- PHP 5
- libmcrypt 2.4.x oder 2.5.x

Datei(en)

`aes_encrypt.php`, `aes_decrypt.php`, `aestext.txt`

Problem

Die Verschlüsselung von Daten war, ist und wird immer ein Thema sein, mit dem wir fast täglich konfrontiert werden. Jeder von uns besitzt Daten, die für keinen anderen sichtbar sein sollten, aber in der Regel werden diese Daten irgendwo im Klartext versteckt.

Natürlich ist das keine Lösung, da diese Daten gefunden werden können. Gerade bei der Übermittlung der Daten im Internet besteht die Gefahr, dass sie abgefangen und eingesehen werden. Wie aber schütze ich meine Daten am besten?

Lösung

Wir müssen das Rad nicht neu erfinden, sondern ziehen bestehende Algorithmen der Kryptografie heran. In unserem Beispiel werden wir auf Rijndael zurückgreifen, der in einer abgeleiteten Fassung zum Advanced Encryption Standard (AES) benannt wurde und im Oktober 2000 vom National Institute of Standards and Technology (NIST) als Standard festgelegt wurde.

Bei Rijndael handelt es sich um einen symmetrischen Algorithmus mit einer variablen Blockgröße von 128, 192 oder 256 Bit und einer variablen Schlüssellänge von 128, 192 oder 256 Bit. In unserem Beispiel werden wir die höchste Länge von 256 Bit nehmen, um einen maximalen Schutz zu gewährleisten. Rijndael wurde von den beiden Belgiern Joan Daemen und Vincent Rijmen entwickelt.

Eines möchten wir Ihnen nicht vorenthalten. Gerne werden AES und Rijndael in einem Atemzug genannt, da ja AES eigentlich auch Rijndael ist. Es gibt allerdings einen gravierenden Unterschied. AES nutzt für die Blockgrößen 128, 192 oder 256 Bit immer 16 Byte, Rijndael dagegen variable Werte:

128 Bit > 16 Byte
192 Bit > 24 Byte
256 Bit > 32 Byte

Somit können auch verschiedene Größen der IV-Tags entstehen: bei AES grundsätzlich 16 Byte, bei Rijndael 16, 24 oder 32 Byte.

Die Sicherheit hängt von Ihrem Passwort ab. Je komplexer Ihr Passwort ist, desto sicherer sind Ihre Daten verschlüsselt. Daher sollten Sie immer ein Passwort wählen, das aus willkürlich gewählten Buchstaben, Zahlen und Sonderzeichen besteht und über eine ausreichende Anzahl an Zeichen verfügt. Ein komplexes und wirklich sicheres Passwort sieht folgendermaßen aus:

mNiDeUiBa27.03.1971IlG

Eine solche komplexe Zeichenfolge kann man sich natürlich nicht einfach so merken. Eine Eselbrücke hilft Ihnen aber dabei, auch ein so komplexes Passwort sicher im Gedächtnis zu behalten:

Mein Name ist Damir Enseleit und ich bin am 27.03.1971 in Lünen geboren.

Einen solchen Satz kann man sich sehr schnell merken. Um das Passwort noch sicherer zu machen, habe ich abwechselnd für jedes Wort Klein- und Großbuchstaben verwendet. Durch die Zahlen und Sonderzeichen wurde das Passwort noch komplexer.

Es gibt wichtige und unwichtige Daten, also fragen Sie sich selbst, wann Sie ein derart langes Passwort benötigen. Ein weniger komplexes Passwort aus nur acht Zeichen ist in der Regel völlig ausreichend.

Da dieses Buch keine Ausarbeitung für Kryptografie ist und dieses Thema ein ganzes Buch füllen würde, gehen wir nicht näher auf diese Zusammenhänge ein, sondern konzentrieren uns wieder auf unser Beispiel.

Im Nachfolgenden sehen Sie den Text, den wir verschlüsseln werden, und die Ausgabe, also den verschlüsselten Text.

Unverschlüsselter Text

Wir müssen das Rad nicht neu erfinden, sondern ziehen bestehende Algorithmen der Kryptografie heran. In unserem Beispiel werden wir auf den Advanced Encryption Standard (AES) zurückgreifen, der im Oktober 2000 vom National Institute of Standards and Technology (NIST) als Standard festgelegt wurde. Bei AES handelt es sich um einen symmetrischen Algorithmus mit einer variablen Blockgröße von 128, 192 oder 256 Bit

> und einer variablen Schlüssellänge von 128, 192 oder 256 Bit. In unserem Beispiel werden wir auf die höchste Länge von 256 Bit zurückgreifen, um einen maximalen Schutz zu gewährleisten.

Verschlüsselter Text

```
_”@“8˜ Üñò÷<UVhùwxÞù=UTÌ“@0N$Š‘-ôrš,ÊÇ£œ
‰êJÁ*EÉŽ-Jª[2DC?]…Å[8F?]Û1¨„» '±œ½DO\tÇMb½Z?:Œ‡[8F?]
‹eÕÂ#}Ä×BúMó¯£z-]8Z,.:K#ÿŒä\ È¸è2É´!êºÚDÊj=pxÅð;÷S6|1@M¸Ÿq¤
[2C6?],€@(¯è [8D?]Õ1R®I’µ`ùZ±Çµ òï
¡æj[90?]g:ºP¡üZŸØ±Ä:c’öje»öVà™AX§¢ø‘/
ÃoN8ŸEµ[2DC?]›…ô…Q'Ùvÿ{}zDX® ±NÅ‰[81?]-qå¾¥·P8F±C&|î
|\³zeúuf]]'j[2DC?]©[90?]OÓ‘X
ŠöÆèâŸTXŽJóLG{â¨ß?Û–øÁ![2DC?]u6[192?]$%aÙ˜¢˜üôB;é–
Ü1Ñ,öïæGÿ§4µ9ë*[192?]Üm°CîNÃ [2DC?]§81äÿÓ¹ '}Uk.r¾ [9D?]T[90?]p±
êA×õPÜûˆÙ¡´ËÁ\œJÆ[2C6?]ÓOF›ÝB ª€:&Ñ
—òÜçÐÈtœÄaF§Ã‹ð¡,ÿ[90?]Ú»OâŒ²
.»d[¢«7Ô“ü¤ÝÎ¤Ý?Ðùx»ÄÜ%‡'B†Jq§[2DC?]±¤KÒß² Éöx\
²„aKÊEàÓ-[81?]æùìÍI/¬ Üßz Œoî©Å³.{à[81?]Yw,:v@æ%Pmõ:¤¯‘¬
’[9D?]g[8F?]e˜½ÏÛÝÄ|ô¸‘[81?]†!®&Ax†ù >°Ñ§¬5ÅxôÃ( c
```

Grundvoraussetzung für die zuvor gesehene Verschlüsselung ist das Vorhandensein gewisser Module. Überprüfen Sie Ihre `phpinfo()`, um zu sehen, ob bei Ihnen libmcrypt 2.4.x oder 2.5.x installiert ist. Wenn ja, so sollten Sie folgenden Eintrag sehen:

mcrypt

mcrypt support	enabled
version	>= 2.4.x
Supported ciphers	twofish rijndael-128 rijndael-192 rijndael-256 saferplus rc2 xtea serpent safer-sk64 safer-sk128 cast-256 loki97 gost threeway cast-128 blowfish des blowfish-compat tripledes enigma arcfour panama wake
Supported modes	ofb cfb nofb cbc ecb stream ncfb ctr

Abbildung 12.1: mcrypt

Windows-Benutzer

Falls Sie libmcrypt 2.4.x oder 2.5.x noch nicht auf Ihrem System haben sollten, so finden Sie auf der beiliegenden CD-ROM im Ordner Anwendungen/PHP-Tools die Datei libmcrypt.dll. Sie müssen diese Datei in den Ordner Ihres System-Pfades (z. B. c:\Windows\system32) kopieren. Anschließend öffnen Sie die Datei php.ini und ändern folgende Zeile:

;extension=php_mcrypt.dll

in

extension=php_mcrypt.dll

Zum Schluss müssen Sie lediglich Ihren Webserver neu starten, und das Modul sollte jetzt vorhanden sein. Dies können Sie ebenfalls mit einer `phpinfo()` prüfen.

Unsere komplette Verschlüsselung besteht aus zwei Dateien – zum einen der Datei für die Verschlüsselung (aes_encrypt.php) und zum anderen der Datei für die Entschlüsselung (aes_decrypt.php). Der Einfachheit halber haben wir diese Dateien in unserem Beispiel getrennt. Sie können aber beide Funktionen in den Dateien zusammenlegen und jeweils die geforderte Funktion ansprechen.

function encryptAES($file,$key,$aes)

@param	string	$file
@param	string	$key
@param	string	$aes
@return	bool	

Die Funktion `encryptAES()` verlangt insgesamt drei Parameter. Zum einen den Dateinamen (`$file`) (**38**) der Datei, die verschlüsselt werden soll. Des Weiteren das Passwort (`$key`) (**38**) für die Verschlüsselung und zum Schluss die Verschlüsselungsstärke (`$aes`) (**38**).

Wie bereits erwähnt, sollten Sie ein sicheres Passwort für die Verschlüsselung auswählen – in unserem Beispiel ist es ein leichtes Passwort, dient aber dem Zweck. Bei der Verschlüsselungsstärke können Sie aus einer variablen Schlüssellänge von 128, 192 oder 256 Bit auswählen. Hier im Beispiel haben wir die stärkste Verschlüsselung verwendet, also 256 Bit.

Zuerst überprüfen wir, ob die angegebene zu verschlüsselnde Datei (**41**) vorhanden ist. Sollte dies der Fall sein, speichern (**42**) wir den kompletten Inhalt der Datei in die Variable `$content`. Fehlt die Datei, so brechen wir die Funktion ab (**44**) und geben `FALSE` zurück.

Im nächsten Schritt erfragen wir, welche Schlüssellänge genutzt werden soll (**47-56**) und setzen den jeweiligen Parameter, den wir in die Variable

`$rijndael` speichern. Diesen Parameter benötigen wir, um das passende Modul für die Verschlüsselung zu laden (in unserem Fall hier rijndael-256).

Wir laden im nächsten Schritt unser Modul und übergeben als zusätzlichen Parameter den Modus `OFB` (Output Feedback Modus). Dieser Modus bestimmt, wie die Daten verschlüsselt werden sollen. Dabei handelt es sich um die Art der Blockchiffrierung, wir gehen aber hier aufgrund des Umfangs nicht weiter auf dieses Thema ein. Mögliche Werte sind:

CBC	Cipher Block Chaining Modus	**ECB**	Electronic Codebook Modus
CFB	Cipher Feedback Modus	**OFB**	Output Feedback Modus

Wenn Sie beim Verschlüsseln von Daten z. B. den Modus `OFB` angegeben haben, so müssen Sie unbedingt auch beim Entschlüsseln diesen Modus wählen, da die Daten sonst abweichen würden!

Wir müssen abfragen, ob es sich bei dem Betriebssystem um einen Windows- oder Linuxrechner (**67**) handelt, da Windows nur den Parameter `MCRYPT_RAND` (**68**) für die Erstellung des Initialisierungsvektors kennt.

Seit PHP 4.2.0 ist es nicht mehr notwendig, den Zufallsgenerator mit `srand()` zu initialisieren und wir verzichten somit darauf, da dieses Beispiel eine Mindestkonfiguration von PHP 4 >= 4.3.0, PHP 5 hat. Sie können dieses Beispiel ohne weiteres auf eine Mindestkonfiguration von PHP 4 >= 4.1.1 umprogrammieren – dafür müssen Sie lediglich in der Datei aes_decrypt.php, `file_get_contents()` in eine `fopen()`-Variante ändern.

Nachdem wir das Betriebssystem ermittelt haben, setzen wir den Initialisierungs-Vektor (**68 oder 70**), der für das Verschlüsseln verwendet wird – diesen Vektor benötigen wir, wenn `CBC`, `CFB` oder `OFB` als Blockchiffrierung gewählt wurde. Auch hier gilt das gleiche Prinzip wie bei der Wahl der Blockchiffrierung – der gleiche Initialisierungs-Vektor muss beim Ver- und Entschlüsseln genutzt werden.

Wir ermitteln im nächsten Schritt die maximale Schlüsselgröße (**74**) für unsere 256-Bit-Verschlüsselung – die Schlüsselgröße bei 256 Bit beträgt 32 Byte. Mit diesem Wert und unserem Passwort können wir jetzt den eigentlichen Schlüssel erstellen (**77**), der aus einem MD5-Code (liefert uns einen 32 Byte langen String) gebildet und mit `substr()` (**77**) eventuell auf unsere maximale Schlüsselgröße (hier von 32 Bytes) gekürzt wird.

Vor jeder Ver- oder Entschlüsselung müssen alle Buffers, also der Speicher, der zur temporären Zwischenlagerung der Daten für die Ver- oder Entschlüsselung dient, initialisiert werden (**80**). Im Umkehrschluss müssen wir nach der Ver- oder Entschlüsselung diesen Speicher wieder freigeben (**99**). Nachdem wir alle Vorbereitungen getroffen haben, können wir unsere Daten verschlüsseln (**83**).

Wir speichern jetzt zum einen unseren verschlüsselten Text in eine Datei (**89-91**) (mit der Dateiendung *.aes) und zum anderen unseren IV-Tag (**94-96**), der als Dateiendung *.iv erhalten wird. Wie bereits im Vorfeld erwähnt, benötigen Sie für die Entschlüsselung beides, den verschlüsselten Text sowie den IV-Tag.

Wir können jetzt den Speicher wieder freigeben (**99**) und das Modul schließen (**102**). Fertig ist unsere Verschlüsselung, und wir können uns jetzt dem Entschlüsseln widmen.

```
38 function encryptAES($file, $key, $aes) {
39
40    // Überprüft, ob die Datei vorhanden ist und liest sie ein
41    if (file_exists($file))
42       $content = file_get_contents($file);
43    else
44       return false;
45
46    // Setzt den Algorithmus
47    switch ($aes) {
48       case 128 :
49          $rijndael = 'rijndael-128';
50          break;
51       case 192 :
52          $rijndael = 'rijndael-192';
53          break;
54       default :
55          $rijndael = 'rijndael-256';
56    }
57
58    // Setzt den Verschlüsselungsalgorithmus
59    // und setzt den Output Feedback (OFB) Modus
60    $cp = mcrypt_module_open($rijndael, '', 'ofb', '');
61
62    // Ermittelt den Initialisierungsvector, der für die Modi CBC, CFB
63    // und OFB benötigt wird.
64    // Der Initialisierungsvector muss beim Entschlüsseln den selben
65    // Wert wie beim Verschlüsseln haben.
66    // Windows unterstützt nur MCRYPT_RAND
67    if (strtoupper(substr(PHP_OS, 0, 3)) === 'WIN')
68       $iv = mcrypt_create_iv(mcrypt_enc_get_iv_size($cp), MCRYPT_RAND);
69    else
70       $iv = mcrypt_create_iv(mcrypt_enc_get_iv_size($cp), MCRYPT_DEV_RANDOM ➥
         );
71
72    // Ermittelt die Anzahl der Bits, welche die Schlüssellänge
73    // des Keys festlegen
74    $ks = mcrypt_enc_get_key_size($cp);
75
76    // Erstellt den Schlüssel, der für die Verschlüsselung genutzt wird
77    $key = substr(md5($key), 0, $ks);
78
79    // Initialisiert die Verschlüsselung
80    mcrypt_generic_init($cp, $key, $iv);
81
82    // Verschlüsselt die Daten
83    $encrypted = mcrypt_generic($cp, $content);
84
85    // Extrahiert den Dateinamen
```

```
    $fileName = basename($file);

    // Speichert die verschlüsselten Daten
    $fp = fopen($fileName . ".aes", "w");
    fputs($fp, $encrypted);
    fclose($fp);

    // Speichert den IV-Tag
    $fp = fopen($fileName . ".iv", "w");
    fputs($fp, $iv);
    fclose($fp);

    // Deinitialisiert die Verschlüsselung
    mcrypt_generic_deinit($cp);

    // Schließt das Modul
    mcrypt_module_close($cp);

    return true;

}

encryptAES("aestext.txt", "MeinPasswort", 192);
```

Beispiel 12.12: aes_encrypt.php

Die Verschlüsselung haben wir nun einwandfrei gelöst und ausreichend beschrieben. Daher wird die Entschlüsselung ein wenig kürzer, und wir erklären nicht alles bisher Gesehene nochmals so ausführlich. Sollten Sie Begriffe nicht auf Anhieb verstehen, so lesen Sie im vorherigen Beispiel mit der ausführlichen Erklärung noch einmal nach.

function decryptAES($file,$key,$aes,$ivFile)

@param	string	$file
@param	string	$key
@param	string	$aes
@param	string	$ivFile
@return	mixed	

Die Funktion `decryptAES()` verlangt als Parameter die verschlüsselte Datei (`$file` - *.aes), das Passwort im Klartext (`$key` - nicht den Schlüssel), die Verschlüsselungsart (`$iv` - 128, 192 oder 256) und zum Schluss die Datei mit dem IV-Tag (`$ivFile` - *.iv).

Zuerst überprüfen wir, ob beide Dateien (*.aes und *.iv) vorhanden sind (**39**) und speichern bei Erfolg den verschlüsselten Inhalt (**43**) und den IV-Tag (**44**) jeweils in eine Variable. Ist eine Datei nicht vorhanden, so brechen wir die Funktion ab und geben `FALSE` zurück (**46**). Die switch-Abfrage (**49-58**) benötigen wir wieder, um das passende Modul für die Entschlüsselung zu wählen.

Wieder öffnen wir das Modul (**62**) (in unserem Fall rijndael-256), setzen den Modus auf `OFB` (**62**) und ermitteln die maximale Schlüsselgröße (**65**). Im nächsten Schritt erstellen wir anhand unseres Passworts den Schlüssel (**68**) mit der maximalen Schlüssellänge und initialisieren alle Buffers für die Entschlüsselung (**71**).

Die zuvor eingelesene Datei werden wir jetzt entschlüsseln (**74**). Vielleicht ist Ihnen bereits aufgefallen, dass wir hier keinen IV-Tag gebildet haben. Wie bereits erwähnt, benötigen wir jetzt den IV-Tag aus der Datei *.iv, der bei der Verschlüsselung erstellt wurde.

Mit diesem speichern wir jetzt den entschlüsselten Text in unsere Variable **`$decrypted`**, deinitialisieren unsere Buffer (**77**) und schließen das Modul (**80**). Zum Schluss entfernen wir noch die eventuellen Null-Bytes (**82**) in unserem entschlüsselten Text und geben den Text an die aufrufende Stelle zurück.

Das war's! Dieser Abschnitt war nun zwar kurz, trotzdem denke ich, das das vorherige Beispiel erklärend genug war und Sie jetzt in der Lage sind, die Mechanismen bei der Verschlüsselung zu verstehen.

```
39 function decryptAES($file, $key, $aes, $ivFile) {
40
41    // Überprüft, ob die Datei vorhanden ist und liest sie ein
42    if (file_exists($file) && file_exists($ivFile)) {
43       $content = file_get_contents($file);
44       $iv = file_get_contents($ivFile);
45    } else
46       return false;
47
48    // Setzt den Algorithmus
49    switch ($aes) {
50       case 128 :
51          $rijndael = 'rijndael-128';
52          break;
53       case 192 :
54          $rijndael = 'rijndael-192';
55          break;
56       default :
57          $rijndael = 'rijndael-256';
58    }
59
60    // Setzt den Verschlüsselungsalgorithmus
61    // und setzt den Output Feedback (OFB) Modus
62    $cp = mcrypt_module_open($rijndael, '', 'ofb', '');
63
64    // Ermittelt die Anzahl der Bits, welche die Schlüssellänge des Keys ↩
      festlegen
65    $ks = mcrypt_enc_get_key_size($cp);
66
67    // Erstellt den Schlüssel, der für die Verschlüsselung genutzt wird
68    $key = substr(md5($key), 0, $ks);
69
70    // Initialisiert die Verschlüsselung
71    mcrypt_generic_init($cp, $key, $iv);
72
```

```
    // Entschlüsselt die Daten
    $decrypted = mdecrypt_generic($cp, $content);

    // Beendet die Verschlüsselung
    mcrypt_generic_deinit($cp);

    // Schließt das Modul
    mcrypt_module_close($cp);

    return trim($decrypted);

}

$decrypted = decryptAES("aestext.txt.aes", "MeinPasswort", 256, "aestext.txt.iv");

echo $decrypted;
```

Beispiel 12.13: aes_decrypt.php

Dieses Beispiel diente der Vorführung der Verschlüsselung. Das Programm an sich ist noch sehr unvollständig und könnte erweitert werden. Daher werden wir im nächsten Beispiel eine Anwendung auf Basis von MySQL programmieren, damit Sie auch komfortabel testen können.

12.6 Rijndael – Komplettes Beispielprojekt Verschlüsselung

Systemvoraussetzung

- Linux
- Windows
- PHP 4 >= 4.3.0
- PHP 5
- MySQL
- libmcrypt 2.4.x oder 2.5.x

Datei(en)

`rijndael.php`, `rijndael.inc.php`, `rijndael.css`, `rijndael.sql`

Problem

Bisher haben Sie gesehen, wie man Daten verschlüsselt und sie in Textdateien speichert. Sicherlich hätten Sie es gerne komfortabler und die Daten nicht als Textdateien, sondern in einer Datenbank vorliegen. Diesem Thema werden wir uns nun widmen.

Lösung

Das folgende Beispiel ist eine komplette Lösung zur Verschlüsselung. Die verschlüsselten Daten werden dabei in eine MySQL-Datenbank gespeichert und können über ein Drop-Down-Menü jeweils ausgewählt werden. Weiterhin speichert das Programm das Datum und die Uhrzeit von folgenden Ereignissen:

- Erstellungsdatum der letzten Verschlüsselung
- Datum der letzten erfolgreichen Entschlüsselung
- Datum der letzten fehlgeschlagenen Verschlüsselung

Somit können Sie genau sehen, wie auf den entsprechenden Datensatz zugegriffen wurde. Sie können bei der Verschlüsselung einen Info-Text eingeben, sodass Sie später im Drop-Down-Menü den entsprechenden Datensatz schneller finden. Weiterhin haben Sie die Möglichkeit, zwischen einer Verschlüsselungsstärke von 128, 192 oder 256 Bit zu wählen.

Bei der Verschlüsselung können Sie wahlweise reinen Text oder eine Datei angeben. Sollte es sich um eine Datei handeln, wird der Inhalt der Datei verschlüsselt und in die Datenbank gespeichert.

Um maximale Sicherheit zu gewährleisten, wird das Passwort für die Entschlüsselung nicht mit in die Datenbank gespeichert. Sollten Sie dieses Passwort verlieren, so sind Ihre Daten nicht mehr zu entschlüsseln. Also achten Sie sehr gut auf Ihr Passwort!

Das Programm ist bereits so aufgebaut, dass Sie eigene Menüfelder hinzunehmen können, um das Programm an Ihre Bedürfnisse anzupassen.

Hier im Buch verzichten wir auf die Quellcode-Darstellung der HTML-Datei, da der Programmcode bereits viele Seiten einnimmt und die HTML-Seite nur ein paar PHP-Blöcke zur Darstellung bereithält – dies müssen wir nicht gesondert aufzeigen.

Im Folgenden sehen Sie drei Screenshots, die allerdings nicht die komplette Programmseite wiedergeben, sondern nur Ausschnitte sind. Den vollen Umfang der Seite inkl. Menüs sehen Sie, wenn Sie das Programm im Webbrowser ausführen.

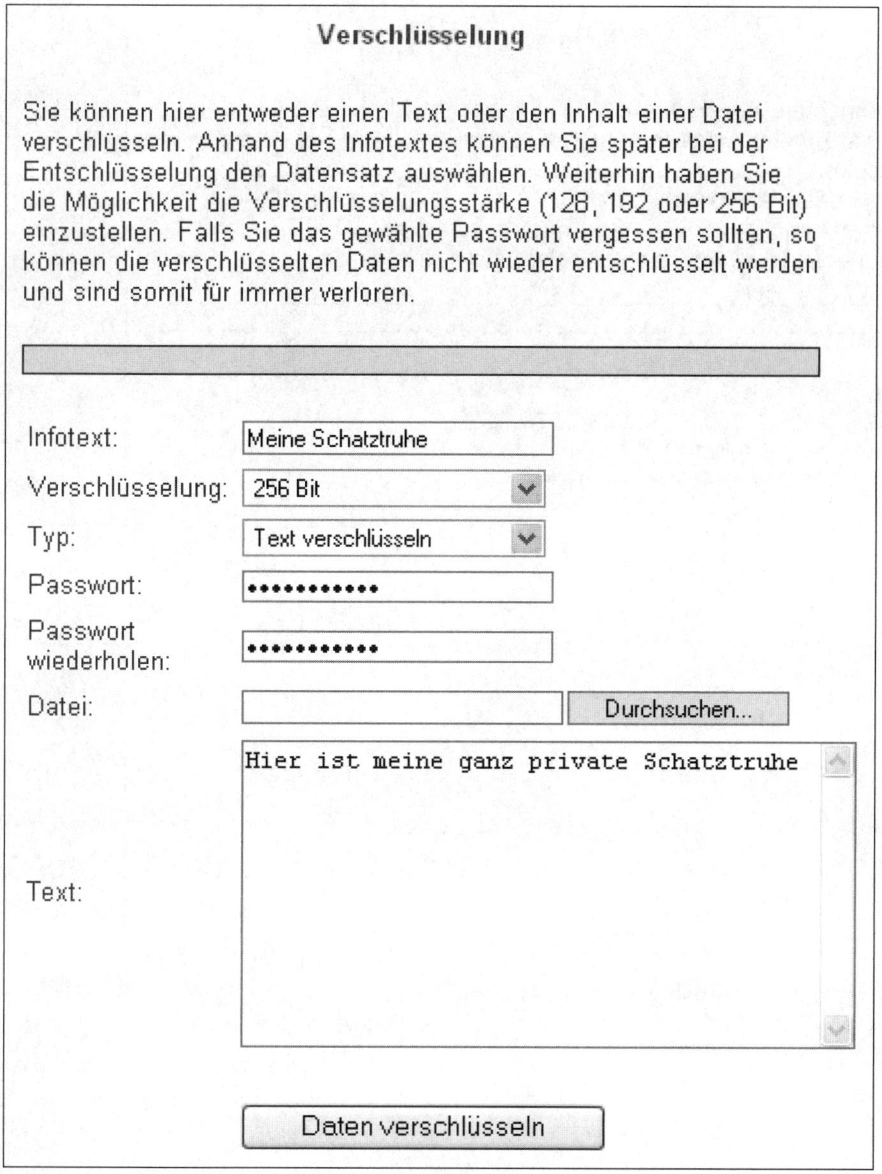

Abbildung 12.2: Screenshot Verschlüsselung

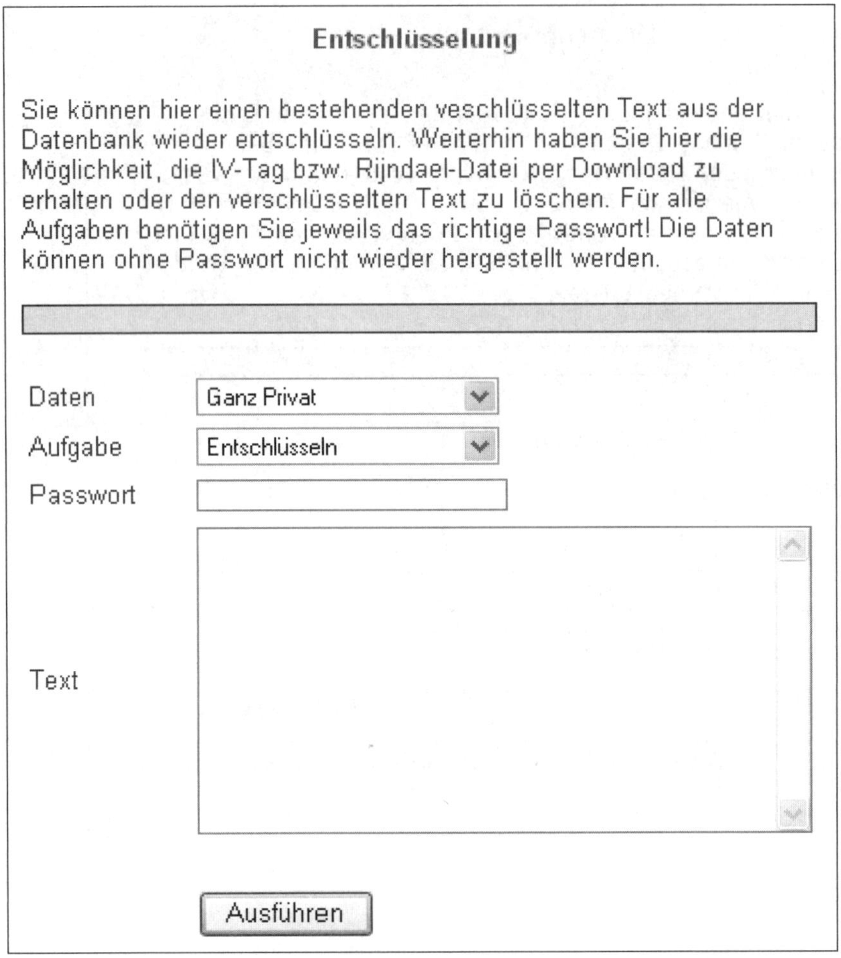

Abbildung 12.3: Screenshot Entschlüsselung

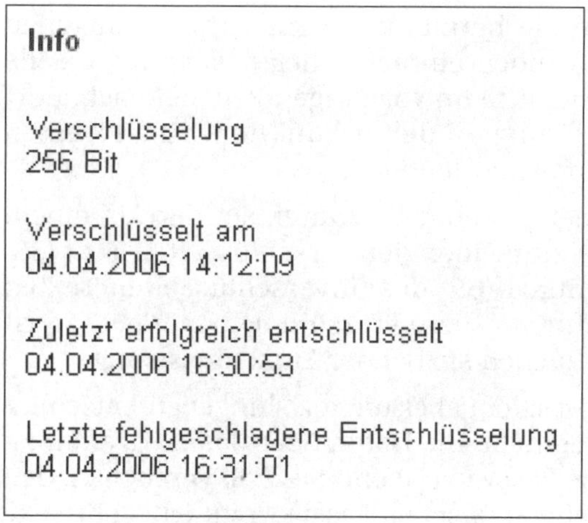

Abbildung 12.4: Screenshot Info

Sie finden auf der beiliegenden CD-ROM eine Datei mit dem Namen rijndael.sql. Diese Datei enthält die Struktur der Tabelle für die Datenbank. Am einfachsten ist es, wenn Sie diese Datei mit phpMyAdmin einlesen und sich somit die Tabelle erstellen lassen.

Sollten Sie den Tabellennamen in dem SQL-Statement ändern, so müssen Sie diesen Namen auch in der Konfiguration ändern. Dann müssen Sie die Parameter für den Datenbankzugriff angeben und können das Programm sofort ausprobieren.

Dieses Programm können Sie nach Herzenslust erweitern und modifizieren. Wie zu Beginn des Buches erwähnt, haben wir bewusst auf Klassen verzichtet, daher finden Sie hier im Beispiel auch hauptsächlich Funktionen.

Das Programm bietet sich aber geradezu an, in eine Klasse implementiert zu werden - also wenn Sie sich üben wollen oder bereits genug Erfahrung besitzen, so modifizieren sie es.

Nun wollen wir uns aber dem Programmcode widmen. Wir werden uns zunächst alle Funktionen anschauen, bevor wir zu dem Teil kommen, in dem sich die einzelnen Verzweigungen für das Programm befinden.

function encryptAES($content,$key,$aes)

@param	string	$content
@param	string	$key
@param	integer	$aes
@return	mixed	

Die nachfolgende Funktion kennen Sie bereits aus dem vorangegangenen Beispiel. Daher werden wir sie nicht noch einmal näher beschreiben. Falls noch Fragen bestehen, so schauen Sie bitte im vorherigen Beispiel nach, dort finden Sie eine sehr detaillierte Erklärung zu dieser Funktion. Einen kleinen Unterschied gibt es in dieser Funktion aber dennoch.

Diesmal speichern wir die Daten nicht in eine Textdatei, sondern in einem Array (**41, 43, 55, 65**). Wir speichern zum einen den verschlüsselten Text (**35**) und zum anderen eine MD5-Prüfsumme (**65**) des unverschlüsselten Textes. Falls Sie sich jetzt fragen sollten wofür wir diese Prüfsumme benötigen, so ist die Antwort schnell gegeben. Wir brauchen sie bei der Entschlüsselung.

Wir möchten alles protokollieren – vor allem aber die misslungenen Entschlüsselungen. Vielleicht hat ja jemand versucht, die Daten über das Programm zu entschlüsseln, hatte aber das falsche Passwort. Wenn Sie z. B. versuchen, den folgenden verschlüsselten Text mit einem falschen Passwort zu entschlüsseln,

-ÉÚE7ækéªç¡Xûïãöù|‰LÃ,Ú^ô¼õ`GO…]-Ò°Æ<2,&
wð@SÊ¤îáî?2>:k¢æÂçíu‘ê?¼

so erhalten Sie als Ergebnis z. B. Folgendes als Rückgabetext (ist jedes Mal verschieden):

· E²Æ]G&æ

Jetzt stehen wir vor einem Problem. Wie erkenne ich, ob der Text richtig entschlüsselt wurde? An diesem Punkt kommt die MD5-Prüfsumme ins Spiel. Anhand dieser Prüfsumme, die wir aus dem unverschlüsselten Text erzeugt haben, können wir beide Texte miteinander vergleichen.

Ist die Prüfsumme des entschlüsselten Textes genau wie die MD5-Prüfsumme, die wir beim Verschlüsseln erzeugt haben, so muss das Passwort richtig gewesen sein. Wären die beiden Prüfsummen unterschiedlich, so war die Entschlüsselung bzw. das Passwort fehlerhaft.

Aus diesem Grund speichern wir nicht nur den verschlüsselten Text in die Datenbank, sondern auch die MD5-Prüfsumme (**65**). Diese Funktion gibt also ein Array mit dem verschlüsselten Text und der Prüfsumme zurück (**67**).

```
17 function encryptAES($content, $key, $aes) {
18
19    // Setzt den Algorithmus
20    switch ($aes) {
21       case 128 :
22          $rijndael = 'rijndael-128';
23          break;
24       case 192 :
```

```
            $rijndael = 'rijndael-192';
            break;
        default :
            $rijndael = 'rijndael-256';
    }

    // Setzt den Verschlüsselungsalgorithmus
    // und setzt den Output Feedback (OFB) Modus
    $cp = mcrypt_module_open($rijndael, '', 'ofb', '');
    if (!$cp)
        return 'Modul konnte nicht geladen werden';

    // Ermittelt den Initialisierungsvector, der für die Modi CBC, CFB und OFB benötigt wird.
    // Der Initialisierungsvector muss beim Entschlüsseln den selben Wert wie beim Verschlüsseln haben.
    // Windows unterstützt nur MCRYPT_RAND
    if (strtoupper(substr(PHP_OS, 0, 3)) === 'WIN')
        $enc['iv'] = mcrypt_create_iv(mcrypt_enc_get_iv_size($cp), MCRYPT_RAND);
    else
        $enc['iv'] = mcrypt_create_iv(mcrypt_enc_get_iv_size($cp), MCRYPT_DEV_RANDOM);

    // Ermittelt die Anzahl der Bits, welche die Schlüssellänge des Keys festlegen
    $ks = mcrypt_enc_get_key_size($cp);

    // Erstellt den Schlüssel, der für die Verschlüsselung genutzt wird
    $key = substr(md5($key), 0, $ks);

    // Initialisiert die Verschlüsselung
    mcrypt_generic_init($cp, $key, $enc['iv']);

    // Verschlüsselt die Daten
    $enc['encrypted'] = mcrypt_generic($cp, $content);

    // Deinitialisiert die Verschlüsselung
    mcrypt_generic_deinit($cp);

    // Schließt das Modul
    mcrypt_module_close($cp);

    // Erstellt einen Hash-Wert um später prüfen zu können, ob ein misslungene
    // Entschlüsselung durchgeführt wurde
    $enc['md5'] = md5($content);

    return $enc;

}
```

Beispiel 12.14: rijndael.inc.php

function decryptAES($content,$iv, $key,$aes)

@param	string	$file
@param	string	$key
@param	integer	$aes
@param	string	$ivFile
@return	mixed	

Auch in dieser Funktion hat sich kaum was geändert. Im vorherigen Beispiel konnten Sie bereits verfolgen, wie diese Funktion arbeitete. Sie entschlüsselt unseren Text und gibt ihn der aufgerufenen Stelle zurück.

```
function decryptAES($content, $iv, $key, $aes) {

   // Setzt den Algorithmus
   switch ($aes) {
      case 128 :
         $rijndael = 'rijndael-128';
         break;
      case 192 :
         $rijndael = 'rijndael-192';
         break;
      default :
         $rijndael = 'rijndael-256';
   }

   // Setzt den Verschlüsselungsalgorithmus
   // und setzt den Output Feedback (OFB) Modus
   $cp = mcrypt_module_open($rijndael, '', 'ofb', '');

   // Ermittelt die Anzahl der Bits, welche die Schlüssellänge des Keys festlegen
   $ks = mcrypt_enc_get_key_size($cp);

   // Erstellt den Schlüssel, der für die Verschlüsselung genutzt wird
   $key = substr(md5($key), 0, $ks);

   // Initialisiert die Verschlüsselung
   mcrypt_generic_init($cp, $key, $iv);

   // Entschlüsselt die Daten
   $decrypted = mdecrypt_generic($cp, $content);

   // Beendet die Verschlüsselung
   mcrypt_generic_deinit($cp);

   // Schließt das Modul
   mcrypt_module_close($cp);

   return trim($decrypted);

}
```

Beispiel 12.15: rijndael.inc.php

function insertBase($encrypted,$iv,$infotext,$aes,$md5,$dbTable)

@param	string	$encrypted
@param	string	$iv
@param	string	$infotext
@param	integer	$aes
@param	string	$md5
@param	string	$dbTable
@return	bool	

Die Funktion `insertBase()` ist für das Speichern eines verschlüsselten Textes in die Datenbank verantwortlich. Sie erwartet als Parameter den verschlüsselten Text, den IV-Tag aus der Verschlüsselung (encryptAES()), den Infotext aus dem Webformular, die Verschlüsselungsstärke (128, 192 oder 256 Bit), die MD5-Prüfsumme aus der Verschlüsselung (`encryptAES()`) und zum Schluss den Tabellennamen in der Datenbank.

Allerdings müssen wir den IV-Tag und den verschlüsselten Text für die Datenbank vorbereiten (**141, 142**), da innerhalb dieser beiden Variablen eine Vielzahl von Anführungsstrichen etc. vorkommen kann und diese mit einem Backslash (\) geschützt werden müssen.

Würden wir darauf verzichten, so würde das Einfügen in die Datenbank scheitern. Wir setzen also unseren SQL-String (**144-152**) mit den gelieferten Daten zusammen und fügen anschließend die Daten in die Datenbank ein (**153**).

```
140 function insertBase($encrypted, $iv, $infotext, $aes, $md5, $dbTable) {
141    $encrypted = addslashes($encrypted);
142    $iv = addslashes($iv);
143
144    $sqlString = "INSERT INTO
145          $dbTable
146          SET
147           infotext = '$infotext',
148           textaes  = '$encrypted',
149           block    = '$aes',
150           encrypt  = NOW(),
151           ivTag    = '$iv',
152           md5      = '$md5'";
153    $sqlInsert = @ mysql_query($sqlString);
154
155    return true;
156 }
```

Beispiel 12.16: rijndael.inc.php

function checkDecrypt($decrypted,$md5,$id=0,$database=false)

@param	string	$decrypted
@param	string	$md5
@param	integer	$id
@param	bool	$database
@return	mixed	

Die Funktion `checkDecrypt()` ist unsere Protokollfunktion. Sie überprüft, ob der entschlüsselte Text identisch mit der Prüfsumme ist, die beim Verschlüsseln erstellt wurde. Ist dies der Fall (**176**), so wird diese erfolgreiche Entschlüsselung mit Datum und Uhrzeit gespeichert (**177**). Waren die beiden Prüfsummen nicht identisch, so wird die fehlgeschlagene Entschlüsselung ebenfalls mit Datum und Uhrzeit gespeichert (**180**).

Die Funktion hat noch einen weiteren Zweck. Wenn Sie einen Text verschlüsseln, so wird der Text nicht einfach verschlüsselt und in die Datenbank geschrieben, sondern vorher einem Test unterzogen. Die Funktion prüft dann, ob die gerade erstellte Verschlüsselung auch wieder mit dem Passwort entschlüsselbar ist.

Ist das der Fall, so gibt die Funktion `TRUE` zurück und die Daten werden gespeichert. Konnte der Text nicht wieder entschlüsselt werden, so meldet die Funktion `FALSE` und speichert die Daten nicht, sondern gibt einen Hinweistext aus.

Daher ist der Aufruf der Funktion auch unterschiedlich. Wenn Sie einen Text entschlüsseln wollen (**175**), so geben Sie der Funktion die beiden folgenden optionalen Parameter mit:

- `$id` Die Datenbank-ID des verschlüsselten Textes
- `$database` true, wenn Sie die Daten entschlüsseln wollen

Wollen Sie hingegen nur prüfen, ob der gerade verschlüsselte Text auch wieder entschlüsselbar ist (**183**), so lassen Sie diese beiden Parameter einfach weg. Sie werden dann mit den Standardwerten 0 (Null) und `FALSE` gefüllt.

```
173 function checkDecrypt($decrypted, $md5, $id = 0, $database = false) {
174
175    if ($database) {
176       if (md5($decrypted) == $md5) {
177          $sqlUpdate = @ mysql_query("UPDATE rijndael SET decrypt = NOW() WHERE id = $id");
178          $message = "Daten konnten erfolgreich entschlüsselt werden.";
179       } else {
180          $sqlUpdate = @ mysql_query("UPDATE rijndael SET decryptError = NOW() WHERE id = $id");
181          $message = "Daten konnten nicht entschlüsselt werden!";
182       }
183    } else {
184       if (md5($decrypted) == $md5) {
```

```
185             return true;
186         } else {
187             return false;
188         }
189     }
190
191     return $message;
192
193 }
```

Beispiel 12.17: rijndael.inc.php

function sendIV($iv,$md5,$rijndael)

@param	string	$iv
@param	string	$md5
@param	integer	$rijndael
@return	void	

Sie haben jederzeit die Möglichkeit, sich den IV-Tag per Download zuschicken zu lassen. Sie müssen lediglich das richtige Passwort kennen. Die Daten werden entschlüsselt, bevor Sie an diese Funktion übergeben werden, und mit den beiden MD5-Prüfsummen verglichen. Stimmen beide Werte überein, so wird diese Funktion aufgerufen.

Die Funktion erwartet als Parameter den IV-Tag, die MD5-Prüfsumme sowie die Verschlüsselungsstärke (128, 192 oder 256 Bit). Basierend auf den Werten wird eine „Datei" erstellt (**210-213**), die unter anderem die Verschlüsselungsstärke (**211**), das Datum (**211**), an dem diese Download-Datei erstellt wurde, und den IV-Tag (**213**) beinhaltet. Der Dateiname wird aus der MD5-Prüfsumme gebildet (**216**) und erhält als Dateiendung *.iv. Im Folgenden sehen Sie eine derartige Beispieldatei.

Datei: 659a3c8c5d480399a2dd89b73c88ccf0.iv

```
; IV-Tag Datei
; Erstellt am 05.04.2006 13:37:49
; Verschlüsselung 256 Bit
[óQÞiÍÛGem])žª ',*êèà¬keq) 2¡
```

Wie Sie sicherlich noch aus dem vorangegangenen Beispiel wissen, benötigen Sie zur Entschlüsselung alle drei Werte. Zum einen den IV-Tag, zum anderen den verschlüsselten Text sowie die Verschlüsselungsstärke.

```
function sendIV($iv, $md5, $rijndael) {

    $message .= "; IV-Tag Datei\n";
    $message .= "; Erstellt am " . date("d.m.Y H:i:s") . "\n";
    $message .= "; Verschlüsselung " . $rijndael . "\n";
    $message .= $iv;

    header("Content-Type: text");
    header("Content-Disposition: attachment; filename=\"$md5.iv\"");

    echo $message;

    exit;
}
```

Beispiel 12.18: rijndael.inc.php

function sendEncrypt($content,$md5)

@param	string	$content
@param	string	$md5
@return	void	

Weiterhin haben Sie jederzeit die Möglichkeit, sich den verschlüsselten Text per Download zuschicken zu lassen. Auch hier müssen Sie das richtige Passwort kennen. Die Daten werden entschlüsselt, bevor Sie an diese Funktion übergeben werden, und mit den beiden MD5-Prüfsummen verglichen. Stimmen beide Werte überein, so wird diese Funktion aufgerufen.

Die Funktion erwartet als Parameter den verschlüsselten Text sowie die MD5-Prüfsumme. Basierend auf den Werten wird ein Header (**234, 235**) gesendet und der verschlüsselte Text ausgegeben (**237**). Der Dateiname (**235**) wird aus der MD5-Prüfsumme gebildet und erhält als Dateiendung *.aes. Im Folgenden haben wir eine solche eine Beispieldatei aufgeführt.

Datei: 659a3c8c5d480399a2dd89b73c88ccf0.aes

```
-ÉÚE7ækéª ç¡X [2DC?]ûïãöù|‰LÃ,Ú^ô¼õ`GO…]-Ò°Æ<2,&
wð@SÊ¤îáî?2>:k¢æÂçíu'ê?¼
```

Wie erwähnen es hier nur noch einmal vorsichtshalber: Zum Entschlüsseln benötigen Sie alle drei Werte. Zum einen den IV-Tag, zum anderen den verschlüsselten Text sowie die Verschlüsselungsstärke.

```
232 function sendEncrypt($content, $md5) {
233
234     header("Content-Type: text");
235     header("Content-Disposition: attachment; filename=\"$md5.aes\"");
```

```

    echo $content;

    exit;
}
```

Beispiel 12.19: rijndael.inc.php

Grundeinstellung

Die Grundeinstellung ist relativ simpel und bezieht sich lediglich auf die Datenbank. Die benötigten Werte wie Benutzername (**8**), Datenbank (**7**), Host (**6**) sowie Passwort (**9**) müssen Sie ergänzen. Falls Sie beim Anlegen der Tabelle einen anderen Namen als „rijndael“ gewählt haben, müssen sie diesen selbstverständlich auch ergänzen (**10**).

```
1 <?PHP
2
3 /**
4 *  Datenbank Zugangsdaten
5 */
6 define("DB_HOST","localhost");       // MySQL Hostname
7 define("DB_NAME","db_name");  // MySQL Datenbankname
8 define("DB_USER","db_user"); // MySQL Benutzername
9 define("DB_PASS","db_passwd");       // MySQL Passwort
10 $db['table']   =  'rijndael';          // MySQL Tabellenname
11
12
13 $dbCon = @MYSQL_CONNECT(DB_HOST,DB_USER,DB_PASS) or die("Datenbank momentan ↩
   nicht erreichbar");
14 $db_check = @MYSQL_SELECT_DB(DB_NAME) or die("Datenbank momentan nicht ↩
   erreichbar");
```

Beispiel 12.20: rijndael.php

Verschlüsseln

Wurde als Aufgabe die Verschlüsselung gewählt (**84**), so werden im Vorfeld die übermittelten Variablen überprüft. Zum einen darf das Passwort nicht leer sein (**86**) und zum anderen müssen beide zum Vergleich abgefragten Passwörter identisch sein (**98**). Weiterhin darf der Infotext, der für die Darstellung der Drop-Down-Darstellung benötigt wird, nicht leer sein (**92**).

Je nach Ergebnis der Überprüfung werden unterschiedliche Fehlermeldungen generiert und ausgegeben. Sie können diese Fehlermeldungen noch modifizieren, indem Sie das Beispiel aus diesem Buch zur Fehlerüberprüfung bei Formularen nehmen.

Falls Sie die Textverschlüsselung und nicht die Dateiverschlüsselung gewählt haben, so wird auch hier eine Überprüfung vorgenommen (**104**) und ein eventueller Fehler ausgegeben. Sollte es sich bei Ihrer Auswahl um eine Dateiverschlüsselung handeln, so müssen wir in diesem Fall noch überprüfen, ob überhaupt eine Datei angegeben wurde (**110**).

Wurde keine Datei angegeben, wird die IF-Abfrage (**113**) greifen und einen Fehler ausgeben. Wurde eine Datei angegeben, so wird der else-Zweig (**118**) weiterverarbeitet. Zuerst bilden wir aus der aktuellen Uhrzeit einen temporären Namen (**120**) für den Upload der Datei, die wir dann mit `move_upload_file()` (**121**) speichern und anschließend in eine Variable einlesen (**122**). Nachdem wir den Inhalt der Datei eingelesen haben, können wir diese Datei wieder löschen (**123**).

Jetzt haben wir alle notwendigen Informationen für unsere Verschlüsselung zusammen und können im nächsten Schritt die Daten in die Datenbank speichern, nachdem wir sie verschlüsselt haben. Da alle geforderten Variablen vollständig sind, wird auch die IF-Abfrage (**127**) nicht fehlschlagen und ausgeführt.

Sollte als Verschlüsselung die Textverschlüsselung gewählt (**129**) worden sein, speichern wir den Inhalt der POST-Variablen (**130**) in die Variable `$content`. Falls eine Dateiverschlüsselung gewählt wurde, so ist die Variable bereits gefüllt mit dem Text aus der Datei (**122**). Wir speichern noch unsere übermittelten POST-Variablen in bereits bestehende Variablen (**131-133**), um nicht ständig auf die POST-Variablen zugreifen zu müssen. Erst dann inkludieren wir unsere rinjndael.inc.php (**135**), die ja alle notwendigen Funktionen für die Verschlüsselung enthält.

Wir verschlüsseln jetzt unseren Text (**136**) mit dem übergebenen Passwort und prüfen im Anschluss, ob der verschlüsselte Text auch wieder mit diesem Passwort entschlüsselt werden kann (**138**). War dieser Test erfolgreich, also der Vergleich der beiden MD5-Prüfsummen identisch (**140**), speichern wir den verschlüsselten Datensatz mit der Funktion `insertBase()` (**141**) in die Datenbank. Je nachdem, erhalten wir als Rückgabe entweder TRUE oder FALSE.

Somit ist unsere Verschlüsselung abgeschlossen und der Datensatz liegt sicher in der Datenbank. Da wir beim Speichern vorher geprüft haben (**140**), ob der Text auch wieder entschlüsselbar ist, können wir beruhigt an dieser Stelle den Vorgang beenden.

```
84 if(isset($_POST['typ']))
85 {
86    if(empty($_POST['password']))
87    {
88       $error = true;
89       $message .= 'Bitte geben Sie ein Passwort ein<br>';
90    }
91
92    if(empty($_POST['info']))
93    {
94       $error = true;
```

```
        $message .= 'Bitte geben Sie einen Infotext ein<br>';
    }

    if($_POST['password'] != $_POST['passwordCheck'])
    {
        $error = true;
        $message .= 'Passwörter stimmen nicht überein<br>';
    }

    if(empty($_POST['textfield']) && $_POST['typ'] == "1")
    {
        $error = true;
        $message .= 'Bitte geben Sie einen Text ein<br>';
    }

    if ($_POST['typ'] == "2")
    {

        if($_FILES['file']['error'])
        {
            $error = true;
            $message .= 'Bitte geben Sie eine Datei an<br>';
        }
        else
        {
            $filetmp = time() . '.tmp';
            move_uploaded_file($_FILES['file']['tmp_name'], "./$filetmp");
            $content = file_get_contents($filetmp);
            unlink($filetmp);
        }
    }

    if(!$error)
    {
        if($_POST['typ'] == "1")
        $content = $_POST['textfield'];
        $password = $_POST['password'];
        $rijndael = $_POST['rijndael'];
        $info = $_POST['info'];

        include_once("rijndael.inc.php");
        $enc  =  encryptAES($content,$password,$rijndael);

        $decrypted = decryptAES($enc['encrypted'],$enc['iv'],$password,
        $rijndael);

        if(checkDecrypt($decrypted,$enc['md5']))
            insertBase($enc['encrypted'],$enc['iv'],$info,$rijndael,$enc['md5
            '],$db['table']);
        else
            $message = 'Daten konnten nicht verschlüsselt werden!';

    }
}
```

Beispiel 12.21: rijndael.php

Entschlüsseln

Zuerst überprüfen (**20**) wir, ob ein Passwort übermittelt wurde. Ist das nicht der Fall, also die Variable leer, so wird die zuvor auf „FALSE" gesetzte Error-Variable (**16**) auf „TRUE" (**22**) gesetzt und eine Fehlermeldung generiert (**23**). Die nächste IF-Abfrage würde somit scheitern und der nachfolgende Programmcode nicht mehr ausgeführt.

Wurde ein Passwort übermittelt, so besitzt die Error-Variable (**16**) den Wert „FALSE" und wird der Überprüfung (**26**) standhalten. Der nachfolgende Programmcode wird somit ausgeführt. Um nicht willkürlich eine Variable an die Datenbank zu geben, erzwingen wir eine Konvertierung unserer mit POST übergebenen Variablen in ein Integer, indem wir den Wert mit 0 (Null) addieren (**28**).

Somit können wir jetzt unsere Datenbankabfrage zusammensetzen (**29-33**) und anschließend ausführen (**34**). Bei der Datenbankabfrage formatieren wir direkt unser Datum, das im amerikanischen Format vorliegt, ins deutsche Format. Somit erhalten wir dann anstatt

```
2006-04-04 16:57:34
```

eine Ausgabe in folgender Form

```
04.04.2006 16:57:34
```

und ersparen uns eine spätere Konvertierung mit PHP. Sie sollten bei Datumsabfragen aus einer Datenbank immer diesen Weg wählen, da er wesentlich effizienter ist und unnötige Programmierarbeit vermeidet.

War die Datenbankabfrage erfolgreich, und wurde ein Datensatz geliefert (**36**), so füllen wir unser Array (**38-44**) mit den Werten aus unserer Abfrage. Erst im nächsten Schritt inkludieren (**46**) wir unsere Datei rijndael.inc.php, die alle zuvor beschriebenen Funktionen beinhaltet.

Um den Text aus der zuvor erhaltenen Danbankabfrage weiter zu bearbeiten, übergeben wir diesen der Funktion `decryptAES()` (**48**) und erhalten, falls das Passwort richtig ist, unseren entschlüsselten Text in die Variable `$decrypted` zurück.

Mit einer switch-Abfrage (**50**) überprüfen wir jetzt, welche Aufgabe wir erledigen müssen. Mögliche Aufgaben wären:

- case 2 IV-Tag-Download
- case 3 Rijndael-Download – also der verschlüsselte Text
- case 4 Datensatz löschen
- default Datensatz entschlüsseln

Vielleicht wundern Sie sich jetzt, weshalb wir den verschlüsselten Text vor der switch-Abfrage entschlüsselt haben. Sicherlich erinnern Sie sich noch, wie wir überprüfen, ob eine Entschlüsselung funktioniert hat und eine Aufgabe, wie z. B. das Löschen, durchgeführt werden darf.

Wir überprüfen jeweils die MD5-Prüfsumme aus dem entschlüsselten Text mit der MD5-Prüfsumme, die beim Erstellen der Verschlüsselung generiert wurde.

Falls der Download der IV-Tag Datei angefordert (**52**) wurde, übergeben wir unseren entschlüsselten Text und die MD5-Prüfsumme aus der Datenbank an die Funktion `checkDecrypt()` (**54**). Stimmen beide Prüfsummen überein, so erhalten Sie als Rückgabewert „`TRUE`", ansonsten „`FALSE`".

War die Überprüfung erfolgreich (`TRUE`), können wir im nächsten Schritt mit der Funktion `sendIV()` (**55**) die IV-Tag Datei zum Download anbieten und brechen danach unsere switch-Abfrage mit `break` (**56**) ab.

Mit dem Download der Rijndael-Datei (**57-61**), also unseres verschlüsselten Textes, verfahren wir ebenso. Wir überprüfen unsere MD5-Prüfsummen und starten im Erfolgsfall den Download über die Funktion `sendEncrypt()`.

Beim Löschen der Datei verhält es sich ebenso wie bei den vorangegangenen Aufgaben. Wir überprüfen zuerst die Prüfsummen (**64**) und werden im Anschluss daran den Datensatz im Erfolgsfall löschen (**66**). Da wir den Datensatz bereits entschlüsselt haben und ihn nicht mehr anzeigen wollen, müssen wir an dieser Stelle noch die Variable `$decrypted` löschen (**67**).

Erst am Ende, also wenn keine andere Aufgabe ausgewählt wurde, wird der eigentliche entschlüsselte Text aufbereitet (**70**). Aufbereitet ist wohl nicht ganz das richtige Wort, immerhin ist der Text ja schon entschlüsselt. Wir müssen trotzdem auch hier eine Überprüfung vornehmen und die Prüfsummen vergleichen. Zusätzlich speichern wir das Datum und die Uhrzeit dieses Zugriffs in die Datenbank. Je nach Fall können folgende Ereignisse gespeichert werden:

- Das Datum und die Uhrzeit bei einer gelungenen Entschlüsselung
- Das Datum und die Uhrzeit bei einem Fehlversuch

Die Entschlüsselung ist somit abgeschlossen, und wir können unsere HTML-Darstellung aufbauen, also unsere PHP-Variablen ausgeben. Wie bereits erwähnt, wird an dieser Stelle nicht der HTML-Quellcode angezeigt, da er nur unnötige Seiten füllen würde. An den Stellen, an denen etwas ausgegeben wird (z. B. die Info-Box), stehen einzelne PHP-Tags mit echo-Ausgaben.

```
16 $error = false;
17
18 if(isset($_POST['decode']))
19 {
20     if(empty($_POST['password']))
21     {
22         $error = true;
23         $decodemessage = 'Bitte geben Sie ein Passwort ein<br>';
24     }
```

```
if(!$error)
{
   $id = $_POST['decode'] + 0;
   $sqlDecrypt =  "SELECT id, textaes, block,
                   DATE_FORMAT(encrypt,'%m.%m.%Y %H:%i:%s') AS encrypt,
                   DATE_FORMAT(decrypt,'%m.%m.%Y %H:%i:%s') AS decrypt,
                   DATE_FORMAT(decryptError,'%m.%m.%Y %H:%i:%s') AS decryptError,
                   ivTag, md5  FROM " . $db['table'] . " WHERE id = $id";
   $status = @mysql_query($sqlDecrypt);

   if(@mysql_num_rows($status) == "1")
   {
      $infoText['bit']            = @mysql_result($status,0,"block") . ' Bit';
      $infoText['encrypt']        = @mysql_result($status,0,"encrypt");
      $infoText['decrypt']        = @mysql_result($status,0,"decrypt");
      $infoText['decryptError']   = @mysql_result($status,0,"decryptError");
      $infoText['md5']            = @mysql_result($status,0,"md5");
      $infoText['content']        = @mysql_result($status,0,"textaes");
      $infoText['iv']               = @mysql_result($status,0,"ivTag");

      include_once("rijndael.inc.php");

      $decrypted = decryptAES($infoText['content'],$infoText['iv'],$_POST['password'],$infoText['bit']);

      switch ($_POST['job'])
      {
         case 2:
            // IV-Tag Download
               if(checkDecrypt($decrypted,$infoText['md5']))
               sendIV($infoText['iv'],$infoText['md5'],$infoText['bit']);
               break;
         case 3:
            // Rijndael Download
               if(checkDecrypt($decrypted,$infoText['md5']))
                  sendEncrypt($infoText['content'],$infoText['md5']);
            break;
         case 4:
            // Löschen
               if(checkDecrypt($decrypted,$infoText['md5']))
               {
                  $sqlDelete = @mysql_query("DELETE FROM " . $db['table'] . " WHERE id = $id");
                  unset($decrypted);
               }
               break;
         default:
            // Entschlüsseln
               $decodemessage = checkDecrypt($decrypted,$infoText['md5'],$id,true);
      }

```

```
        }
        else
        {
            $decodemessage = 'Keine Daten vorhanden!<br>';
        }
    }

}
```

Beispiel 12.22: rijndael.php

Zum Schluss werden aus der Datenbank noch alle Datensätze, also die Infotexte, geholt (**149**) und in einer Drop-Down-Box (**155**) angezeigt. Anhand dieser Infotexte können Sie jetzt gezielt den Datensatz auswählen, den Sie entschlüsseln, löschen oder sich per Download zuschicken lassen wollen.

```
148 // Holt alle Daten
149 $sqlShow = @mysql_query("SELECT id, infotext FROM " . $db['table'] . " ORDER BY id");
150 while($row = @mysql_fetch_row($sqlShow))
151 {
152     $selected = '';
153     if($_POST['decode'] == $row[0])
154     $selected = 'selected';
155     $data .= '<option value="'.$row[0].'" '.$selected.'>'.$row[1].'</option>';
156 }
157 ?>
```

Beispiel 12.23: rijndael.php

Wie Sie sehen, haben wir hier ein voll funktionstüchtiges Programm erstellt, das sogar unter realen Bedingungen genutzt werden kann. Wir hoffen, dieses Beispiel hat Ihnen einen Anreiz gegeben, das vorliegende Programm zu erweitern und zu modifizieren.

Ich würde mich sehr darüber freuen, wenn Sie sich derart engagieren und uns Ihr modifiziertes Skript zusenden, sodass wir es eventuell auf SELFPHP veröffentlichen können - selbstverständlich mit dem Hinweis darauf, dass Sie der Autor sind.

Wir wollen das Thema Kryptografie an dieser Stelle beenden. Es war zwar nur ein kleiner Ausblick, der Ihnen aber hoffentlich Freude gemacht hat und Sie anspornt, Ihre Kenntnisse in diesem interessanten Thema zu vertiefen.

13 Kurzreferenz zum Buch

Inhalt

13.1 Datums- und Zeitfunktionen

checkdate

bool checkdate (int Monat, int Tag, int Jahr)

(PHP 3, PHP 4, PHP 5)

Mit checkdate() kann man ein Datum auf Gültigkeit überprüfen.

date

string date (string Format [, int Timestamp])

(PHP 3, PHP 4, PHP 5)

Mit date() kann man eine Zeitangabe formatieren oder auswerten.

getdate

array getdate ([int Timestamp])

(PHP 3, PHP 4, PHP 5)

Mit getdate() kann man Informationen über eine Zeitangabe ermitteln.

gettimeofday

array gettimeofday (void)

(PHP 3 >= 3.0.7, PHP 4, PHP 5)

Mit gettimeofday() kann man sich die aktuelle Zeit zurückgeben lassen.

gmdate

string gmdate (string Format [, int Timestamp])

(PHP 3, PHP 4, PHP 5)

Mit gmdate() kann man sich eine GMT-Zeitangabe formatieren und auswerten lassen.

gmmktime

int gmmktime ([int Stunde [, int Minute [, int Sekunde [, int Monat [, int Tag [, int Jahr [, int is_dst]]]]]]])

(PHP 3, PHP 4, PHP 5)

Mit der Funktion gmmktime() kann man sich den UNIX-Timestamp für eine bestimmte Uhrzeit und ein bestimmtes Datum zurückgeben lassen.

gmstrftime

string gmstrftime (string Format [, int Timestamp])

(PHP 3 >= 3.0.12, PHP 4, PHP 5)

Die Funktion gmstrftime() bewirkt das Gleiche wie strftime(), aber mit einem gravierenden Unterschied: gmstrftime() liefert ihre Ergebnisse als GMT-Zeit zurück.

localtime

array localtime ([int Timestamp [, bool is_associative]])

(PHP 4, PHP 5)

Mit dem Befehl localtime() kann man sich ein Array liefern lassen, das Informationen über die angegebene Zeit enthält.

microtime

mixed microtime ([bool get_as_float])

(PHP 3, PHP 4, PHP 5)

Gibt die aktuelle Uhrzeit als Zeichenkette in der Form – Mikrosekunden Sekunden – zurück.

mktime

int mktime ([int Stunde [, int Minute [, int Sekunde [, int Monat [, int Tag [, int Jahr [, int is_dst]]]]]]])

(PHP 3, PHP 4, PHP 5)

Mit mktime() kann man sich den UNIX-Timestamp für eine bestimmte Uhrzeit und ein bestimmtes Datum zurückgeben lassen.

strftime

string strftime (string format [, int Timestamp])

(PHP 3, PHP 4, PHP 5)

Mit strftime() formatiert man eine Zeitangabe entsprechend den lokalen Spracheinstellungen.

strtotime

int strtotime (string time [, int now])

(PHP 3 >= 3.0.12, PHP 4, PHP 5)

Mit strtotime() kann man sich eine Datums-/Zeitangabe in einen UNIX-Timestamp umwandeln lassen.

time

int time (void)

(PHP 3, PHP 4, PHP 5)

Mit time() kann man sich den aktuellen UNIX-Zeitstempel zurückgeben lassen.

13.2 Mathematische Funktionen

abs

mixed abs (mixed number)

(PHP 3, PHP 4, PHP 5)

Gibt den Absolutwert einer Zahl aus.

acos

float acos (float arg)

(PHP 3, PHP 4, PHP 5)

Gibt den Arcuscosinus-Wert im Bogenmaß aus.

asin

float asin (float arg)

(PHP 3, PHP 4, PHP 5)

Gibt den Arcussinus-Wert im Bogenmaß aus.

atan

float atan (float arg)

(PHP 3, PHP 4, PHP 5)

Gibt den Arcustangens-Wert im Bogenmaß aus.

atan2

float atan2 (float y, float x)

(PHP 3 >= 3.0.5, PHP 4, PHP 5)

Gibt den Arcustangens-Wert im Bogenmaß aus.

base_convert

strin base_convert (string number, int frombase, int tobase)

(PHP 3 >= 3.0.6, PHP 4, PHP 5)

Konvertiert beliebige Zahlen zu anderen Basen.

bcadd

string bcadd (string linker Operand, string rechter Operand [, int Genauigkeit])
(PHP 3, PHP 4, PHP 5)
Addiert zwei Zahlen.

bccomp

int bccomp (string linker Operand, string rechter Operand [, int Genauigkeit])
(PHP 3, PHP 4, PHP 5)
Vergleicht zwei Zahlen miteinander.

bcdiv

string bcdiv (string linker Operand, string rechter Operand [, int Genauigkeit])
(PHP 3, PHP 4, PHP 5)
Dividiert zwei Zahlen.

bcmod

string bcmod (string linker Operand, string Modulus)
(PHP 3, PHP 4, PHP 5)
Liefert den Modulus-Wert zweier Zahlen.

bcmul

string bcmul (string linker Operand, string rechter Operand [, int Genauigkeit])
(PHP 3, PHP 4, PHP 5)
Multipliziert zwei Zahlen.

bcpow

string bcpow (string x, string y [, int Genauigkeit])
(PHP 3, PHP 4, PHP 5)
Potenziert zwei Zahlen.

bcscale

bool bcscale (int Genauigkeit)

(PHP 3, PHP 4, PHP 5)

Bestimmt die Genauigkeit aller folgenden BC-Funktionen.

bcsqrt

string bcsqrt (string Operand [, int Genauigkeit])

(PHP 3, PHP 4, PHP 5)

Ermittelt die Quadratwurzel einer Zahl.

bcsub

string bcsub (string linker Operand, string rechter Operand [, int Genauigkeit])

(PHP 3, PHP 4, PHP 5)

Subtrahiert zwei Zahlen.

bindec

int bindec (string binary_string)

(PHP 3, PHP 4, PHP 5)

Konvertiert eine binäre Zahl in eine dezimale Zahl.

ceil

float ceil (float number)

(PHP 3, PHP 4, PHP 5)

Rundet auf die nächsthöhere ganze Zahl auf.

cos

float cos (float arg)

(PHP 3, PHP 4, PHP 5)

Ermittelt den Cosinuswert im Radianten.

decbin

string decbin (int number)

(PHP 3, PHP 4, PHP 5)

Konvertiert eine dezimale Zahl in eine binäre Zahl.

dechex

string dechex (int number)

(PHP 3, PHP 4, PHP 5)

Konvertiert eine dezimale Zahl in eine hexadezimale Zahl.

decoct

string decoct (int number)

(PHP 3, PHP 4, PHP 5)

Konvertiert eine dezimale Zahl in eine oktale Darstellung.

deg2rad

double deg2rad (double number)

(PHP 3 >= 3.0.4, PHP 4, PHP 5)

Rechnet eine Gradzahl in Bogenmaß um.

exp

float exp (float arg)

(PHP 3, PHP 4, PHP 5)

Eine Zahl wird mit e potenziert.

floor

float floor (float number)

(PHP 3, PHP 4, PHP 5)

Rundet auf die nächstkleinere ganze Zahl ab.

getrandmax

int getrandmax (void)

(PHP 3, PHP 4, PHP 5)

Ermittelt den größten Wert des Betriebssystems.

hexdec

int hexdec (string hex_string)

(PHP 3, PHP 4, PHP 5)

Konvertiert eine hexadezimale Zahl in eine dezimale Zahl.

log

float log (float arg)

(PHP 3, PHP 4, PHP 5)

Ermittelt den natürlichen Logarithmus.

log10

float log10 (float arg)

(PHP 3, PHP 4, PHP 5)

Ermittelt den Zehner-Logarithmus.

max

mixed max (mixed arg1, mixed arg2, mixed argn)

(PHP 3, PHP 4, PHP 5)

Ermittelt die größte Zahl innerhalb eines Arrays.

min

mixed min (mixed arg1, mixed arg2, mixed argn)

(PHP 3, PHP 4, PHP 5)

Ermittelt die kleinste Zahl eines Arrays.

mt_getrandmax

int mt_getrandmax (void)

(PHP 3 >= 3.0.6, PHP 4, PHP 5)

Ermittelt den größten Wert eines Betriebssystems.

mt_rand

int mt_rand ([int min [, int max]])

(PHP 3 >= 3.0.6, PHP 4, PHP 5)

Ermittelt Zufallszahlen.

mt_srand

void mt_srand (int seed)

(PHP 3 >= 3.0.6, PHP 4, PHP 5)

Legt einen internen Startwert für Zufallszahlen fest.

number_format

string number_format (float number [, int decimals [, string dec_point, string thousands_sep]])

(PHP 3, PHP 4, PHP 5)

Formatiert eine Zahl.

octdec

int octdec (string octal_string)

(PHP 3, PHP 4, PHP 5)

Konvertiert eine oktale Zahl in eine dezimale Zahl.

pi

double pi (void)

(PHP 3, PHP 4, PHP 5)

Errechnet den Nährungswert der Kreiszahl Pi.

pow

float pow (float base, float exp)

(PHP 3, PHP 4, PHP 5)

Potenziert eine Zahl.

rad2deg

double rad2deg (double number)

(PHP 3 >= 3.0.4, PHP 4, PHP 5)

Rechnet eine Zahl vom Bogenmaß in Grad um.

rand

int rand ([int min [, int max]])

(PHP 3, PHP 4, PHP 5)

Ermittelt eine Zufallszahl.

round

double round (double val [, int precision])

(PHP 3, PHP 4, PHP 5)

Rundet eine Zahl auf oder ab.

sin

float sin (float arg)

(PHP 3, PHP 4, PHP 5)

Ermittelt den Sinuswert im Radianten.

sqrt

float sqrt (float arg)

(PHP 3, PHP 4, PHP 5)

Ermittelt die Quadratwurzel einer Zahl.

srand

void srand (int seed)
(PHP 3, PHP 4, PHP 5)
Legt den internen Startwert für den Zufallsgenerator fest.

tan

float tan (float arg)
(PHP 3, PHP 4, PHP 5)
Ermittelt den Tangens im Radianten.

13.3 String-Funktionen

addcslashes

string addcslashes (string str, string charlist)
(PHP 4, PHP 5)
Schützt vordefinierte Sonderzeichen mit einem Backslash.

addslashes

string addslashes (string str)
(PHP 3, PHP 4, PHP 5)
Schützt alle Vorkommen bestimmter Zeichen mit einem Backslash.

bin2hex

string bin2hex (string str)
(PHP 3 >= 3.0.9, PHP 4, PHP 5)
Konvertiert Binär-Daten in hexadezimale Daten.

chop

string chop (string str)
(PHP 3, PHP 4, PHP 5)
Entfernt nicht sichtbare Zeichen am Ende einer Zeichenkette.

chr

string chr (int ascii)
(PHP 3, PHP 4, PHP 5)
Gibt das ASCII-Zeichen zu einer angegebenen Nummer aus.

chunk_split

string chunk_split (string body [, int chunklen [, string end]])
(PHP 3 >= 3.0.6, PHP 4, PHP 5)
Zerlegt eine Zeichenkette in kleinere Stücke.

count_chars

mixed count_chars (string string [, int mode])
(PHP 4, PHP 5)
Zählt die Häufigkeit von Zeichen durch Vorgabekriterien.

crc32

int crc32 (string str)
(PHP 4 >= 4.0.1, PHP 5)
Berechnet den polynomischen CRC32-Wert eines Strings.

crypt

string crypt (string str [, string salt])
(PHP 3, PHP 4, PHP 5)
Verschlüsselt eine Zeichenkette.

echo

void echo (string arg1 [, string ...])
(PHP 3, PHP 4, PHP 5)
Gibt einen String an den Browser aus.

explode

array explode (string separator, string string [, int limit])
(PHP 3, PHP 4, PHP 5)
Zerlegt eine Zeichenkette anhand eines Trennzeichens.

get_html_translation_table

array get_html_translation_table ([int table [, int quote_style]])
(PHP 4, PHP 5)
Greift auf die intern genutzte Zeichentabelle zu.

htmlentities

string htmlentities (string string [, int quote_style [, string charset]])

(PHP 3, PHP 4, PHP 5)

Wandelt alle Sonderzeichen in HTML-Code um.

htmlspecialchars

string htmlspecialchars (string string [, int quote_style [, string charset]])

(PHP 3, PHP 4, PHP 5)

Wandelt bestimmte Sonderzeichen in HTML-Code um.

implode

string implode (string glue, array pieces)

(PHP 3, PHP 4, PHP 5)

Fügt ein Array anhand eines Trennseparators zu einer Variablen zusammen.

join

string join (string glue, array pieces)

(PHP 3, PHP 4, PHP 5)

Fügt ein Array anhand eines Trennseparators zu einer Variablen zusammen.

ltrim

string ltrim (string str)

(PHP 3, PHP 4, PHP 5)

Entfernt Leerraum am Anfang einer Zeichenkette.

md5

string md5 (string str)

(PHP 3, PHP 4, PHP 5)

Verschlüsselt eine Zeichenkette nach der MD5-Methode.

nl2br

string nl2br (string string)

(PHP 3, PHP 4, PHP 5)

Wandelt Zeichenumbrüche in die HTML-Entsprechung.

ord

int ord (string string)

(PHP 3, PHP 4, PHP 5)

Gibt den ASCII-Wert eines Zeichens zurück.

parse_str

void parse_str (string str [, array arr])

(PHP 3, PHP 4, PHP 5)

Durchsucht eine Zeichenkette, als ob es ein Query-String wäre.

print

int print (string arg)

(PHP 3, PHP 4, PHP 5)

Gibt eine Zeichenkette aus.

printf

void printf (string format [, mixed args])

(PHP 3, PHP 4, PHP 5)

Formatiert eine Zeichenkette nach einem Muster.

rtrim

string rtrim (string str)

(PHP 3, PHP 4, PHP 5)

Entfernt Leerzeichen am Ende eines Strings.

setlocale

string setlocale (mixed category, string locale [, string ...])

(PHP 3, PHP 4, PHP 5)

Ändert die lokalen Einstellungen eines Landes.

sprintf

string sprintf (string format [, mixed args])

(PHP 3, PHP 4, PHP 5)

Formatiert einen String nach einem speziellen Muster.

sscanf

mixed sscanf (string str, string format [, string var1])

(PHP 4 >= 4.0.1, PHP 5)

Formatiert einen String in ein entsprechendes Format.

strchr

string strchr (string haystack, string needle)

(PHP 3, PHP 4, PHP 5)

Sucht innerhalb einer Zeichenkette nach bestimmten Zeichen.

stripcslashes

string stripcslashes (string str)

(PHP 4, PHP 5)

Entfernt Schrägstriche aus einer Zeichenkette.

stripslashes

string stripslashes (string str)

(PHP 3, PHP 4, PHP 5)

Entfernt Schrägstriche aus einer Zeichenkette.

strip_tags

string strip_tags (string str [, string allowable_tags])

(PHP 3 >= 3.0.8, PHP 4, PHP 5)

Entfernt HTML- und PHP-Tags aus einer Zeichenkette.

stristr

string stristr (string haystack, string needle)

(PHP 3 >= 3.0.6, PHP 4, PHP 5)

Sucht innerhalb einer Zeichenkette nach bestimmten Zeichen.

strlen

int strlen (string str)

(PHP 3, PHP 4, PHP 5)

Gibt die Länge einer Zeichenkette aus.

strpos

int strpos (string haystack, string needle [, int offset])

(PHP 3, PHP 4, PHP 5)

Findet das erste Vorkommen eines Zeichens oder einer Zeichenkette in einem String.

strrchr

string strrchr (string haystack, string needle)

(PHP 3, PHP 4, PHP 5)

Gibt den Rest einer Zeichenkette ab dem Suchtreffer aus.

strrev

string strrev (string string)

(PHP 3, PHP 4, PHP 5)

Dreht eine Zeichenkette um.

strrpos

int strrpos (string haystack, char needle)

(PHP 3, PHP 4, PHP 5)

Findet das letzte Vorkommen eines Zeichens in einer Zeichenkette.

strspn

int strspn (string str1, string str2)

(PHP 3 >= 3.0.3, PHP 4, PHP 5)

Zählt die Anzahl der Zeichen vom Beginn der ersten Zeichenkette bis zu einem Zeichen, welches nicht in der zweiten Zeichenkette vorkommt.

strstr

string strstr (string haystack, string needle)

(PHP 3, PHP 4, PHP 5)

Gibt das erste Vorkommen eines Strings innerhalb einer Zeichenkette aus.

strtok

string strtok (string arg1, string arg2)

(PHP 3, PHP 4, PHP 5)

Es wird eine Zeichenkette durch eine andere Zeichenkette zerlegt.

strtolower

string strtolower (string str)

(PHP 3, PHP 4, PHP 5)

Wandelt den Inhalt einer Zeichenkette in Kleinbuchstaben um.

strtoupper

string strtoupper (string string)

(PHP 3, PHP 4, PHP 5)

Wandelt den Inhalt einer Zeichenkette in Großbuchstaben um.

strtr

string strtr (string str, string from, string to)

(PHP 3, PHP 4, PHP 5)

Tauscht bestimmte Zeichen eines Strings aus.

str_pad

string str_pad (string input, int pad_length [, string pad_string [, int pad_type]])

(PHP 4 >= 4.0.1, PHP 5)

Füllt einen String mit einer bestimmten Menge an Zeichen auf.

str_repeat

string str_repeat (string input, int multiplier)

(PHP 4, PHP 5)

Gibt einen String mehrmals aus.

str_replace

mixed str_replace (mixed search, mixed replace, mixed subject)

(PHP 3 >= 3.0.6, PHP 4, PHP 5)

Ersetzt alle Vorkommen eines Strings durch einen anderen String.

str_shuffle

string str_shuffle (string str)

(PHP 4 >= 4.3.0, PHP 5)

Kann einen String durchwürfeln und diesen danach modifiziert zurückgeben.

str_split

array str_split (string string [, int split_length])

(PHP 5)

Mit str_split kann man einen String in kleinere Stücke zerlegen.

str_word_count

mixed str_word_count (string string [, int format])

(PHP 4 >= 4.3.0, PHP 5)

Kann innerhalb einer Zeichenkette die vorhandenen Wörter zählen und diesen Wert zurückgeben.

substr

string substr (string string, int start [, int length])

(PHP 3, PHP 4, PHP 5)

Gibt einen Teilstring aus.

substr_count

int substr_count (string haystack, string needle [, int offset [, int length]])

(PHP 4, PHP 5)

Ermittelt in einem String eine bestimmte Zeichenkette.

substr_replace

mixed substr_replace (mixed string, string replacement, int start [, int length])

(PHP 4, PHP 5)

Ersetzt einen Teilstring durch eine Zeichenkette.

trim

string trim (string str [, string charlist])

(PHP 3, PHP 4, PHP 5)

Entfernt überflüssige Zeichen am Anfang und am Ende eines Strings.

ucfirst

string ucfirst (string str)

(PHP 3, PHP 4, PHP 5)

Schreibt das erste Zeichen eines Strings groß.

ucwords

string ucwords (string str)
(PHP 3 >= 3.0.3, PHP 4, PHP 5)
Schreibt das erste Zeichen aller Wörter eines Strings groß.

wordwrap

string wordwrap (string str [, int width [, string break [, bool cut]]])
(PHP 4 >= 4.0.2, PHP 5)
Bricht einen String ab einer gewissen Länge um.

13.4 Dateisystem-Funktionen

basename

string basename (string path [, string suffix])

(PHP 3, PHP 4, PHP 5)

Extrahiert den Namen aus einer vollständigen Pfadangabe.

chgrp

int chgrp (string filename, mixed group)

(PHP 3, PHP 4, PHP 5)

Ändert die Gruppenzugehörigkeit einer Datei.

chmod

bool chmod (string filename, int mode)

(PHP 3, PHP 4, PHP 5)

Ändert die Zugriffsrechte einer Datei.

chown

bool chown (string filename, mixed user)

(PHP 3, PHP 4, PHP 5)

Ändert den Eigentümer einer Datei.

clearstatcache

void clearstatcache (void)

(PHP 3, PHP 4, PHP 5)

Leert den Status-Cache.

copy

bool copy (string source, string dest)

(PHP 3, PHP 4, PHP 5)

Kopiert eine Datei.

dirname

string dirname (string path)
(PHP 3, PHP 4, PHP 5)
Extrahiert den Verzeichnisnamen aus einer Pfadangabe.

diskfreespace

float diskfreespace (string directory)
(PHP 3 >= 3.0.7, PHP 4, PHP 5)
Ermittelt den freien Speicherplatz in einem Verzeichnis.

disk_total_space

float disk_total_space (string directory)
(PHP 4 >= 4.1.0, PHP 5)
Ermittelt den gesamten Speicherplatz eines Verzeichnisses.

fclose

bool fclose (resource handle)
(PHP 3, PHP 4, PHP 5)
Schließt einen Dateizeiger.

feof

bool feof (resource handle)
(PHP 3, PHP 4, PHP 5)
Überprüft, ob der Dateizeiger am Ende der Datei steht.

fflush

bool fflush (resource handle)
(PHP 4 >= 4.0.1, PHP 5)
Der Ausgabepuffer wird in eine Datei geschrieben.

fgetc

string fgetc (resource handle)

(PHP 3, PHP 4, PHP 5)

Ein einzelnes Zeichen wird von der Position des Dateizeigers gelesen.

fgetcsv

array fgetcsv (resource handle, int length [, string delimiter [, string enclosure]])

(PHP 3 >= 3.0.8, PHP 4, PHP 5)

Überprüft eine Zeile auf kommaseparierte Werte.

fgets

string fgets (resource handle [, int length])

(PHP 3, PHP 4, PHP 5)

Eine einzelne Zeile wird von der Position des Dateizeigers gelesen.

fgetss

string fgetss (resource handle, int length [, string allowable_tags])

(PHP 3, PHP 4, PHP 5)

Ein einzelnes Zeichen wird von der Position des Dateizeigers gelesen. HTML- bzw. PHP-Tags werden entfernt.

file

array file (string filename [, int use_include_path])

(PHP 3, PHP 4, PHP 5)

Liest eine Datei zeilenweise in ein Array.

fileatime

int fileatime (string filename)

(PHP 3, PHP 4, PHP 5)

Datum und Uhrzeit des letzten Zugriffs auf die Datei.

filectime

int filectime (string filename)

(PHP 3, PHP 4, PHP 5)

Datum und Uhrzeit der letzten Änderung der Datei.

filegroup

int filegroup (string filename)

(PHP 3, PHP 4, PHP 5)

Listet die Gruppe, der die Datei angehört.

filemtime

int filemtime (string filename)

(PHP 3, PHP 4, PHP 5)

Datum und Uhrzeit der letzten Änderung der Datei.

fileowner

int fileowner (string filename)

(PHP 3, PHP 4, PHP 5)

Listet den Besitzer der Datei.

fileperms

int fileperms (string filename)

(PHP 3, PHP 4, PHP 5)

Listet die Zugriffsrechte einer Datei.

filesize

int filesize (string filename)

(PHP 3, PHP 4, PHP 5)

Liefert die Dateigröße.

filetype

string filetype (string filename)

(PHP 3, PHP 4, PHP 5)

Liefert den Datei-Typ.

file_exists

bool file_exists (string filename)

(PHP 3, PHP 4, PHP 5)

Eine Datei wird auf Existenz hin überprüft.

flock

bool flock (resource handle, int operation [, int wouldblock])

(PHP 3 >= 3.0.7, PHP 4, PHP 5)

Verriegelt eine Datei.

fopen

resource fopen (string filename, string mode [, int use_include_path [, resource zcontext]])

(PHP 3, PHP 4, PHP 5)

Öffnet eine Datei oder URL.

fpassthru

int fpassthru (resource handle)

(PHP 3, PHP 4, PHP 5)

Alle restlichen Daten eines Dateizeigers werden ausgegeben.

fputs

int fputs (resource handle, string str [, int length])

(PHP 3, PHP 4, PHP 5)

Schreibt Daten an die Stelle des Dateizeigers.

fread

string fread (resource handle, int length)

(PHP 3, PHP 4, PHP 5)

Liest binäre Daten aus einer Datei.

fscanf

mixed fscanf (resource handle, string format [, string var1])

(PHP 4 >= 4.0.1, PHP 5)

Sieht die Eingabe einer Datei entsprechend einem angegebenen Format.

fseek

int fseek (resource handle, int offset [, int whence])

(PHP 3, PHP 4, PHP 5)

Positioniert einen Dateizeiger.

fstat

array fstat (resource handle)

(PHP 4, PHP 5)

Stellt Informationen über eine Datei mit einem geöffneten Dateizeiger bereit.

ftell

int ftell (resource handle)

(PHP 3, PHP 4, PHP 5)

Bestimmt die aktuelle Position des Dateizeiger.

ftruncate

bool ftruncate (resource handle, int size)

(PHP 4, PHP 5)

Verkürzt eine Datei um die angegebene Länge.

fwrite

int fwrite (resource handle, string string [, int length])

(PHP 3, PHP 4, PHP 5)

Binärdaten werden in eine Datei geschrieben.

is_dir

bool is_dir (string filename)

(PHP 3, PHP 4, PHP 5)

Überprüft, ob der angegebene Dateiname ein Verzeichnis ist.

is_executable

bool is_executable (string filename)

(PHP 3, PHP 4, PHP 5)

Überprüft, ob die angegebene Datei ausführbar ist.

is_file

bool is_file (string filename)

(PHP 3, PHP 4, PHP 5)

Überprüft, ob der angegebene Dateiname eine reguläre Datei ist.

is_readable

bool is_readable (string filename)

(PHP 3, PHP 4, PHP 5)

Überprüft, ob die angegebene Datei lesbar ist.

is_uploaded_file

bool is_uploaded_file (string filename)

(PHP 3 >= 3.0.17, PHP 4 >= 4.0.3, PHP 5)

Überprüft, ob eine Datei mit HTTP upgeloadet wurde.

is_writeable

bool is_writeable (string filename)

(PHP 3, PHP 4, PHP 5)

Überprüft, ob die angegebene Datei beschreibbar ist.

move_uploaded_file

bool move_uploaded_file (string filename, string destination)

(PHP 4 >= 4.0.3, PHP 5)

Eine upgeloadete Datei wird verschoben.

parse_ini_file

array parse_ini_file (string filename [, bool process_sections])

(PHP 4, PHP 5)

Liefert Informationen aus einer Konfigurationsdatei.

pathinfo

array pathinfo (string path)

(PHP 4 >= 4.0.3, PHP 5)

Es werden Informationen über den Dateipfad geliefert.

pclose

int pclose (resource handle)

(PHP 3, PHP 4, PHP 5)

Es wird ein Prozess-Dateizeiger geschlossen.

popen

resource popen (string command, string mode)

(PHP 3, PHP 4, PHP 5)

Es wird ein Prozess-Dateizeiger geöffnet.

readfile

int readfile (string filename [, int use_include_path])

(PHP 3, PHP 4, PHP 5)

Es wird eine Datei ausgegeben.

readlink

string readlink (string path)

(PHP 3, PHP 4, PHP 5)

Das Ziel eines symbolischen Links wird geliefert.

realpath

string realpath (string path)

(PHP 4, PHP 5)

Es wird ein absoluter Pfadname erzeugt.

rename

bool rename (string oldname, string newname [, resource context])

(PHP 3, PHP 4, PHP 5)

Ändert den Namen einer Datei.

rewind

int rewind (resource handle)

(PHP 3, PHP 4, PHP 5)

Der Dateizeiger wird auf das erste Byte einer Datei gesetzt.

set_file_buffer

int set_file_buffer (int fp, int buffer)

(PHP 3 >= 3.0.8, PHP 4 >= 4.0.1, PHP 5)

Es wird eine Dateipufferung für einen Dateizeiger gesetzt.

stat

array stat (string filename)
(PHP 3, PHP 4, PHP 5)
Es werden verschiedene Informationen über eine Datei geliefert.

tempnam

string tempnam (string dir, string prefix)
(PHP 3, PHP 4, PHP 5)
Es wird ein eindeutiger Dateiname erzeugt.

tmpfile

resource tmpfile (void)
(PHP 3 >= 3.0.13, PHP 4, PHP 5)
Es wird eine temporäre Datei erstellt.

touch

int touch (string filename [, int time [, int atime]])
(PHP 3, PHP 4, PHP 5)
Es wird das Datum der letzten Änderung gesetzt.

umask

int umask ([int mask])
(PHP 3, PHP 4, PHP 5)
Es werden die aktuellen Zugriffsrechte geändert.

unlink

int unlink (string filename)
(PHP 3, PHP 4, PHP 5)
Löscht eine Datei.

13.5 Verzeichnis-Funktionen

chdir

bool chdir (string directory)

(PHP 3, PHP 4, PHP 5)

Bewegen innerhalb von Verzeichnissen.

closedir

void closedir (resource dir_handle)

(PHP 3, PHP 4, PHP 5)

Beendet ein Verzeichnishandle.

dir

dir (string directory)

(PHP 3, PHP 4, PHP 5)

Mechanismus zum Lesen von Verzeichnissen.

getcwd

string getcwd (void)

(PHP 4, PHP 5)

Ermittelt das Arbeitsverzeichnis des Skriptes.

mkdir

int mkdir (string pathname [, int mode])

(PHP 3, PHP 4, PHP 5)

Erstellt ein Verzeichnis.

opendir

resource opendir (string path [, resource context])

(PHP 3, PHP 4, PHP 5)

Öffnet ein Verzeichnishandle.

readdir

string readdir (resource dir_handle)
(PHP 3, PHP 4, PHP 5)
Liest den Inhalt eines Verzeichnishandles.

rewinddir

void rewinddir (resource dir_handle)
(PHP 3, PHP 4, PHP 5)
Setzt ein Verzeichnishandle zurück.

rmdir

int rmdir (string dirname)
(PHP 3, PHP 4, PHP 5)
Löscht ein bestehendes Verzeichnis.

scandir

array scandir (string directory [, int sorting_order [, resource context]])
(PHP 5)
Kann ein Verzeichnis auslesen und das Ergebnis in ein Array ausgeben.

13.6 Array-Funktionen

array

array array ([mixed ...])

(PHP 3, PHP 4, PHP 5)

Mit der Funktion array() erzeugt man aus gegebenen Werten ein Array.

array_change_key_case

array array_change_key_case (array input [, int case])

(PHP 4 >= 4.2.0, PHP 5)

Die Funktion array_change_key_case() wandelt die Schlüssel innerhalb des Arrays input in Klein- bzw. Großbuchstaben um.

array_chunk

array array_chunk (array input, int size [, bool preserve_keys])

(PHP 4 >= 4.2.0, PHP 5)

Die Funktion array_chunk() teilt das Array input in kleinere Stücke auf.

array_combine

array array_combine (array keys, array values)

(PHP 5)

Die Funktion array_combine() erzeugt aus zwei verschiedenen Arrays ein neues Array.

array_count_values

array array_count_values (array input)

(PHP 4, PHP 5)

Die Funktion array_count_values() zählt, wie oft jeder Wert innerhalb des Arrays input vorkommt.

array_diff

array array_diff (array array1, array array2 [, array ...])

(PHP 4 >= 4.0.1, PHP 5)

Die Funktion array_diff() gibt alle Werte des Arrays1 zurück, welche in keinem anderen der zu untersuchenden Arrays vorkommen.

array_fill

array array_fill (int start_index, int num, mixed value)

(PHP 4 >= 4.2.0, PHP 5)

Die Funktion array_fill() erzeugt ein neues oder füllt ein bestehendes Array mit einer bestimmten Menge an Einträgen.

array_filter

array array_filter (array input [, callback callback])

(PHP 4 >= 4.0.6, PHP 5)

Mit der Funktion array_filter() gibt man Werte eines Arrays an eine Callback-Funktion zur weiteren Bearbeitung und bekommt ein modifiziertes Array zurück.

array_flip

array array_flip (array trans)

(PHP 4, PHP 5)

Die Funktion array_flip() vertauscht für jedes Element des Arrays den Schlüssel mit dem Wert.

array_intersect

array array_intersect (array array1, array array2 [, array ...])

(PHP 4 >= 4.0.1, PHP 5)

Die Funktion array_intersect() gibt alle Werte des Arrays1 zurück, welche auch in anderen der zu untersuchenden Arrays vorkommen.

array_intersect_assoc

array array_intersect_assoc (array array1, array array2 [, array ...])

(PHP 4 >= 4.3.0, PHP 5)

Die Funktion array_intersect_assoc() gibt alle Werte des Arrays zurück, welche auch in anderen der zu untersuchenden Arrays vorkommen.

array_keys

array array_keys (array input [, mixed search_value [, bool strict]])

(PHP 4, PHP 5)

Die Funktion array_keys() gibt die Schlüssel eines Arrays zurück.

array_key_exists

bool array_key_exists (mixed key, array search)

(PHP 4 >= 4.1.0, PHP 5)

Die Funktion array_key_exists() sucht in einem Array search nach einem Index.

array_map

array array_map (callback callback, array arr1 [, array ...])

(PHP 4 >= 4.0.6, PHP 5)

Die Funktion array_map() gibt ein Array zurück, nachdem sie alle Elemente des ursprünglichen Arrays und eventuell der weiteren als Argumente übergebenen Arrays an die Funktion Callback übergeben hat.

array_merge

array array_merge (array array1 [, array array2 [, array ...]])

(PHP 4, PHP 5)

Die Funktion array_merge() verbindet mehrere Arrays zu einem Array.

array_merge_recursive

array array_merge_recursive (array array1 [, array ...])

(PHP 4 >= 4.0.1, PHP 5)

Die Funktion array_merge_recursive() fügt die Elemente von mehreren Arrays zu einem Array zusammen.

array_multisort

bool array_multisort (array ar1 [, mixed arg [, mixed ... [, array ...]]])

(PHP 4, PHP 5)

Die Funktion array_multisort() sortiert mehrere Arrays oder ein multidimensionales Array auf einmal.

array_pad

array array_pad (array input, int pad_size, mixed pad_value)

(PHP 4, PHP 5)

Die Funktion array_pad() fügt neue Elemente in das Array ein, bis das Array x Elemente hat.

array_pop

mixed array_pop (array array)

(PHP 4, PHP 5)

Die Funktion array_pop() löscht das letzte Element aus dem Array und gibt dieses Element zurück.

array_push

int array_push (array array, mixed var [, mixed ...])

(PHP 4, PHP 5)

Die Funktion array_push() hängt ein oder mehrere neue Elemente an das Array an.

array_rand

mixed array_rand (array input [, int num_req])

(PHP 4, PHP 5)

Die Funktion array_rand() ist sehr nützlich, wenn man die Elemente eines Arrays in beliebiger Reihenfolge ausgeben möchte.

array_reduce

mixed array_reduce (array input, callback function [, int initial])

(PHP 4 >= 4.0.5, PHP 5)

Die Funktion array_reduce() übergibt nacheinander jedes Element des Arrays an eine Rückruffunktion und gibt den Ergebniswert zurück.

array_reverse

array array_reverse (array array [, bool preserve_keys])

(PHP 4, PHP 5)

Die Funktion array_reverse() dreht die Reihenfolge aller Elemente innerhalb eines Arrays um.

array_search

mixed array_search (mixed needle, array haystack [, bool strict])

(PHP 4 >= 4.0.5, PHP 5)

Die Funktion array_search() sucht in einem Array nach einem Wert.

array_shift

mixed array_shift (array array)

(PHP 4, PHP 5)

Die Funktion array_shift() entfernt das erste Element aus einem Array und gibt dieses Element zurück.

array_slice

array array_slice (array array, int offset [, int length [, bool preserve_keys]])

(PHP 4, PHP 5)

Die Funktion array_slice() extrahiert einen Teilbereich aus einem Array.

array_splice

array array_splice (array input, int offset [, int length [, array replacement]])

(PHP 4, PHP 5)

Die Funktion array_splice() ersetzt oder entfernt einen Teilbereich aus einem Array.

array_sum

number array_sum (array array)

(PHP 4 >= 4.0.4, PHP 5)

Die Funktion array_sum() summiert die Werte innerhalb eines Arrays und gibt das Ergebnis zurück.

array_unique

array array_unique (array array)

(PHP 4 >= 4.0.1, PHP 5)

Die Funktion array_unique() entfernt doppelte Einträge aus einem Array und gibt das neue Array als Ergebnis zurück.

array_unshift

int array_unshift (array array, mixed var [, mixed ...])

(PHP 4, PHP 5)

Die Funktion array_unshift() fügt neue Elemente am Anfang eines Arrays ein.

array_values

array array_values (array input)

(PHP 4, PHP 5)

Die Funktion array_values() ändert ein assoziatives Array in ein numerisch indiziertes Array.

array_walk

bool array_walk (array array, callback funcname [, mixed userdata])

(PHP 3 >= 3.0.3, PHP 4, PHP 5)

Die Funktion array_walk() übergibt jedes Element eines Arrays nacheinander an die Rückruffunktion function.

arsort

bool arsort (array array [, int sort_flags])

(PHP 3, PHP 4, PHP 5)

Die Funktion arsort() sortiert ein Array nach den Werten der Elemente in absteigender Reihenfolge.

asort

bool asort (array array [, int sort_flags])

(PHP 3, PHP 4, PHP 5)

Die Funktion asort() sortiert ein Array nach den Werten der Elemente in aufsteigender Reihenfolge.

compact

array compact (mixed varname [, mixed ...])

(PHP 4, PHP 5)

Die Funktion compact() erstellt aus den Werten von Variablen ein Array.

count

int count (mixed var [, int mode])

(PHP 3, PHP 4, PHP 5)

Die Funktion count() zählt die Menge der Elemente innerhalb eines Arrays und gibt die Anzahl zur weiteren Bearbeitung zurück.

current

mixed current (array array)

(PHP 3, PHP 4, PHP 5)

Die Funktion current() gibt aktuelle Elemente eines Arrays zurück.

each

array each (array array)

(PHP 3, PHP 4, PHP 5)

Die Funktion each() gibt bei einem assoziativen Array das Schlüssel-/Wertepaar des aktuellen Elements zurück.

end

mixed end (array array)

(PHP 3, PHP 4, PHP 5)

Die Funktion end() springt zum letzten Element eines Arrays und liefert dessen Wert zurück.

extract

int extract (array var_array [, int extract_type [, string prefix]])

(PHP 3 >= 3.0.7, PHP 4, PHP 5)

Die Funktion extract() erzeugt aus jedem einzelnen Element eines Arrays eine Variable.

in_array

bool in_array (mixed needle, array haystack [, bool strict])

(PHP 4, PHP 5)

Die Funktion in_array() sucht in einem Array nach einem Suchwort und gibt True bei Erfolg, sonst False zurück.

key

mixed key (array array)

(PHP 3, PHP 4, PHP 5)

Die Funktion key() liefert den Schlüssel des aktuellen Elements innerhalb des Arrays.

krsort

bool krsort (array array [, int sort_flags])

(PHP 3 >= 3.0.13, PHP 4, PHP 5)

Die Funktion krsort() sortiert ein assoziatives Array absteigend nach den Schlüsseln.

ksort

bool ksort (array array [, int sort_flags])

(PHP 3, PHP 4, PHP 5)

Die Funktion ksort() sortiert ein assoziatives Array aufsteigend nach den Schlüsseln.

list

void list (mixed varname, mixed ...)

(PHP 3, PHP 4, PHP 5)

Die Funktion list() weist den als Argumente übergebenen Variablen die Werte aus einem Array zu.

natcasesort

bool natcasesort (array array)

(PHP 4, PHP 5)

Die Funktion natcasesort() sortiert ein Array (array) in natürlicher Reihenfolge ohne Berücksichtigung der Groß- und Kleinschreibung.

natsort

bool natsort (array array)

(PHP 4, PHP 5)

Die Funktion natsort() sortiert ein Array (array) in natürlicher Reihenfolge, unter Berücksichtigung von Groß- und Kleinschreibung.

next

mixed next (array array)

(PHP 3, PHP 4, PHP 5)

Die Funktion next() springt zum nächsten Element eines Arrays und liefert dessen Wert zurück.

pos

mixed pos (array array)

(PHP 3, PHP 4, PHP 5)

Die Funktion pos() ist ein Alias für current() – sie liefert das aktuelle Element eines Arrays.

prev

mixed prev (array array)

(PHP 3, PHP 4, PHP 5)

Die Funktion prev() springt zum vorherigen Element eines Arrays und liefert dessen Wert zurück.

range

array range (mixed low, mixed high [, number step])

(PHP 3 >= 3.0.8, PHP 4, PHP 5)

Die Funktion range() erzeugt ein Array, das vom Startwert bis zum Endwert reicht.

reset

mixed reset (array array)

(PHP 3, PHP 4, PHP 5)

Die Funktion reset() springt zum ersten Element eines Arrays und liefert dessen Wert zurück.

rsort

bool rsort (array array [, int sort_flags])

(PHP 3, PHP 4, PHP 5)

Die Funktion rsort() sortiert ein Array absteigend nach den Werten.

shuffle

bool shuffle (array array)

(PHP 3 >= 3.0.8, PHP 4, PHP 5)

Die Funktion shuffle() ordnet die Elemente innerhalb eines Arrays in zufälliger Reihenfolge neu an.

sizeof

int sizeof (mixed var)

(PHP 3, PHP 4, PHP 5)

Die Funktion sizeof() zählt die Anzahl der Elemente eines Arrays und gibt das Ergebnis zurück.

sort

bool sort (array array [, int sort_flags])

(PHP 3, PHP 4, PHP 5)

Die Funktion sort() sortiert ein Array aufsteigend nach den Werten.

uasort

bool uasort (array array, callback cmp_function)

(PHP 3 >= 3.0.4, PHP 4, PHP 5)

Die Funktion uasort() sortiert ein Array nach den Werten seiner Elemente auf Basis der Reihenfolge, die von einer benutzerdefinierten Funktion vorgegeben wird.

uksort

bool uksort (array array, callback cmp_function)

(PHP 3 >= 3.0.4, PHP 4, PHP 5)

Die Funktion uksort() sortiert ein Array nach den Schlüsseln seiner Elemente auf Basis der Reihenfolge, die von einer benutzerdefinierten Funktion vorgegeben wird.

usort

bool usort (array array, callback cmp_function)

(PHP 3 >= 3.0.3, PHP 4, PHP 5)

Die Funktion usort() sortiert ein assoziatives Array nach den Werten seiner Elemente auf Basis der Reihenfolge, die von einer benutzerdefinierten Funktion vorgegeben wird.

13.7 Image-Funktionen

getimagesize

array getimagesize (string filename [, array imageinfo])
(PHP 3, PHP 4, PHP 5)
Ermittelt verschiedene Informationen über eine Grafik.

imagearc

int imagearc (resource im, int cx, int cy, int w, int h, int s, int e, int col)
(PHP 3, PHP 4, PHP 5)
Zeichnet eine Teil-Ellipse.

imagechar

int imagechar (resource im, int font, int x, int y, string c, int col)
(PHP 3, PHP 4, PHP 5)
Zeichnet einen einzelnen horizontalen String (Zeichen).

imagecharup

int imagecharup (resource im, int font, int x, int y, string c, int col)
(PHP 3, PHP 4, PHP 5)
Zeichnet einen einzelnen vertikalen String (Zeichen).

imagecolorallocate

int imagecolorallocate (resource im, int red, int green, int blue)
(PHP 3, PHP 4, PHP 5)
Legt die Farbe einer Grafik fest.

imagecolorat

int imagecolorat (resource im, int x, int y)
(PHP 3, PHP 4, PHP 5)
Ermittelt den genauen Farbwert eines Bildpunktes.

imagecolorclosest

int imagecolorclosest (resource im, int red, int green, int blue)

(PHP 3, PHP 4, PHP 5)

Ermittelt die Farb-ID, welcher der angegebenen ähnelt.

imagecolordeallocate

int imagecolordeallocate (resource im, int index)

(PHP 3 >= 3.0.6, PHP 4, PHP 5)

Löscht eine bereits zugewiesene Farbe.

imagecolorexact

int imagecolorexact (resource im, int red, int green, int blue)

(PHP 3, PHP 4, PHP 5)

Ermittelt die Farb-ID der angegebenen Farbe.

imagecolorresolve

int imagecolorresolve (resource im, int red, int green, int blue)

(PHP 3 >= 3.0.2, PHP 4, PHP 5)

Ermittelt die Farb-ID, welcher der angegebenen ähnelt.

imagecolorset

bool imagecolorset (resource im, int index, int red, int green, int blue)

(PHP 3, PHP 4, PHP 5)

Ändert den Farbwert innerhalb eines Bildes.

imagecolorsforindex

array imagecolorsforindex (resource im, int index)

(PHP 3, PHP 4, PHP 5)

Ermittelt die RGB-Farbwerte für eine angegebene Farbe.

imagecolorstotal

int imagecolorstotal (resource im)

(PHP 3, PHP 4, PHP 5)

Ermittelt die Anzahl der Farbwerte eines Bildes.

imagecolortransparent

int imagecolortransparent (resource im [, int col])

(PHP 3, PHP 4, PHP 5)

Setzt eine angegebene Farbe auf transparent.

imagecopy

int ImageCopy (resource dst_im, resource src_im, int dst_x, int dst_y, int src_x, int src_y, int src_w, int src_h)

(PHP 3 >= 3.0.6, PHP 4, PHP 5)

Kopiert einen Teil eines Bildes in ein anderes Bild.

imagecopyresized

int imagecopyresized (resource dst_im, resource src_im, int dstX, int dstY, int srcX, int srcY, int dstW, int dstH, int srcW, int srcH)

(PHP 3, PHP 4, PHP 5)

Kopiert und ändert einen vordefinierten Bildausschnitt.

imagecreate

resource imagecreate (int x_size, int y_size)

(PHP 3, PHP 4, PHP 5)

Erstellt ein neues Bild.

imagecreatefromgif

resource imagecreatefromgif (string filename)

(PHP 3, PHP 4, PHP 5)

Erzeugt ein neues GIF-Bild aus einer Datei.

imagecreatefromjpeg

resource imagecreatefromjpeg (string filename)

(PHP 3 >= 3.0.16, PHP 4, PHP 5)

Erzeugt ein neues JPEG-Bild aus einer Datei.

imagecreatefrompng

resource imagecreatefrompng (string filename)

(PHP 3 >= 3.0.13, PHP 4, PHP 5)

Erzeugt ein neues PNG-Bild aus einer Datei.

imagecreatefromwbmp

resource imagecreatefromwbmp (string filename)

(PHP 4 >= 4.0.1, PHP 5)

Erzeugt ein neues Bild aus einer WBMP-Datei.

imagedashedline

int imagedashedline (resource im, int x1, int y1, int x2, int y2, int col)

(PHP 3, PHP 4, PHP 5)

Zeichnet eine gestrichelte Linie.

imagedestroy

int imagedestroy (resource im)

(PHP 3, PHP 4, PHP 5)

Löscht ein bestehendes Bild.

imagefill

int imagefill (resource im, int x, int y, int col)

(PHP 3, PHP 4, PHP 5)

Füllt ein Bild mit Farbe.

imagefilledpolygon

int imagefilledpolygon (resource im, array points, int num_points, int col)

(PHP 3, PHP 4, PHP 5)

Zeichnet ein mit Farbe gefülltes Polygon (Vieleck).

imagefilledrectangle

int imagefilledrectangle (resource im, int x1, int y1, int x2, int y2, int col)

(PHP 3, PHP 4, PHP 5)

Zeichnet ein mit Farbe gefülltes Rechteck.

imagefilltoborder

int imagefilltoborder (resource im, int x, int y, int border, int col)

(PHP 3, PHP 4, PHP 5)

Füllt ein Bild mit Farbe bis zu einem Objekt.

imagefontheight

int imagefontheight (int font)

(PHP 3, PHP 4, PHP 5)

Ermittelt die Höhe eines Fonts.

imagefontwidth

int imagefontwidth (int font)

(PHP 3, PHP 4, PHP 5)

Ermittelt die Breite eines Fonts.

imagegammacorrect

int imagegammacorrect (resource im, double inputgamma, double outputgamma)

(PHP 3 >= 3.0.13, PHP 4, PHP 5)

Änderung eines Bildes mittels einer Gamma-Korrektur.

imagegif

int imagegif (resource im [, string filename])

(PHP 3, PHP 4, PHP 5)

Gibt ein GIF-Bild an den Browser oder in eine Datei aus.

imageinterlace

int imageinterlace (resource im [, int interlace])

(PHP 3, PHP 4, PHP 5)

Setzt den Interlaced-Modus.

imagejpeg

int imagejpeg (resource im [, string filename [, int quality]])

(PHP 3 >= 3.0.16, PHP 4, PHP 5)

Gibt ein JPEG-Bild an den Browser oder in eine Datei aus.

imageline

int imageline (resource im, int x1, int y1, int x2, int y2, int col)

(PHP 3, PHP 4, PHP 5)

Zeichnet eine Linie.

imagepng

int imagepng (resource im [, string filename])

(PHP 3 >= 3.0.13, PHP 4, PHP 5)

Gibt ein PNG-Bild an den Browser oder in eine Datei aus.

imagepolygon

int imagepolygon (resource im, array points, int num_points, int col)

(PHP 3, PHP 4, PHP 5)

Zeichnet ein Polygon (Vieleck).

imagerectangle

int imagerectangle (resource im, int x1, int y1, int x2, int y2, int col)

(PHP 3, PHP 4, PHP 5)

Zeichnet ein Rechteck.

imagesetpixel

int imagesetpixel (resource im, int x, int y, int col)

(PHP 3, PHP 4, PHP 5)

Zeichnet ein einzelnes Pixel.

imagestring

int imagestring (resource im, int font, int x, int y, string s, int col)

(PHP 3, PHP 4, PHP 5)

Zeichnet einen horizontalen String (Zeichenkette).

imagestringup

int imagestringup (resource im, int font, int x, int y, string s, int col)

(PHP 3, PHP 4, PHP 5)

Zeichnet einen vertikalen String (Zeichenkette).

imagesx

int imagesx (resource im)

(PHP 3, PHP 4, PHP 5)

Ermittelt die aktuelle Breite eines Bildes.

imagesy

int imagesy (resource im)

(PHP 3, PHP 4, PHP 5)

Ermittelt die aktuelle Höhe eines Bildes.

imagettfbbox

array imagettfbbox (int size, int angle, string fontfile, string text)

(PHP 3 >= 3.0.1, PHP 4, PHP 5)

Ermittelt die Maße einer True-Type-Schrift.

imagettftext

array imagettftext (resource im, int size, int angle, int x, int y, int col, string fontfile, string text)

(PHP 3, PHP 4, PHP 5)

Erstellt einen beliebigen TTF-Text in einem Bild.

imagetypes

int imagetypes (void)

(PHP 3 CVS only, PHP 4 >= 4.0.2, PHP 5)

Gibt alle unterstützten Bildformate innerhalb von PHP aus.

imagewbmp

bool imagewbmp (resource image [, string filename [, int foreground]])

(PHP 3 >= 3.0.15, PHP 4 >= 4.0.1, PHP 5)

Gibt ein WBMP-Bild an den Browser oder in eine Datei aus.

13.8 CURL-Funktionen

curl_close

void curl_close (resource ch)

(PHP 4 >= 4.0.2, PHP 5)

Beendet eine CURL-Session.

curl_copy_handle

resource curl_copy_handle (resource ch)

(PHP 5)

Kopiert eine CURL-Session mit allen Einstellungen.

curl_errno

int curl_errno (resource ch)

(PHP 4 >= 4.0.3, PHP 5)

Liefert die letzte Fehlernummer.

curl_error

string curl_error (resource ch)

(PHP 4 >= 4.0.3, PHP 5)

Liefert eine Fehlermeldung als String.

curl_exec

mixed curl_exec (resource ch)

(PHP 4 >= 4.0.2, PHP 5)

Führt eine CURL-Session aus.

curl_getinfo

string curl_getinfo (resource ch [, int opt])

(PHP 4 >= 4.0.4, PHP 5)

Fragt Informationen zu einem bestimmten Transfer ab.

curl_init

resource curl_init ([string url])
(PHP 4 >= 4.0.2, PHP 5)
Initialisiert eine CURL-Session.

curl_setopt

bool curl_setopt (resource ch, string option, mixed value)
(PHP 4 >= 4.0.2, PHP 5)
Setzt eine Option für einen CURL-Transfer.

curl_version

string curl_version (void)
(PHP 4 >= 4.0.2, PHP 5)
Liefert die aktuelle CURL-Version.

13.9 Reguläre Ausdrücke POSIX

ereg

int ereg (string Suchmuster, string Zeichenkette [, array regs])
(PHP 3, PHP 4, PHP 5)
Sucht nach Übereinstimmungen in einem String.

eregi

int eregi (string Suchmuster, string Zeichenkette [, array regs])
(PHP 3, PHP 4, PHP 5)
Sucht in einer Zeichenkette nach Übereinstimmungen.

eregi_replace

string eregi_replace (string Suchmuster, string Ersatz, string Zeichenkette)
(PHP 3, PHP 4, PHP 5)
Ersetzt eine Zeichenkette durch einen Ersatz-Ausdruck.

ereg_replace

string ereg_replace (string Suchmuster, string Ersatz, string Zeichenkette)
(PHP 3, PHP 4, PHP 5)
Ersetzt eine Zeichenkette in einem String durch eine andere Zeichenkette.

split

array split (string Suchmuster, string Zeichenkette [, int Beschränkung])
(PHP 3, PHP 4, PHP 5)
Zerlegt eine Zeichenkette anhand eines regulären Ausdrucks in ein Array.

spliti

array spliti (string Suchmuster, string Zeichenkette [, int Beschränkung])
(PHP 4 >= 4.0.1, PHP 5)
Zerlegt eine Zeichenkette anhand eines regulären Ausdrucks in ein Array.

sql_regcase

string sql_regcase (string Zeichenkette)

(PHP 3, PHP 4, PHP 5)

Erzeugt aus einer Zeichenkette einen regulären Ausdruck.

13.10 Reguläre Ausdrücke Perl-kompatible Funktionen

preg_grep

array preg_grep (string Suchmuster, array Eingabe [, int Flags])

(PHP 4, PHP 5)

Liefert die mit einem Suchmuster übereinstimmenden Array-Elemente.

preg_match_all

int preg_match_all (string Suchmuster, string Zeichenkette, array &Treffer [, int Flags [, int Versatz]])

(PHP 3 >= 3.0.9, PHP 4, PHP 5)

Führt eine umfassende Suche nach Übereinstimmungen mit regulärem Ausdruck durch.

preg_match

int preg_match (string Suchmuster, string Zeichenkette [, array &Treffer [, int Flags [, int Versatz]]])

(PHP 3 >= 3.0.9, PHP 4, PHP 5)

Führt eine Suche mit einem regulären Ausdruck durch.

preg_quote

string preg_quote (string Zeichenkette [, string Begrenzer])

(PHP 3 >= 3.0.9, PHP 4, PHP 5)

Maskiert Zeichen regulärer Ausdrücke.

preg_replace_callback

mixed preg_replace_callback (mixed Suchmuster, callback Callback, mixed Zeichenkette [, int Limit [, int &Zähler]])

(PHP 4 >= 4.0.5, PHP 5)

Sucht und ersetzt einen regulären Ausdruck unter Verwendung eines Callbacks.

preg_replace

mixed preg_replace (mixed Suchmuster, mixed Ersatz, mixed Zeichenkette [, int Limit [, int &Anzahl]])

(PHP 3 >= 3.0.9, PHP 4, PHP 5)

Sucht und ersetzt einen regulären Ausdruck.

preg_split

(PHP 3 >= 3.0.9, PHP 4, PHP 5)

array preg_split (string Suchmuster, string Zeichenkette [, int Limit [, int Flags]])

Zerlegt eine Zeichenkette anhand eines regulären Ausdrucks.

14 Software der Buch-CD-ROM

Nachfolgend finden Sie eine Auflistung aller Software-Produkte, die sich auf der beiliegenden CD-ROM befinden. Bei der Auswahl haben wir darauf geachtet, dass jede Software aktuell und vollständig vorliegt.

Inhalt

14.1 PHP & Server

PHP 4.4.1 & PHP 5.1.2

- PHP 4.4.1 für Linux (Buch_Daten/PHP&Server/php4/linux/)
- PHP 4.4.1 für Windows (Buch_Daten/PHP&Server/php4/win/)
- PHP 5.1.2 für Linux (Buch_Daten/PHP&Server/php5/linux/)
- PHP 5.1.2 für Windows (Buch_Daten/PHP&Server/php5/linux/)

Die aktuellen PHP-Versionen für Linux und Windows.

`http://www.php.net`

Subversion 1.3

- Subversion für Windows (Buch_Daten/PHP&Server/subversion/win/)
- Source-Code (Buch_Daten/PHP&Server/subversion/src/)

Versions-Kontroll-System, ähnlich wie CVS.

`http://subversion.tigris.org/`

FPDF 1.53

- TAR-Archiv (Buch_Daten/PHP&Server/fpdf/tar)
- ZIP-Archiv (Buch_Daten/PHP&Server/fpdf/zip)

PHP-Klasse, um PDF-Dateien zu erzeugen.

`http://www.fpdf.org`

FPDI 1.1

- ZIP-Archiv (Buch_Daten/PHP&Server/fpdi/zip/)

PHP-Klassen, um Seiten aus PDF-Dokumenten auszulesen, sodass sie in FPDF verwendet werden können.

`http://fpdi.setasign.de/`

Apache HTTP Server 2.0.55

- TAR-Archiv (Buch_Daten/PHP&Server/apache/tar/)
- BZ2-Archiv (Buch_Daten/PHP&Server/apache/bz2/)
- Windows Source (Buch_Daten/PHP&Server/apache/win/httpd-2.0.55-win32-src.zip)
- Windows Installer (Buch_Daten/PHP&Server/apache/win/apache_2.0.55-win32-x86-no_ssl.msi)

Der erfolgreiche freie Webserver in der Version 2

`http://www.apache.org/`

14.2 Content Management

Mambo Open Source 4.5.3

- TAR-Archiv (Buch_Daten/Content Management/mambo/tar/)

Web-Content-Management-System

`http://www.mamboserver.com/`

PHP-Nuke 7.8

- ZIP-Archiv (Buch_Daten/Content Management/phpnuke/zip/)

Web-Content-Management-System

`http://www.phpnuke.org/`

PostNuke 0.762

- ZIP-Archiv (Buch_Daten/Content Management/postnuke/zip/)
- TAR-Archiv (Buch_Daten/Content Management/postnuke/tar/)
- Deutsches Sprachpaket (Buch_Daten/Content Management/postnuke/language/)
- Dokumentation (Buch_Daten/Content Management/postnuke/documentation/)

Web-Content-Management-System

`http://www.post-nuke.net/`

TYPO3 3.8.1

- ZIP-Archiv (Buch_Daten/Content Management/typo/zip/)
- TAR-Archiv (Buch_Daten/Content Management/typo /tar/)

Web-Content-Management-System

`http://typo3.org/`

14.3 Community

FUDforum 2.7.4

- TAR-Archiv (Buch_Daten/Community/fudforum/tar/)
- ZIP-Archiv (Buch_Daten/Community/fudforum/zip/)

Ein Forum für PHP-Plattformen

`http://www.fudforum.org/`

Phorum 5.0.21

- TAR-Archiv (Buch_Daten/Community/phorum/tar/)
- ZIP-Archiv (Buch_Daten/Community/phorum/zip/)

Ein Forum für PHP-Plattformen

`http://www.phorum.org/`

NavBoard v16

- TAR-Archiv (Buch_Daten/Community/navboard/tar/)
- ZIP-Archiv (Buch_Daten/Community/navboard/zip/)

Ein Forum für PHP-Plattformen

`http://navarone.f2o.org/`

14.4 Weblogs & Wikis

MediaWiki 1.5.6

- TAR-Archiv (Buch_Daten/Weblogs_Wikis/mediawiki/tar/)

Wird unter anderem von Wikipedia eingesetzt
`http://www.mediawiki.com/`

Geeklog 1.4.0

- TAR-Archiv (Buch_Daten/Weblogs_Wikis/geeklog/tar/)

Ein Weblog oder Blog
`http://www.geeklog.info/`

14.5 Datenbanken

MySQL 5.0.18

- Linux-Version (Buch_Daten/Datenbanken/mysql/linux/)
- Windows-Version (Buch_Daten/Datenbanken/mysql/windows/)
- MacOS-Version (Buch_Daten/Datenbanken/mysql/macos/)

Die beliebte Open-Source-Datenbank MySQL

`http://www.mysql.com`

PostgreSQL 8.1.3.1

- Linux-Version (Buch_Daten/Datenbanken/postgresql/linux/)
- Windows-Version (Buch_Daten/Datenbanken/postgresql /windows/)

Die aktuelle PostgreSQL-Datenbank

`http://www.postgresql.org`

phpMyAdmin 2.8.0-rc1

- TAR-Archiv (Buch_Daten/Datenbanken/phpmyadmin/tar/)
- ZIP-Archiv (Buch_Daten/Datenbanken/phpmyadmin/zip/)

Webfrontend des beliebten MySQL-Administrationstools

`http://www.phpmyadmin.net`

phpPgAdmin 4.0.1

- TAR-Archiv (Buch_Daten/Datenbanken/phppgadmin/tar/)
- ZIP-Archiv (Buch_Daten/Datenbanken/phppgadmin/zip/)

Webfrontend des beliebten PostgreSQL-Administrationstools

`http://phppgadmin.sourceforge.net/`

phpPgAds 2.0.7

- TAR-Archiv (Buch_Daten/Datenbanken/phppgads/tar/)

Ein Portierung von phpAdsNews für PostgreSQL

`http://www.phppgads.com/one/`

phpSQLiteAdmin 0.2

- TAR-Archiv (Buch_Daten/Datenbanken/phpsqlite/tar/)
- ZIP-Archiv (Buch_Daten/Datenbanken/phpsqlite/zip/)

Webfrontend-SQLite-Administrationstool
`http://phpsqliteadmin.sourceforge.net/`

SQLiteManager 1.1.3

- TAR-Archiv (Buch_Daten/Datenbanken/sqlitemanager/tar/)
- ZIP-Archiv (Buch_Daten/Datenbanken/sqlitemanager/zip/)

Webfrontend des beliebten SQLite-Administrationstools
`http://phpsqliteadmin.sourceforge.net/`

14.6 Tools

phpAdsNews 2.0.7

- TAR-Archiv (Buch_Daten/PHP-Tools/phpadsnews/tar/)
- ZIP-Archiv (Buch_Daten/PHP-Tools/phpadsnews/zip/)

Ein Ad-Server für Banner-Management

`http://phpadsnew.com/two/`

Gallery 2.1.1

- TAR-Archiv (Buch_Daten/PHP-Tools/gallery/tar/)
- ZIP-Archiv (Buch_Daten/PHP-Tools/gallery/zip/)

Ein Verwaltungstool für Fotos

`http://gallery.menalto.com/`

phpMyFAQ 1.6.0

- TAR-Archiv (Buch_Daten/PHP-Tools/phpmyfaq/tar/)
- ZIP-Archiv (Buch_Daten/PHP-Tools/phpmyfaq/zip/)

Ein mehrsprachiges FAQ-System

`http://www.phpmyfaq.de/`

phpOpenTracker 1.5.2

- TAR-Archiv (Buch_Daten/PHP-Tools/phpopentracker/tar/)

Framework, um Besucher- und Zugriffsstatistiken zu sammeln

`http://www.phpopentracker.de/`

PHProjekt 5.0.1

- TAR-Archiv (Buch_Daten/PHP-Tools/phprojekt/tar/)
- ZIP-Archiv (Buch_Daten/PHP-Tools/phprojekt/zip/)

Ein Tool zur Verwaltung von Projektmanagement, Gruppenterminkalender, Zeiterfassung, Kontakt-Management etc.

`http://www.phprojekt.com/`

Smarty 2.6.12

- TAR-Archiv (Buch_Daten/PHP-Tools/smarty/tar/)

Eine Template-Engine für PHP
`http://smarty.php.net/`

PHP-GTK 1.0.2

- TAR-Archiv (Buch_Daten/PHP-Tools/phpgtk/tar/)
- ZIP-Archiv (Buch_Daten/PHP-Tools/phpgtk/zip/)
- Manual (Buch_Daten/PHP-Tools/phpgtk/manual/)

Eine GTK-Erweiterung für PHP
`http://gtk.php.net/`

PHP Triad 2.2

- Installationsroutine (Buch_Daten/PHP-Tools/phptriad/phptriad2-2-1.exe)
- PHP4.1.1 Upgrade (Buch_Daten/PHP-Tools/phptriad/pt_upgrade4-1-1.exe)

Installiert einen kompletten Server mit PHP, Apache, MySQL, und PHPMyAdmin
`http://sourceforge.net/projects/phptriad`

SELFPHP 3.0

- ZIP-Archiv (Buch_Daten/PHP-Tools/selfphp/zip/)
- TAR-Archiv (Buch_Daten/PHP-Tools/selfphp/tar/)
- CHM-Version (Buch_Daten/PHP-Tools/selfphp/chm/)

PHP-Befehlsreferenz und PHP5-Praxisbuch
`http://www.selfphp.de`

14.7 Extras

Kaspersky Anti-Virus für OpenBSD-Mailserver / FreeBSD-Mailserver

- OpenBSD (Buch_Daten/Tools/kaspersky/openbsd/)
- Lizenz-Key OpenBSD (Buch_Daten/Tools/kaspersky/openbsd/)
- FreeBSD (Buch_Daten/Tools/kaspersky/freebsd/)
- Lizenz-Key FreeBSD (Buch_Daten/Tools/kaspersky/freebsd/)
- PDF-Handbuch zu Anti-Virus für OpenBSD/FreeBSD-Mailserver (Buch_Daten/Tools/kaspersky/)

Kaspersky Anti-Virus 5.5 for Linux, FreeBSD and OpenBSD Mail Servers

dient der Antivirenbearbeitung des Mailverkehrs und der Dateisysteme von Servern, die mit den Betriebssystemen Linux, FreeBSD oder OpenBSD arbeiten und eines der folgenden Mailprogramme verwenden:

sendmail, postfix, qmail, exim.

`http://www.kaspersky.com/de/`

Kaspersky Security für Microsoft Exchange Server 2003

- Kaspersky Security (Buch_Daten/Tools/kaspersky/exchange/)
- Lizenz-Key (Buch_Daten/Tools/kaspersky/exchange /)
- PDF-Handbuch zu Kaspersky Security für Microsoft Exchange Server 2003 (Buch_Daten/Tools/kaspersky/exchange/)

Kaspersky Security für Microsoft Exchange Server 2003

dient der Antivirenbearbeitung des Mailverkehrs und der Dateisysteme von Microsoft Exchange Server.

`http://www.kaspersky.com/de/`

Host Europe Serverinformation PHP 4/5

- phpinfo() für PHP4 (Buch_Daten/Tools/hosteurope/Hosteurope_PHP_Version_4.4.2.htm)
- phpinfo() für PHP5 (Buch_Daten/Tools/hosteurope/Hosteurope_PHP_Version_5.1.2.htm)

Aktuelle PHP-Informationen für WebPack M der Host Europe GmbH

`http://www.hosteurope.de/`

DF CrcSfv 1.3 (Freeware)

- ZIP-Archiv (Buch_Daten/Tools/DFCrcSfv/zip/)

Berechnet CRC32-Codes für Datei(en) und erstellt auf Wunsch SFV-Dateien
`http://www.del-net.com/`

Systemvoraussetzungen

Dateiverzeichnis

Funktionen

Stichwortverzeichnis